舵手证券图书
www.zqbooks.com

知浪领航财富人生

舵手俱乐部 www.duoshou108.com

股市一剑万户侯

——盘面实时分析获利要诀

祝利荣 姚晓辉 著

山西出版传媒集团
山西人民出版社

图书在版编目（CIP）数据

股市一剑万户侯：盘面实时分析获利要诀 / 祝利荣，姚晓辉著. -- 太原：山西人民出版社，2015.11
ISBN 978-7-203-09375-6

Ⅰ.①股… Ⅱ.①祝… ②姚… Ⅲ.①股票投资—基本知识 Ⅳ.① F830.91

中国版本图书馆 CIP 数据核字（2015）第 268957 号

股市一剑万户侯：盘面实时分析获利要诀

著　　者：	祝利荣　姚晓辉
责任编辑：	崔人杰
出 版 者：	山西出版传媒集团·山西人民出版社
地　　址：	太原市建设南路 21 号
邮　　编：	030012
发行营销：	0351-4922220　4955996　4956039　4922127（传真）
天猫官网：	http://sxrmcbs.tmall.com　电话：0351-4922159
E-mail：	sxskcb@163.com　发行部
	sxskcb@126.com　总编室
网　　址：	www.sxskcb.com
经 销 者：	山西出版传媒集团·山西人民出版社
承 印 厂：	大厂回族自治县德诚印务有限公司
开　　本：	710mm×1000mm　1/16
印　　张：	17.75
字　　数：	218 千字
印　　数：	1-8000 册
版　　次：	2016 年 1 月第 1 版
印　　次：	2016 年 1 月第 1 次印刷
书　　号：	ISBN 978-7-203-09375-6
定　　价：	49.00 元

如有印装质量问题请与本社联系调换

前 言
PREFACE

阿荣从大学开始就选修了证券专业，毕业工作一年后即2001年，进入一家专业的投资者教育培训机构工作，2002年开始给投资者讲课，一直讲到现在，累计讲课几千场，也算是"长江里的石头"——见过点风浪了。

阿荣浸淫证券培训界十几年，见到了太多的投资者因为不懂得投资方法与技巧在市场中屡屡碰壁：他们往往是在牛市中曾有所收获，但熊市一来全部还给市场，还搭上本金，真是竹篮打水一场空，这些投资者的共同特点是没有形成自己独特的、完善的交易系统，并坚持去执行。有些投资者认定技术分析对炒股没用，其依据是中国股市是"政策市"，要会看政策，看热点。

投资股市很像用兵作战，最忌"骄矜"和"无主见"：一方面，任何敢自称"股神"的人，都难摆脱"骄兵必败"的可悲宿命，一个人如果觉得自己是"完人"，那他就真的快完了；另一方面，如果缺乏独立分析和判断的能力，一旦市场出现极端一点的状况，投资人就

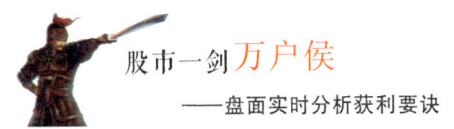

会转而相信别的东西,如"国家政策"、"专家观点"等,或问计于各类"军师",如证券公司经理、隔壁邻居,但那样只会使自己赔得更快!

预知股市一切的人只存在于神话或骗局中,但无论什么时候,科学、理性的技术分析,总能帮助投资者做出正确的判断:沪指的任何一个头部或底部,都可以通过技术分析成功地捕捉到,区别只是投资者是当时发现的,还是走完发现的——技术特征永远都在那里。

相信技术分析吧——行成于思,历来如此。

面对云谲波诡的股市,我们唯有保持敬畏之心,知其然知其所以然,不断提高自己的技术分析能力,才能成为一个有智慧的投资人,发现更多的市场技术形态,准确捕捉获利时机!

在十几年的教学、指导、培训中,阿荣系统地学习了技术分析的各种理论,从最基础的技术分析三大公理、道氏理论、趋势理论、指标、K线、均线、时间周期、江恩理论、波浪周期、模型理论、三角洲理论、时空预测等等理论,都有系统的研究,在系统研究这些理论的基础上,加上自己这些年的实践、操作、指导,我总结出了一些自己的心得,把它们写进了《高胜算选股法》、《看盘日志》、《股市名家操盘指标大揭秘》几本著作中,相信对于投资者还是有借鉴意义的。

《股市一剑万户侯:盘面实时分析获利要诀》这本书的出版,一是应舵手证券郑健先生的邀请,作为中国证券出版界的元老级人物,

前　言

郑先生希望我将近两年股市上涨中的实操经历总结出来,与读者分享,二是回应大量求知若渴的学员们,他们强烈要求阿荣将实战技法变成文字和图表,以便他们系统地学习阿荣的股票投资技术分析要诀。

为成为明天投资市场上的"万户侯",该如何用好股票投资技术分析的"剑法",这就是《股市一剑万户侯》这本书所要告诉您的:本书主要根据1849以来的市场现象总结交易方法,介绍了阿荣的投资理念,投资纪律,以及疯牛出栏、平地高楼、洗盘结束等阿荣的经典实战技法,更贴近行情,更贴近实战,更贴近投资者,代表本人目前的最高水准。如果能系统地学好本书中的方法,您就能为自己的投资生涯带来更好的保障,为自己在股市中凯旋带来更多的胜算!

此书的创作,首先要感谢献给我的父母,姐姐,爱人,是他们的悉心照料让我能心无旁骛地完成稿件。

此书的创作,还要感谢我的大学同学兼好友姚晓辉先生,本书中的很多分析思路都是与他交流碰撞的结果。姚晓辉先生在证券市场有着十多年的经验,有丰富的个人操作及大资金操作经验,又擅长研究、分析,有自己独到的分析思路与体系,并时时与阿荣交流,对阿荣投资理念的形成与投资风格的确立起到了很大的推动作用。

此书的创作,还要感谢付振兴先生的支持,感谢助理焦涛先生的认真校对、修改。

此书的出版,要感谢周洪杰编辑对书稿的用心梳理、调整、完善和润色。

　　此书的出版，还要感谢所有关心支持阿荣的朋友，以及所有一路追随阿荣的可爱的学员（"火龙果"）们，您们的支持与信任是阿荣继续前行的动力。

　　亲爱的读者，如果对任何一个股指的高低点有疑问，您都可以通过我的博客或微信公众号给我留言，我会从技术上给您一个满意的答复。尽管阿荣也不能把握所有的高低点，但这不代表技术分析没用，技术分析是制胜股市的必要条件，只要把握好技术分析，终有一天，您会圆自己"股市高手"的美梦！

　　想获得阿荣更多的实时指导，请扫描以下二维码并下载"财富指南"，让阿荣成为您贴身的"财富管家"！

目 录
CONTENTS

引言：图说"技术分析永远是有用的" …………………………… 1

第1章　逐鹿股市用"心机"：精研大盘占先手 ………… 11

1. 股指运行，"密码"揭秘 ………………………………………… 13
2. "神准"的股指判断，可以有 …………………………………… 17
3. 下周股指将"腾空而起" ………………………………………… 19
4. 阿荣亮剑——绝非530 …………………………………………… 21
5. 股指暴涨在即 …………………………………………………… 24
6. 降息后的应对策略 ……………………………………………… 26
7. 向伟大的技术分析致敬 ………………………………………… 28

第2章　场上"善守"更英雄：握住股市最大"彩头" ……… 33

1. 炒股大赚的诀窍——耐心持有 ………………………………… 35
2. 炒股大赚的诀窍——选主流板块 ……………………………… 38

3. 炒股大赚的诀窍——设好止损位 …………………………… 43

第3章 一剑在手巧运筹：板块轮动规律及机构选股法 ……47

1. 抓住市场的主流板块 …………………………… 49
2. 板块轮动的规律 …………………………… 58
3. 板块炒作的结构与节奏 …………………………… 65
4. 机构选股法——捕捉龙头的利器 …………………………… 75

第4章 利器神兵起狂澜："疯牛出栏"及平地高楼法 ……85

1. "疯牛出栏"的基本表现形态 …………………………… 87
2. 优选"精品疯牛" …………………………… 99
3. 针对"疯牛出栏"的具体操作 …………………………… 113
4. 平地高楼法的依据和画线方法 …………………………… 124
5. 从下往上测的平地高楼法 …………………………… 127
6. 从上往下画的平地高楼法 …………………………… 149
7. 分时图中找高低点的平地高楼法 …………………………… 156

第5章 山雨欲来一剑挡：坦然对洗盘，沙去始到金 …… 161

1. 主力洗盘，"过后"赚钱 …………………………… 163
2. 观"军情"：牛熊线明辨主力意图 …………………………… 170
3. 见于未萌：地量预示洗盘结束 …………………………… 176

4. 机不可失：把握上涨个股的卖点 …………………………………… 182

5. 一招制敌：股票买卖的成功战法 ………………………………… 189

6. 勇追穷寇：抄底于"高台跳水"时 ………………………………… 204

第6章 斩将夺旗屡建功：黑马个股实战技法 ……………… 209

1. 激战海通证券 ……………………………………………………… 211

2. 看好佳讯飞鸿的八大理由 ………………………………………… 215

3. "平地高楼"解析佳讯飞鸿 ………………………………………… 219

4. 佳讯飞鸿，喜讯将至 ……………………………………………… 221

5. 捕捉涨停的秘密 …………………………………………………… 223

6. 看好太原重工的七大理由 ………………………………………… 225

7. 股市黑马炼成之太原重工 ………………………………………… 228

8. 放权简政，事后监管 ……………………………………………… 233

9. 黑马是这样炼成的——赢时胜操作全揭示 ……………………… 236

10. 中文传媒 …………………………………………………………… 241

第7章 股市"封侯"有章法：操盘高手之"铁血军规" … 243

1. 先大后小 …………………………………………………………… 245

2. 先长后短 …………………………………………………………… 249

3. 做熟不做生 ………………………………………………………… 253

4. 投资者常犯错误之频繁换股 ……………………………………… 254

5. 投资者常犯错误之过于关注日常波动 …………………… 257

6. 守住自己的精彩 …………………………………………… 259

7. 牛市中的小散 ……………………………………………… 260

8. "生命代价"给出的启示 …………………………………… 262

9. 听消息的人醒醒吧，回头是岸 …………………………… 264

10. 止损，乃立身之本 ………………………………………… 265

11. 修炼的最佳时机到了 ……………………………………… 267

12. 祝氏操作"三大纪律八项注意" …………………………… 270

后记：有剑必成万户侯——论"跟着阿荣走"的必要性 ……… 272

引 言
INTRODUCTION

图说"技术分析永远是有用的"

经常听到"中国股市是政策市,技术分析没有用;技术分析都是马后炮;技术分析只在常规行情下有用"等论调,大意就是技术分析不值得信任,或者是不值得全部信任。

作为一个狂热的技术派,我相信技术分析,甚至只相信技术分析,我认为技术分析在任何时候都是有用的,不但在常规行情中有用,甚至越是极端行情——大多数人都看不懂的时候,技术分析越是能独辟蹊径,一语中的,体现出它的优越性。

没错儿,中国股市是"政策市",但这并不代表技术分析没有用,政策就像众多因素一样,也只是影响市场的因素之一,但它绝不是全部因素,而且它们也会像其余任何影响因素一样,被市场轻松消化。"政策市"中,如果技术分析没有用,那什么有用呢?您能提前知道政策吗,显然不可能——当您知道政策的时候,它已经从新闻变成了历史,据此操作只能是飞蛾扑火,屡屡受伤。

"技术分析只在常规下有用,极端行情中没用"的说法,则更害人,这表明投资人对技术分析的信心不足,很难相信它,不愿按它去操作,投资效果反而更差。

以沪指为例,我们以最为极端的最高最低点为例,它们发生的时候,技术分析都能有所体现,甚至都能提前告诉我们,关键是我们有没有发现,或是有没有在当时发现。

比如,沪指在2001年见到最高点2245之前,沪深股指出现顶背离提示——沪指屡创新高,而深指却难创新高,这就是股指即将转折的信号。背离后沪深指数统一向下,确认头部形成。运用反压线技术,可提前测出2245的高点。此处我们没有涉及任何的基本面消息和股市政策,仅仅通过技术分析就可以及时识别出2245的极端顶部(见图1)。

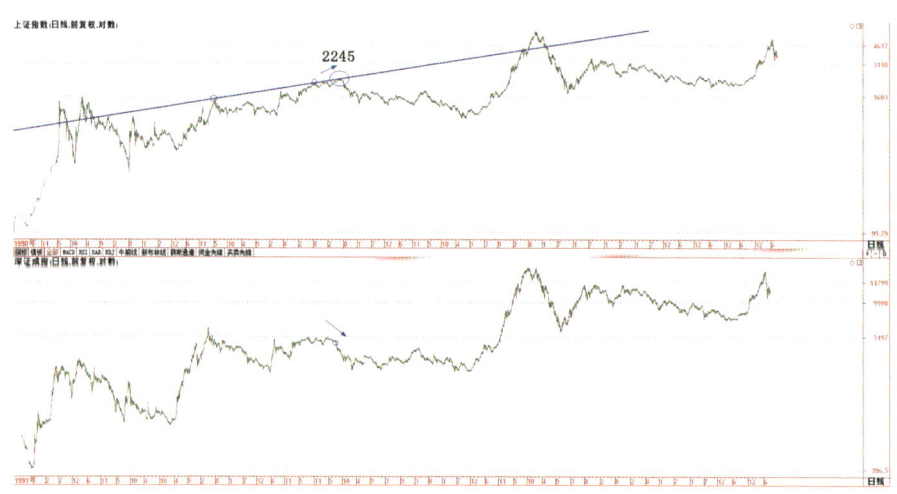

图1 1990年12月25日至2015年7月20日沪深指数对比图

比如，运用趋势线与管道线可以提前捕捉到1514、1339、1307的最低点（见图2、图3）。

图2 2001年5月29日至2002年4月25日股指日线图

图3 2001年3月28日至2004年4月14日股指日线图

比如，运用管道线技术也可以成功提前捕捉到998的历史最低点（见图4）。

图4　2001年6月15日至2005年6月7日股指日线图

比如，以6124于5462为基础向下做出的平地高楼法，可提前测出4778、1802、3478、1849等最高、最低点（见图5）。

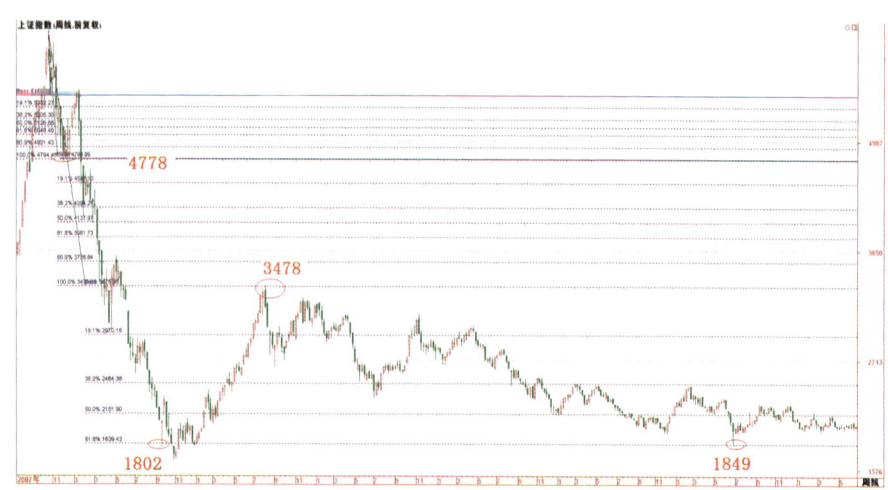

图5　2007年7月17日至2014年2月11日股指日线图

比如，以95点至1558点为基础画出的平地高楼法，可成功测出6124的历史最高点，正好是100%处形成"泰山压顶"形态（见图6）。

图6　1990年12月25日至2015年7月20日股指日线图

比如，运用周线的关键K线技术可以提前两年测算出1664的最低点（见图7）。

图7　2005年7月22日至2010年1月8日股指周线图

比如，运用反压线技术，可以提前捕捉到4335的"530"暴跌（见图8）。

图8 2007年1月9日至2007年6月19日股指日线图

比如，运用模型理论，可以成功提前测算出2199的最高点，即便"乌龙指事件"（指股票交易员、操盘手、股民等在交易的时候，不小心敲错了价格、数量、买卖方向等事件的统称，历史上曾出现了多起"乌龙指"交易，这些"乌龙指"使得有人赚了大钱，也使得有人血本全无）也可以通过技术分析提前测算出来（见图9）。阿荣的模型理论，可以提前测算出最近5年的所有重要的高低点，误差在10个点以内。运用时间模型，还可以通过公式测算出重要的时间变盘点。

比如，运用四段五点法，可以测算出4987的强势反弹最高点，整整提前8年。因为阿荣的理念，是耐心持有主流板块中的龙头个股，直到行情结束。关注支撑胜过关注压力，所以对压力相对轻视。但当最终行情走完，回过头去看的时候您会发现，这些所谓的"高点"，都不过是上涨途中的一个个"驿站"（见图10）。

图9 2013年6月20日至2013年8月20日股指日线图

图10 2007年5月31日至2015年8月10日股指月线图

比如，运用反压线技术，可以找到本轮行情 5178 的高点（见图 11）。

图 11　2014 年 8 月 29 日至 2015 年 8 月 21 日股指日线图

比如，周线牛熊线的成本位为 2584，则其上涨目标位为 5168，而实际最高点正好是 5178（见图 12）。

图 12　2012 年 7 月 13 日至 2015 年 8 月 7 日股指周线图叠加牛熊线指标

引 言

　　以上我们列举了 2001 年至 2015 年 15 年间，沪指几乎所有重要高低点，不论行情有多么极端，我们都可以从技术上找到蛛丝马迹，因此我们认为，技术分析永远是有用的。

　　从理论上讲，我们是有可能在这些位置提前把握高低点的，但是在实战中是不可能的，某个人不可能同时把握住所有的拐点，因为很多时候我们在当时无法看到这些技术现象，走过后回头再分析才发现，原来是因为它，股市才下跌的，但这并不能成为我们不相信技术分析的理由，它只能让我们对市场更加充满敬畏，市场永远是对的，答案也永远是存在的，只是我们当时能否及时发现。因此，面对市场我们只能更加认真、努力、客观地分析，以此捕捉到更多的市场拐点。

　　现在，就让我们跟着阿荣的脚步，来领略技术分析的伟大与神奇吧！

第 1 章

逐鹿股市用"心机"：精研大盘占先手

第 1 章
逐鹿股市用"心机"：精研大盘占先手

1. 股指运行，"密码"揭秘

2015 年 1 月 8 日

去年 11 月以来，股指像"服用兴奋剂"般超常规上涨，涨到人不敢相信，涨到人精神崩溃，直接造成了两种后果：第一是大家似乎都不用再去关心大盘，因为大盘除了涨还是涨，不用再去分析了，这就造成了大家对于市场风险的漠视；第二是大家不再花心思去分析大盘，因为他们总是听别人说，现在的大盘不是用技术能分析得了的，什么技术都是没有用的——让技术分析人士尽情地吐血去吧！

以后当别人再跟您说这些话的时候，请您做两件事：第一，千万不要相信他；第二，静静地走开——至少与他保持 20 米的距离。技术分析永远是有用的，没有用的是不当使用技术分析的人。

股指涨跌幅度虽然有点大，但它还是一如既往地按照咱们的模型理论在运行，我们也据此提前判断出了 2279 的逆转、2934 的反转以及现在的风险。

今天，我就把本人的模型理论与大家作个简单的分享。股指的运行，都是按照一定的台阶模型来运行的：上升趋势中，找到最低点的价格，乘以某个密码，就可以算出它上涨的目标位；下跌趋势中，找到最高点的价格，除以某个密码，就可以找到下跌的支撑位。牛熊转换，四季更替，概莫能外。

如 2014 年 10 月 27 日，当时股指最低见到了 2279 点，而我们从最高点 2391.35 除以 1.0461 的位置，正好是 2285 点，正好满足了下影线跌破 2285，收盘价站上 2285。但是股指还没有收阳，理论上要等到第二天收阳，才能确认股指变盘。运用时间模型，正好测算出这一天是个变盘点，我们就提前判断股指将出现变盘——当时我在博客中谈到了大逆转将悄然开启，之后股指被引爆。

同样，在其之后的上涨中，2279.84 乘以 1.0946 为 2496 点，而在 11 月 11 日那一天，股指以上影线突破，收盘价跌破，股价收阴的方式无力突破此位，股指出现短暂调整，之后的每一个高低点，我们都能通过这样的方式测算出来（见图 1-1）。

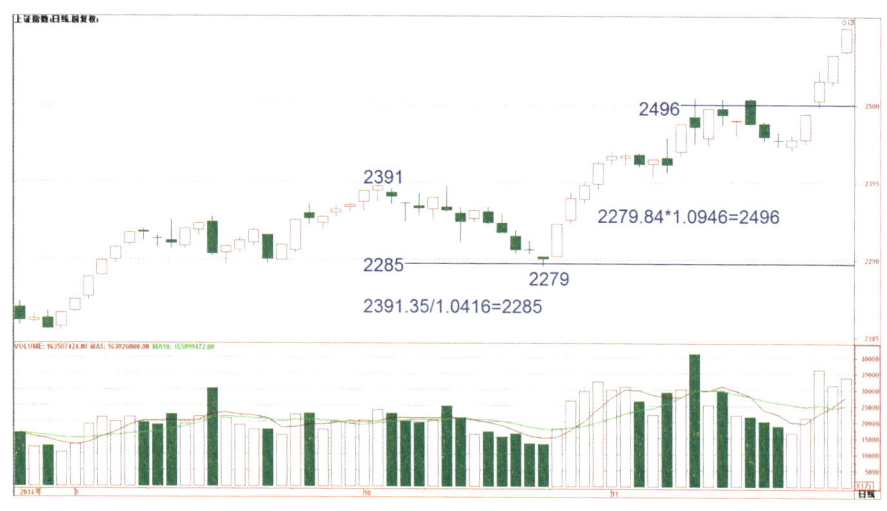

图 1-1　2014 年 8 月 26 日至 2014 年 11 月 26 日股指日线图

第1章
逐鹿股市用"心机"：精研大盘占先手

最近这一次的低点，是 2014 年 12 月 24 日的 2934.91 点，此点位乘以 1.156 等于 3392.76，而 1 月 6 日的最高点为 3394.22 点，正好满足了上影线突破，收盘价跌破，但是股价没有收阴。1 月 8 日这一天如果收阴，正好满足了无力突破的特征，而上一天正好是 1849 上涨以来的第 377 天，是斐波那契数列的重要变盘点，因此，此处出现大阴线的调整也就是很正常的现象了（见图 1-2）。

图 1-2　2014 年 9 月 10 日至 2015 年 3 月 28 日股指日线图

顺便提一句，大家以后在看股票的时候，如果在上涨的高位出现小数点后面两位数相同的数字，那就要注意了：此处见到阶段性高点的概率会很高，不信可以自己翻阅一下个股或大盘的价格。

股指在此处出现阴线调整，目前毕竟还是在盘中。我们可以画出一条向上的反压线，来作为股指短期的止损线。只要收盘不跌破此线，就表明股指还是运行在上升趋势中。如果股指在 1.156 的位置处小调一下就发力向上的话，则它的下一个目标位为 1.1892 的位置，即 2934.91 乘以 1.1892

等于 3490 点。

股指若出现调整，板块也不会沉寂的，这就是牛市的最大特色。指数调整，板块不会休息。调整时，市场中的资金或更偏向于小盘股，需要资金量少，可以发动局部的热点。

本日（2015 年 1 月 8 日）观点：

股指受到 3392 压力位以及变盘要求，此处有调整要求，短线以 3314 设为止损位。股指虽然调整，但是热门板块不会沉寂，前期超跌的小盘股机会较大，如前文中看好的佳讯飞鸿（300213），收盘若能站稳 22.4 元，则可介入（见图 1-3）。

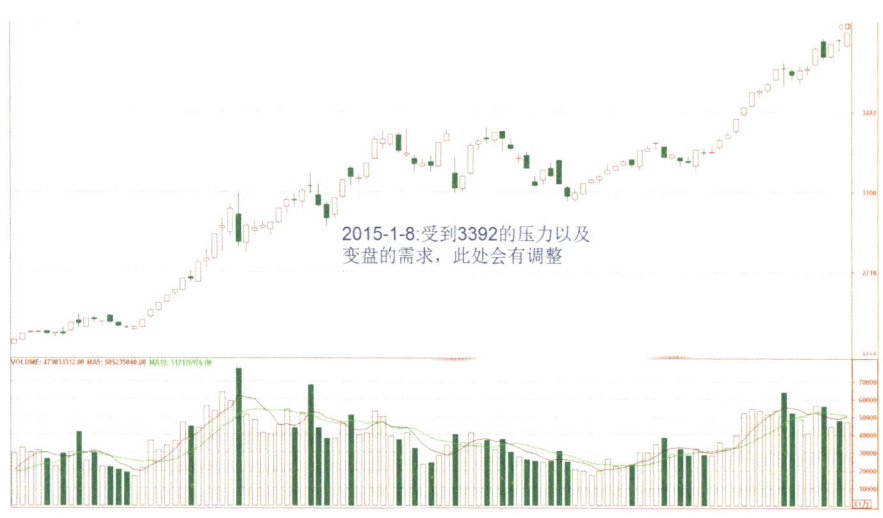

图 1-3　2014 年 10 月 30 日至 2015 年 4 月 3 日股指日线图

第 1 章

逐鹿股市用"心机"：精研大盘占先手

2. "神准"的股指判断，可以有

2015 年 3 月 18 日

最近的判断"神准"，阿荣也不知道是怎么回事，也许是"人品大爆发"！

下面借助图 1-4 来看看阿荣对股指的判断：图中 A 处，阿荣成功预测它将出现时间变盘，点位 3387 已经烂掉了；B 处，股指还在下跌时，阿荣测算出将要变盘；C 处，阿荣成功测算出关键 K 线的 3049 点，一点不差；D 处，阿荣在股指还在上涨时成功测算出时间变盘点以及 3337 的最高点，一点不差；E 处，阿荣成功测算出股指的变盘点；F 处，阿荣成功测算出 3390 的盘中高点，只过了一个点；G 处，也就是今天，阿荣又成功测算出 3524 的回调低点，一点都不差。加上今天的创业板的 2118，只是跌破一个点，是最标准的验证。

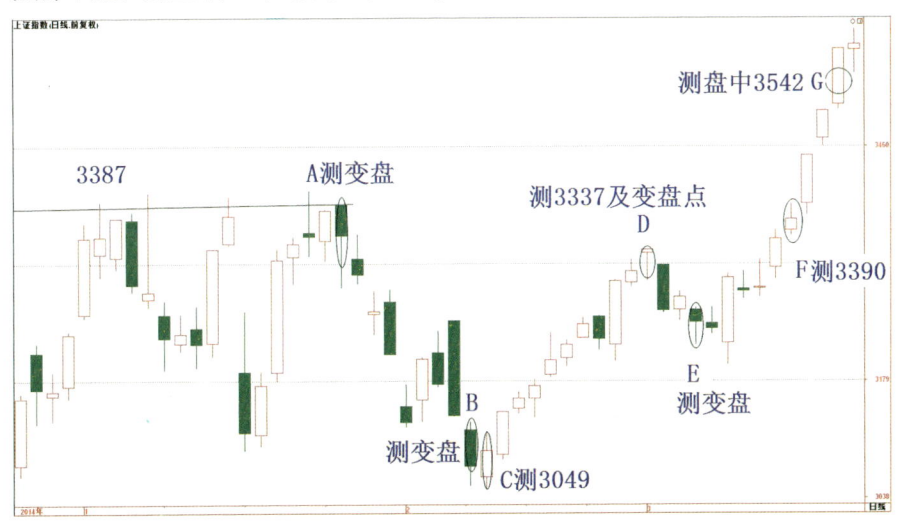

图 1-4 2014 年 12 月 26 日至 2015 年 3 月 19 日股指日线图

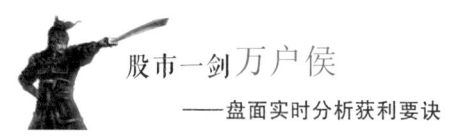

判断大盘的人多了,但有像上面这样神一样准确判断的,则不多见。"神准"的股指判断,可以有,阿荣对股指的判断有以下几个特点:

一是都是提前判断的,而不是走出来以后说未来还会怎样。如在图1-4中D处,股指涨得好好的,要判断最高到多少,还要向下变盘,这是相当有难度的。股市里很多人都是"事后诸葛亮,事前猪一样"。

二是判断都相当精准。很多时候都是一个点都不差,要么就是过一个点。这其实不算误差,这与很多人"股指的压力在3300至3400之间"的说法完全不同——那样的话有什么用?怎么不说"股指会在3000至4000之间波动"?那样判断的成功率就是百分之百了。

三是不但有精准空间测算,还有神秘的时间测算。绝大多数人,只会判断空间,因为股价是看得见的,而对于时间就抓瞎了,因为时间是隐藏的,看不见的;但是阿荣却能从复杂中精炼,将神秘的时间理得清清楚楚,并在实战中得到了精确的展现,实在是"准得一塌糊涂"。

追星族们都知道,能红一年的,是徐怀钰,能红十年的,是小沈阳,能一直红的,是刘德华;老股民也都知道,对股市走向能说对一次的,是蒙的,能说对几次的,是严某某,能一直说对的(此处省略N字,过了,过了,哈哈)。阿荣可以自信地说,至少在这一段时间内,阿荣对于股指的判断是"独步江湖"的——如果大家遇到有超过阿荣的,请告诉我,我真的好想与他交流、切磋一下,不为别的,只为提高技术,更好地为大家服务!

最好的老师一定是最好的学生,阿荣永远不会停止学习,对知识的追求,就像对空气的追求一样,无休无止,永不停息!

第 1 章
逐鹿股市用"心机"：精研大盘占先手

3. 下周股指将"腾空而起"

2015 年 4 月 2 日

以前阿荣告诉大家 25 号之前放心持股，没有大问题，25 号起开始会出现变盘。事实证明，这个判断是正确的。股指在 25 号之前确实狂飙突进，25 号附近出现持续横盘。不管盘中如何剧烈波动，阿荣始终没让大家卖出，要大家持股不放松。

因为阿荣早就告诉大家，3700～3800 一线是多方的天下，空方完全无还手之力。近期的横盘，是为攻击前展开的蓄势。现在阿荣坚定地告诉大家，攻击前的准备已经全部完成，下周开始，股指将展开排山倒海、狂风暴雨般的攻击，股指将"腾空而起"，空方必将落荒而逃。这是阿荣说的，请记住，让时间来证明吧！

经过了九连阳的上涨，以及模型理论所要求的必须变盘后，股指技术走势上必须要有一个调整。牛市中的调整分两种：一种是短期的深幅下跌，另一种是横盘，以盘中的下跌来完成洗盘。现在股指采用的是第二种手法，而且现在调整已经结束！

因为纵横交错法告诉我们，27 号是变盘点，同时，新一轮的模型理论所测出来的时间，也是 27 号。密集的时间窗已经结束，同时股指受到了 3625 的支撑后，已经连续站稳，试盘的任务已经完成。经过了激烈的盘中洗盘后，创业板指已经于周五站稳。

阿荣在盘中告诉大家，创业板调整的位置在 2264 点。事实上，创业

板最低调到了2267处向上,仅3个点的误差。券商、地产等板块又开始表现。两种类型板块同时有表现,就是股指狂飙的保证。最关键的是,阿荣的关键K线战法,显示3700～3800点一线绝对是多方的天下,空方是没有什么大将防守的。

在此处休整,一是为了消化一下前期的获利盘,二是为了接下来的攻击做好充分准备。接下来的重点短期还是创业板。有人说,创业板涨得那么高了,还能买吗?估值太高了吧?想当初,在1800点的时候,有一位名家就说了,创业板已经翻了3倍还要多了,从现在开始只卖不买了!现在是2400点,情何以堪?

不要扯什么估值!昨天还是暴跌,今天又是暴涨,难道仅仅一天时间,估值就发生了如此天差地别的变化吗?尤其在牛市中,股价的短期涨跌跟公司的基本面,就跟刘德华与刘翔、梅超风与梅西一样,毫无关系,长期来看肯定是有关系的,但是短期不要太关心什么估值;况且,公司真值多少钱,有谁能扯得清?不要说您,连上市公司董事长,也是一头雾水!

图1-5　2015年2月4日至2015年5月26日股指日线图

第 1 章
逐鹿股市用"心机"：精研大盘占先手

　　前期滞涨的一二线蓝筹，也慢慢显示出估值优势，会对资金产生吸引力。手中持有的还是可以继续。总结成一句话——持股！

　　具体到指标，参考股指日线 SAR 指标。一路红圈一路持股，翻成绿圈，卖出！短线看日线，中线看周线（阶段行情走势参考图 1-5）。

4. 阿荣亮剑——绝非 530

2015 年 4 月 18 日

　　周五，市场出了一系列消息：严管两融、鼓励融券，禁止券商搞伞形信托等措施，加之市场又攻击到了前高 4335 附近，经历过"530"那不堪回首经历的人，又不免发出"530"呼声。一时间，市场上草木皆兵。许多投资者四处打探消息，似乎知道得越多就对自己越有利。其实，看得越多，您心里越迷茫。

　　阿荣认为，面对市场，最需要、最有用的，是冷静、独立的思考，而且是结合技术分析的冷静思考，并做出自己的判断。任何人都无法代替您去思考与决策。阿荣认为，此处与"530"有着相似的背景，但绝不可能是"530"的重演。

　　两者都是市场疯狂向上，管理层希望能给市场降降温，而出台政策。前者是在监管层数次加息降温无果后，才不得已推出提高印花税的硬措施。更重要的是周二夜里发布的政策。只有市场毫无心理预期的政策、消息，才会对市场产生巨大的杀伤力。现在市场也确实疯涨，但监管层没出台什

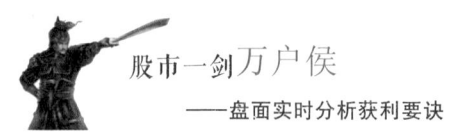

么明显的监管措施，顶多就是发发风险警示，查一下证券公司，更多的是规范、监管等软措施，更重要的是，现在的政策是在周五下午发的，用心良苦啊。

监管层现在的意图十分明显，认可牛市，也需要牛市，但是希望是慢牛（肖钢亲言）。如果涨得太快，等不到注册制出台，经济有所好转，牛市就结束了。注册制无法顺利推出，完不成中央的任务，是要被问责的。

所以监管层希望能给股市降降温，但又不希望"530"那种夜半鸡叫的惨剧再度发生（"夜半鸡叫"严重影响政府的公信力啊），因此就选择周五这个时间来发布这个消息，就是让大家有足够的时间去消化这个消息，去正确地解读这个信息。不要误以为是国家在强力打压股市，疯狂出逃而出现多杀多的踩踏惨剧。如果能就此放缓一下上涨的步伐，皆大欢喜。如果摁不下来，不排除出现更加严厉的、令市场没有时间反应的硬措施，那时就惨不忍睹了。记住，人们已经有所准备的利好或利空，通常都会不了了之。

想想这个日期，蕴含深意啊（417，418，419，420——出这个政策是"要起"，是"要发"，是"要久"，是"爱您"，大家不要过度解读），谁敢说证监会里没有技术高人，打死阿荣也不会信的。现在出台的消息是周末，而且是软措施，有足够的时间让市场消化，所以断不可能出现"530"那样的连续5个跌停板的状况。只要不出现这种极端的情况，局势就完全在我们所能应对的范围之内。

只要不出现530那样的极端状况，我们就完全可以按照技术分析的指示来操作，阿荣一直跟大家讲的股指日线SAR，仍旧为红圈，则是放心持股的标志，什么时候翻成绿圈了，再决定是否卖出不迟。股市是有序中的

第1章
逐鹿股市用"心机":精研大盘占先手

无序,无序中的有序。在这种无序中,阿荣给出的判断如下:

第一,中国股市的牛市绝不会很快结束,正常不会在今年结束。4317不排除是阶段性高点,但绝不可能是历史性的头部。没有一次真正的牛市顶部是政策打压出来的。真正的大顶,都是在一片欢乐中走向死亡的,在一片谨慎中,是筑不成大顶的。此处,即便因为调控出现调整而被套,只要能拿住,一定可以很快解套。

第二,周一开盘是一定会低开的。领导层的"杀威棍"是一定要吃的,否则也太不给领导面子了,那样只会迎来更加严厉的监管与打压。但这些消息差不多半个小时到一个小时就被市场消化了,接下来才是市场真实的状态。切不可根据前半小时状况,来决定操作,那就像男人哄女人上床时的甜言蜜语,是不可靠的。上涨趋势永远看支撑,市场调整的支撑位分别为4284、4275、4175。

第三,市场的热点已经完成了板块轮动,创业板开始横盘,运输设备、铁路基建等大盘板块,已经在疯狂拉升阶段,这将是接下来一段时间的主旋律,这也是符合市场"小—大—小—大"的转换规律的。因此,对于涨幅过高、累计获利过大的创业板、互联网品种,可以适当获利了结,降低仓位,向券商、铁路基建等方面作一些倾斜(永远不极左,也不极右,坚持两条腿走路,只是仓位调配而已。创业板远未到头)。

第四,市场在4317附近出现短调的概率是很高的。阿荣在市场突破3858的时候,就马上告诉大家,多头将直接攻击4335。但到了这儿以后,阿荣先不往上看了,再涨上去,实在是让人有点难堪了,再直接向上,市场就要攻击4646了,照这个节奏,下半年得往哪涨啊?如果短线调整后继续向上,股指先看到4502,然后就攻击4646。不过,那时一定会引来更加严厉的监管,说不定就是五色棒狠打大肚子,直接流产。

第五,最后的对策,还是顺势而为,股指以日线SAR红圈作为持股标准。出现红圈翻成绿圈,减仓或出局。板块上,"由小向大逐步倾斜"是主思路。无论如何,加了融资盘,仓位过重的人一定要把仓位降下来。有一点是肯定的,证监会出了这么多政策,最想打的就是这类人!

就在刚才,证监会出来辟谣了,说不是打压股市,看来阿荣又猜对了领导的心思(见图1-6)!

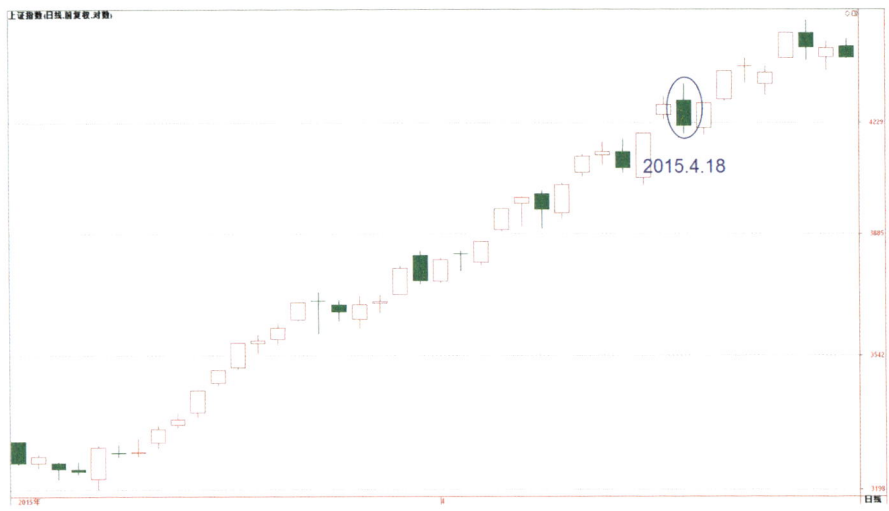

图1-6 2015年3月3日至2015年4月30日股指日线图

5.股指暴涨在即

2015年5月29日

昨日股指在受到四段五点的4987压力后狂跌,阿荣明确告诉大家这是洗盘,牛市肯定没有结束。今天的走势到现在为止,没有完全表现出洗

第1章
逐鹿股市用"心机"：精研大盘占先手

盘结束的特征，但是阿荣预判股指已经洗盘结束，接下来股指又将发动一轮猛攻行情。

首先，这是一轮牛市，而任何一轮牛市，必创历史新高，所以4987并不是最高点。昨天的调整，必然是洗盘，而洗盘结束，就是我们抄底的绝佳机会——阿荣在今日盘中已经发出过了抄底信号。

主流板块的表现可以反衬出大盘。创业板指受到模型理论与四段五点的支撑，收出带下影线的阳线，洗盘结束。互联网受到四段五点的支撑，软件服务受到模型理论的支撑收阳，洗盘结束。券商板块受苦受难，但是也受到了"平地高楼"的支撑，下周反弹在即。几大板块都出现了买点，下周大盘不可能不涨。

股指本身也受到了四段五点的支撑，正好在最低点4431处发力反攻，让人不得不再一次感叹造物主的神奇与技术的万能。股指洗盘结束的信号，是受到牛熊线的支撑收阳，并且J线向上转折，这个信号现在还没有完成，但是主流板块已经先于大盘完成洗盘，股指也必将跟着上涨。

个股方面拉出了两百多只涨停，赚钱赚到翻，显示资金十分充裕，根本调不下去。个股形态上出现了一批长下影线的涨停，这是"猛龙回首"的绝佳形态。周末可以好好地挑选这种类型的股票，阿荣分享的特力A、龙源技术、新联电子等，也出现了很好的涨幅。

行情走到今天，阿荣感觉到，中国股市实在是一个完完全全的技术市，只要掌握好技术，任何人都可以提前预测出市场未来的走势；说"中国股市是政策市，技术没有用"的人，肯定是对技术不了解的人，也太瞧不起中国股市的神奇技术了，我真想扇他一个耳光。

看消息炒股票，是真正的典型的"马后炮"。基本面分析，有它的合理及客观之处，但用它来寻找股价的进出场时机，就像平胸女孩穿着深V

晚礼服一样，不足之处是显而易见的；而用技术分析寻找买卖点，就像辣妹穿着比基尼泳装一样，过人之处是显而易见的（见图1-7）。

图1-7　2015年3月6日至2015年6月1日股指日线图

6.降息后的应对策略

2015年6月27日

刚出门的路上，听到降息又降准的消息，答应了兄弟股友圈的聚会又不能不去，只能等吃完饭了。等个主食半天也没等到，只能饿着肚子先回了，阿荣饿一会儿不要紧，把大家急坏了，可出事了。

饭桌上大家举杯相庆，庆贺周一股票全线涨停。红包满天飞，就像死刑犯拿到赦免令一样兴奋。这种心情是可以理解的，毕竟都经历了一场炼狱。但是在股市中，任何情况下都要保持一份自己独立、清醒的分析，不

第1章
逐鹿股市用"心机":精研大盘占先手

要以主观臆断来代替客观分析,比如再跌下去配资盘就会崩盘,政府就会如何如何,个人觉得,只是一种主观臆断,万万不可作为操作决策的依据。

阿荣的观点如下:

第一,政府在打自己耳光的情况下,也要出台降息降准政策,表明了对市场的呵护,表明了管理层坚持牛市的决心不变,这也是阿荣坚持认为牛市没有结束的依据之一。

第二,股指周线,是持续上涨后的两连阴,从阿荣的口诀"上涨时间满一月,反向三周趋势成,有二没三还得跑"看,股指上涨行情中,出现周线两连阴后都是买点。如果像以前一样,第三周也就是下周出现收阳,您又一次抄到了底。如果下一周不收阳,反而收阴则抄底失败,满足"有二没三还得跑",止损。现在降准降息是利好,对下周周线收阳是个利好,但仅是开了一个好头,能不能有一个好的结尾,还需要再看。

第三,政策面与技术面结合,才会产生最大的杀伤力。昨天是4099上涨以来的第34个交易日,是斐波那契变盘点。从点位上看,阿荣的五大交易体系中,关键K线显示,股指受到2015年4月15日的关键K线的最高点4175点的支撑,没有出现多种分析方法共振的情形,价格上的重要性有待加强。

第四,阿荣昨天谈到,股指在跌破4274后会有一个回抽。现在出现利好,高开是肯定的。现在的点位是4192,到4274有82个点的空间,应该够它高开的。如果出现高开后回抽4274不过,则将是一个卖出的机会。接下来市场会再度杀跌至4083、3969。如果高开高走,干净利落地将4274踩在脚下,则表明市场会出现周线两阴后的阳线,则可以再度加仓。

因此,阿荣给大家的操作建议是,轻仓或空仓的人,可以先建两成仓位;

半仓以上的投资者,则持股不动,如出现回抽4274不过,则减仓。如果收盘确认有效破4274,则逐步加仓(见图1-8)。

图1-8　2015年2月17日至2015年8月10日股指日线图

7. 向伟大的技术分析致敬

2015年7月1日

市场继续暴跌。

现在大家该明白技术分析该有多重要了吧:

6月23日,阿荣提前帮大家测出了4624的最低点,时间窗也提前测算出来,告诉大家抄底,并告诉大家第二天会有百点大阳线——24日果然是百点大阳线。

24日晚,阿荣停止分享股票,因为看到了创业板指已经不上涨了,并

第1章
逐鹿股市用"心机"：精研大盘占先手

提前告诉大家 4712 的压力位。

25 日下午一点四十、两点、两点二十分，三次告诉大家不论输赢都要减仓。26 日、27 日连续两天暴跌，阿荣坚决告诉您割肉，割肉再割肉。

6 月 29 日双降出台，大部分人兴高采烈，阿荣告诉大家，回抽不过 4274，又将有暴跌，告诉大家冲高回落，要卖票。之后告诉大家，3969 必有反弹，市场果然在 3969 处反弹。

跌破 3969 后，阿荣告诉大家，股指目标为 3850，市场果然见到了 3847.88。

7 月 2 日，市场跌破 3969 后，阿荣坚决告诉大家出局。

7 月 6 日晨，IPO 暂停，国家救市战略推出。开盘千股涨停，之后回落。阿荣在早上开盘十五分钟后，告诉大家全部卖掉，一股不剩，之后股票全线跌停，之后又连续两天跌停。

7 月 7 日晚，阿荣告诉大家坚决不再割肉了，猛烈的超跌反弹马上就来到。之后，阿荣又通过 30 分钟平地高楼法，成功测出了 3368 的最低点（有几个点的误差），以及周三的必需的变盘点，市场果然见到了 3373 后猛烈向上。之后股指出现了连续两天的大涨。中间的盘中最高、最低点，阿荣也是多有测算。

更重要的是，阿荣提前告诉大家，4011 处必有调整，并在 7 月 13 日就告诉大家，在模型理论的第二台阶处可以卖股票了。

14 日又告诉大家卖股票，今天又再次告诉大家卖股票，市场又一次验证了技术分析的判断。

现在还是一样的思路，轻仓避风险，耐心等机会，没有提示不得抄底。

不是阿荣有多了不起，而是阿荣学习了技术分析（所有判断，均见图 1-9）。

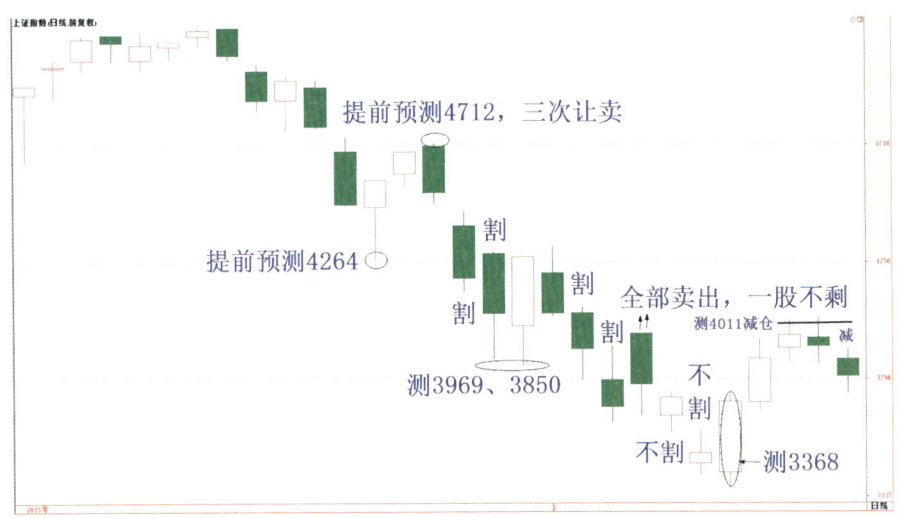

图1-9 2015年6月4日至2015年7月15日股指日线图

今天的盘面是从4035.44下跌到了模型理论的第一个台阶处：4035.44除以1.078等于3743.45，而今天实际到达的点位为3741.25，属于下影线

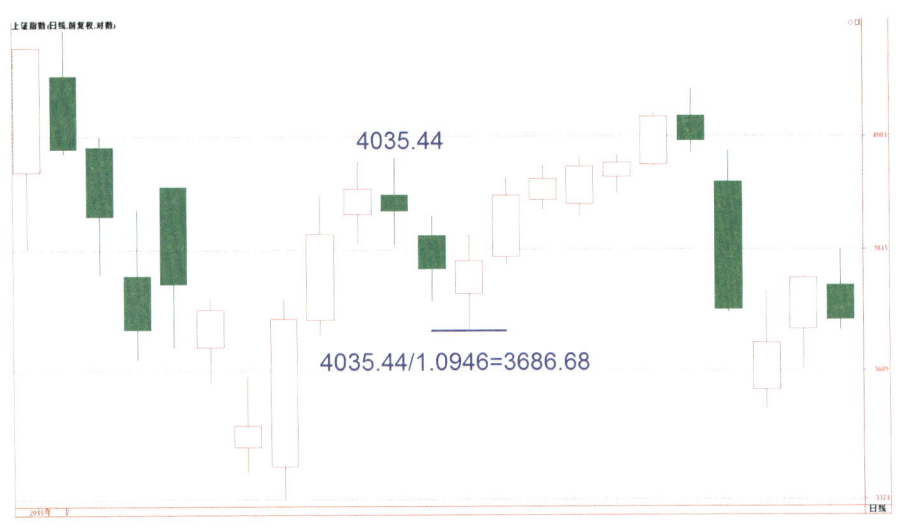

图1-10 2015年6月30日至2015年7月30日股指日线图

第1章
逐鹿股市用"心机"：精研大盘占先手

跌破，收盘价站上，但是股价没收阳；如果明天收阳，可看成支撑有效，但因为是下跌第一天，且是第一台阶，先不着急抄底；这个台阶撑不住，下一个台阶是3686.68。

事实上，股指最低到了3688后开始反弹，又一次成功测算最低点。股指的下一个反弹高点，阿荣又一次告诉大家减仓（见图1-10）。

用好技术分析，就能对股市走向做出神奇判断。
——向伟大的技术分析致敬！

第 2 章

场上"善守"更英雄：握住股市最大"彩头"

第 2 章
场上"善守"更英雄:握住股市最大"彩头"

1. 炒股大赚的诀窍——耐心持有

耐心持有主流板块中龙头个股,直到行情结束,这是牛市利润最大化的诀窍。您不赚钱或赚小钱的最主要原因,就是违背了这句话。

炒股大赚的诀窍之一,是耐心持有。

您真的有耐心吗?冲动是魔鬼,耐心是通往成功的金钥匙。尤其是牛市中,更是如此。事实上,绝大多数的投资者,恰恰最缺乏的就是耐心。明明是一只大牛股,就因为买了几天没涨,几周没涨,数月没涨,换掉。没过几天,冲天而起,翻一倍甚至两倍,成为您心中永远的痛。好比骑马,马稍一颠,您就被震落马下,马呼啸而去,您手里抓着一把毛。有人更惨,连毛都没有抓住。

牛市中最大的毛病之一就是浮躁,一篇文章只看里面有没有股票推荐,没有推荐就不愿意看。股票不涨停就觉得不过瘾,盘中稍微小调甚至只是涨得慢了点,便觉得无法忍受。稍微横了两天就无法忍受,心想"我要换

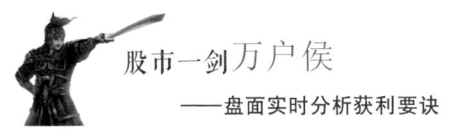

一个更快的股票"。频繁换股,节奏踏准了,也就是赚点小钱,踏不准甚至可能出现大牛市不赚钱的情况,实在令人甚为唏嘘。

牛市中最需要的是耐心。不要轻易换股,不要频繁操作,不要经受不了诱惑。大家可以打出自己的交易记录,看看自己交易的频率是多少。如果一周交易一次,还算是正常的。如果频繁到一天交易一次,您成为炮灰的命运,基本上就可以确定了。这些道理或许大家都明白,当我们再次谈起的时候,您甚至觉得是老生常谈,直接把它们当成笑谈略过了,甚至有人明知道这是极有道理的,但也无法做到,或者不愿做到,因为很多人追求的就是进进出出的赚快钱的刺激与快感,但这种快感真的不能带给我们良好的收益,这已经是被无数的投资者用血泪所证明了的真理。牛市赚钱最大的真理,就是"捂着不动"。

牛市中最主要的操作策略就是持有。上轮行情中创业板,主板的股票,只要稍微沾上一点热门概念的,哪一个不是哗哗地涨?但是,真正在其中操作的投资者又有几个人赚大钱呢?又有几个翻了倍的呢?为什么?就是频繁地在其中进进出出,最终的结果就是抬高了交易成本,远远没有出现价格远离成本位的情形,总是让自己的价格,游离于市场价附近,甚至低于自己的成本价,如此怎么可能会有轻松的心态去持股?所以,降低自己的交易频率,是十分重要的事情。从过去牛市经历看,在牛市中真正赚到大钱的,都是那些耐心持有一个或几个品种的投资者。

选中牛股,设置好止损标准,剩下的就是让股价自己去定生死,我们所需要做的是截断亏损,让利润奔跑。如果往下跌破重要止损位,我们就卖出,不跌破就一路持有,不要管它盘中波动,最终您回头一看,市场往往会给您不经意的惊喜。

"耐心持有",这四个字恰恰是牛市操作的精髓与核心,这让我想起

第2章
场上"善守"更英雄：握住股市最大"彩头"

了大师杰西·利弗摩尔的一句经典语录："我赚到大钱的诀窍，不在于怎么思考，而在于我能安坐不动。"坐着不动！明白吗？在股票这行，能够买对了且能安坐不动的人，少之又少，这是最难学的。这行的秘密就在于，牛市时，买进股票，安坐不动，直到您认为牛市接近结束时再脱手。忽略大势，执着于股票的小波动是致命的，没有人能够抓到所有的波动。

确实如此。现在回头看看所有的股票，有多少只股票都翻了一倍以上，而从头忙到尾的您获利了多少呢？甚至还有人赔钱的，情何以堪？回想一下近期自己的操作，虽然有几个买卖点把握得还可以，但是常在河边走，哪有不湿鞋？常在江湖漂，哪有不挨刀？常在股市泡，哪有不挨套？操作多了，难保不会出差错，而最终总结下来，还是不如一直持股的效果好，还省去了大量的精力。自己的一个很大的感觉是，操作的频率还是有点高，在确保选的股票方向、质地没有问题的情况下，接下来要做得更加耐心一些，操作的频率要再降低一些，因为随着掌管的资金越来越大，账户越来越多，过于频繁的交易，会让您顾此失彼。

降低操作频率的重要方法，是尽量减少盯盘时间，尤其是在较为确定性的中期上涨行情中，更要尽量减少盯盘时间，设置好当天的止损位后，就尽量不在盘中看盘，等到收盘以后再看股价是否击穿了止损位，如果没有就继续持有，然后再据此制定第二天的交易策略、止损位等，如此循环，方可做到降低交易频率；否则，每天眼睛一刻不眨地盯着盘面，您想少操作都是不可能的。您都恨不得T+0，更不要说少操作了。

总之，耐心不一定马上会有回报，但是只要您的耐心足够，不经意间，生活的美好便会盛装莅临！

2. 炒股大赚的诀窍——选主流板块

听了杰西的话，有人可能会有疑问："老杰同志啊，做人要凭良心，我也耐心持有了快半年了，可是我还是一直被套得死死的。"

这就是没有选对品种，也就是没有选好主流板块：券商涨时，您拿着创业板。小盘股涨时，您却拿着大盘股，人生还有什么比这更让人痛苦与难受的呢？

阿荣印象比较深的是2014年10月至2015年1月，券商为代表的大块头大幅领涨，而普通投资者因为习惯了之前小盘涨得通常比大盘好的节奏，大多拿着以创业板为代表的小盘股，但是小盘股在这段时间却横盘滞

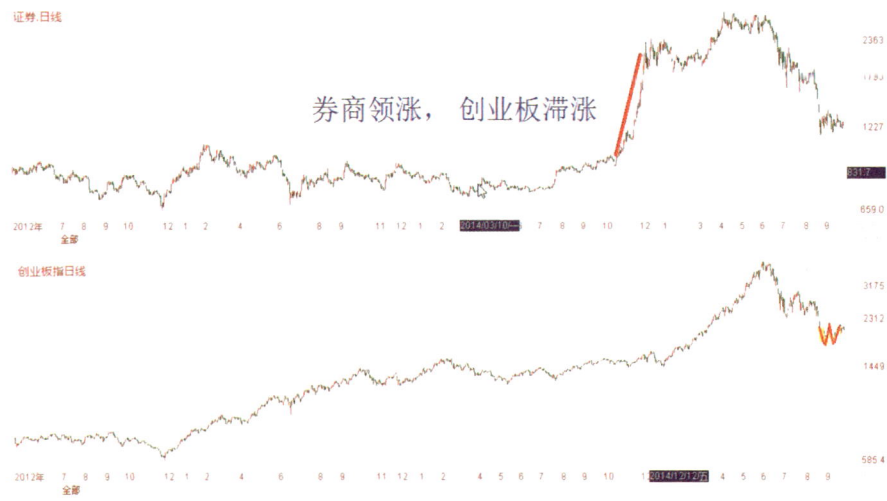

图2-1 2014年10月至2015年1月券商扳指和创业板指日线对比图

第 2 章
场上"善守"更英雄:握住股市最大"彩头"

涨(见图2-1),于是十分尴尬的事情发生了:拿着的股票不涨,别人家的股票哗哗地涨,要不要割掉滞涨的,追那些涨的快的?——说得很轻巧,但做起来却充满了无奈与纠结。

换得早的还好,最怕刚换过去,板块又轮动了,卖掉的开始飙涨,买进的进入下跌节奏。面对这种轮换有两个极端,一个是换得早的还可以及时跟上新的主流,另一种就是始终以不变应万变,只要是牛市,早晚都能轮到它,所以只要耐心熬过最纠结的那一段,一定可以获得未来的补涨。

当然,这个度的把握是关键,它不是靠单纯的感觉可以做到的,它需要专业的技巧,我们将在下一章详细讲述板块轮动规律及把握技巧。

这也反映出了中国股市的一大特色,结构性牛市,也就是有些品种在大涨时,有些品种却在大跌。不过,我要告诉大家的是,这不是中国股市的独特现象,外国股市也是一样的。牛市所有上涨的股票的顺序也是不一样的,但是在牛市中,所有品种的涨幅趋向于平均,这是牛市中的重要规律;也就是说,不管当时如何,但从最终看,牛市中大多数的品种,都会出现很好的上涨的(大过年的,谁家还不吃碗肉啊)。

简单地说,2015年主流板块的几条主线,大家要抓住:

创业板是当仁不让的主流板块,它代表了中国经济转型中的领导力量,它也是可以长期操作的品种;

二是"一带一路"概念股票,这将是近期持续的热点,即便它短时间内不涨,没有关系,每一次回调,都是介入它们的良机,其中的铁路基建、工程建筑、交通运输、港口等都是重要品种;

航天军工也会间歇性地成为热点,因为军事是中国对外发展的保障,尤其是地区形势紧张的时候,更会有所表现;

券商当然也是重要的热点,中长线是向好的,只要您有足够的耐心,

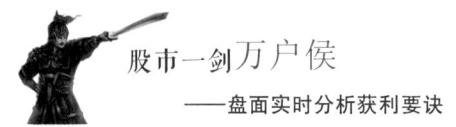

它一定会给您充分的回报。

还有很多热门的板块可以参与，但是您不一定非得所有的品种都顾及到。您是一小散，您有多少亿的资金需要布局啊，有那么一两个板块就够您做的了。

牛市中主流板块不止一个，投资者往往面临是"跟西施约会还是跟貂蝉缠绵"的苦恼，对此我的建议是：不能只布局一个板块，而至少要布局两个或几个板块。如5178前的行情中，阿荣重点跟大家分享了创业板与券商两个板块，按照板块实际走势强弱，动态地调整不同品种的持仓布局。如创业板强时，该品种的比重可以提高到70%，甚至80%，这样就可以把大部分的利润都抓在手里。如创业板调整时，往往券商会成为调整的避风港，因为它们的走势在很长时间内是呈"跷跷板效应"的，也就是创业板调整时，券商往往会成为领涨品种。券商走强时，我们也可以动态地提高它的比重，这样下来，基本上可以做到较好的平衡。

然后，在这几个板块或几个品种中，按照本人的赛马操作法去弱留强，最终留着最强的，最赚钱的股票一路持有，直到行情即将结束或刚刚结束，而不是一般大家习惯的"赚了钱的先卖掉，赔了钱的舍不得卖掉而一直持有"——最终的结果就是好票都卖掉了，剩下的都是一片绿油油的赔钱的"垃圾回收站"了。这种生活中看似合理的做法，其实是逆势而为的做法。比如您家养了几只鸡，有能下蛋的，有不能下蛋的，您的选择是先杀掉能下蛋的，那长久下来，剩下的就是一些不能下蛋的"赔钱货"了。

炒股大赚的诀窍之二，是选主流板块。锁定主流板块后，下一步的工作便是寻找主流板块中的龙头个股了。

选择主流板块中的龙头个股，有以下四种方法：

一是行业中品牌知名度最高的，如证券中的中信、海通，航空中的中

第 2 章
场上"善守"更英雄：握住股市最大"彩头"

航动控，创业板中的东方财富、同花顺等；

二是寻找板块中具备多种热门概念集合的品种，如宝胜股份（60973），就是唯一具备铁路基建和核电概念的个股（见图2-2），佳讯飞鸿（300213）

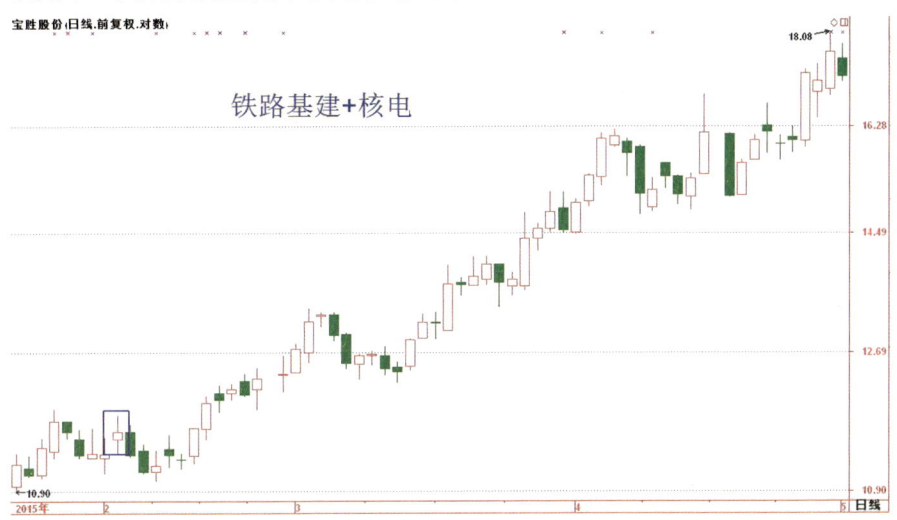

图 2-2　宝胜股份 2015 年 1 月 22 日至 2015 年 5 月 4 日日线图

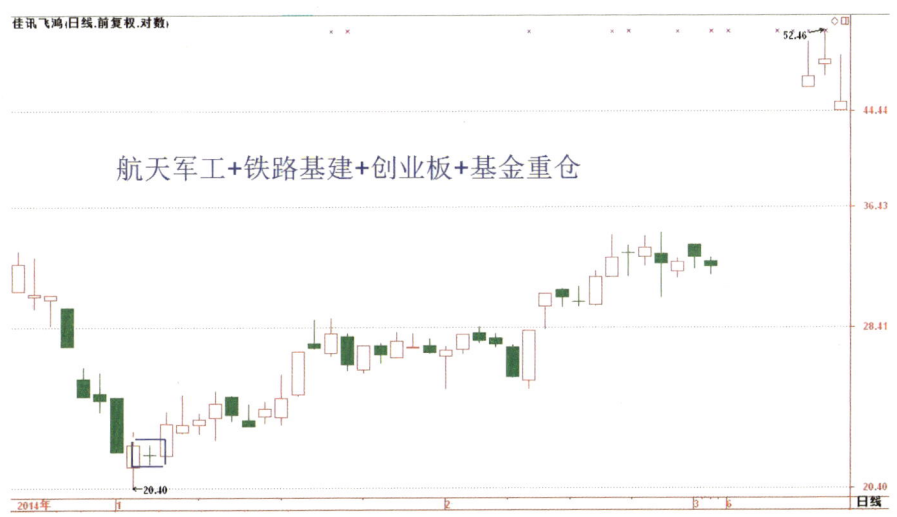

图 2-3　佳讯飞鸿 2014 年 12 月 15 日至 2015 年 6 月 19 日日线图

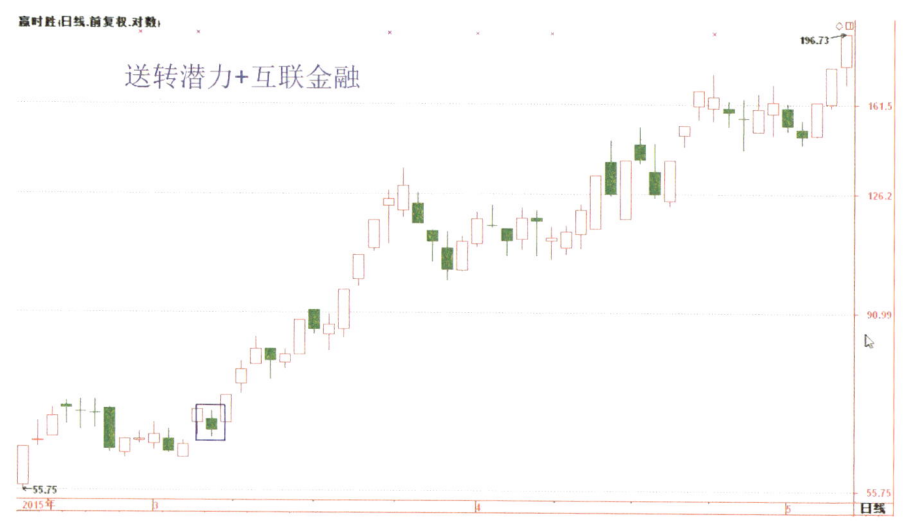

图 2-4　赢时胜 2015 年 2 月 10 日至 2015 年 5 月 8 日日线图

当初也是唯一具备航天军工、铁路基建、创业板、基金重仓几大热门概念的股票（见图 2-3），赢时胜（300377），是唯一同时具备送转潜力、互联金融概念的个股（见图 2-4），因为具备了多重概念，成为主力的至爱，所以表现也相当不错。总之，我们可以根据实际行情的主流板块进行动态地叠加，找到主流板块中最有可能成为龙头品种的标的，然后再结合技术分析进行买卖，下一章的机构选股法将详细讲解这一方法；

三是关注和选择过去的行情中曾有领涨经历的品种，股票跟人一样，也是有股性的，过去曾经领涨的品种表明它有领涨的基因，未来领涨的概率也会较高；

四是在某些关键时刻表现出色的，也可以成为龙头的优选，如先于大盘以涨停突破，带领整个板块指数率先突破等，关键时刻的优异表现也是龙头个股的重要特征，如东方财富在创业板指数整体见底后就持续上攻，

第 2 章
场上"善守"更英雄：握住股市最大"彩头"

之后又拉出大平台，在图 2-5 中 A 处以涨停板突破前期平台，龙头之势已经初露锋芒。之后又在 B 处回抽平台后收阳，又是极好的买点，这些相对于创业板指数本身都是提前的，所以也是龙头个股的重要特征。

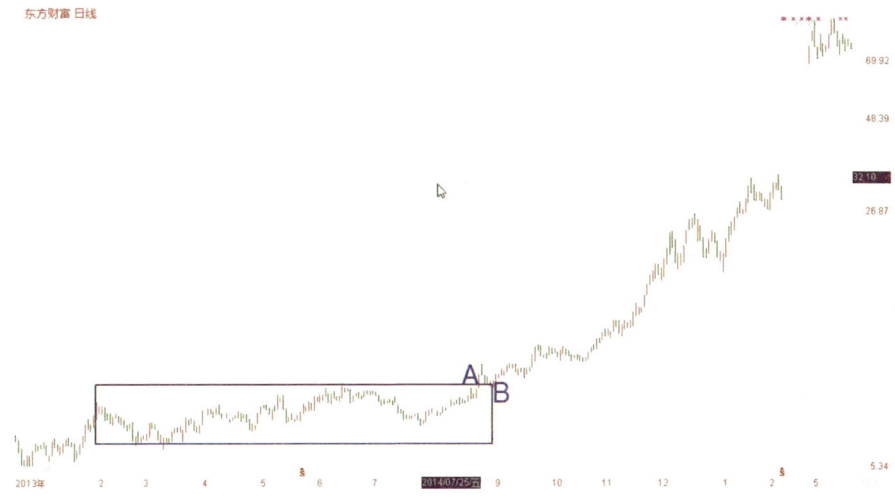

图 2-5　东方财富 2013 年 1 月 5 日至 2014 年 5 月 20 日日线

3. 炒股大赚的诀窍——设好止损位

股市如战阵，能攻固可嘉，善守更英雄。要握住股市最大"彩头"，赢取最大的利润，离不开巩固后方——炒股大赚的诀窍之三，就是设好止损位。

布局完成以后，投资者剩下的事，就是设好止损位，如果股价一开始就上涨，很快脱离成本位是最好的，您就可以放心地持有，不用太在意资金账户的短期变化。如果是股价远离成本位的,那就可以把止损位设得远一些,收盘价只要不跌破牛熊线的黄色线,就可以一直持有,只到收盘价跌破黄色线再全部卖出;也就是说,忽略掉主力的洗盘,中间不管市场怎么折腾,您就是持股不动,即便有短期的账面亏损,也不在乎,因为您的成本很低,因为您手中有大把的利润,短期抹掉一点也没有关系。正所谓"手中有粮,心中不慌",账面有赢,持股就行,这样不但简单方便,而且确实有利可图。

如图 2-6 中,东方财富图中 A 处上穿黄色线到 B 处收盘价跌破黄色线,累计涨幅 700% 多,我们掐头去尾,赚个两三倍是比较正常的;

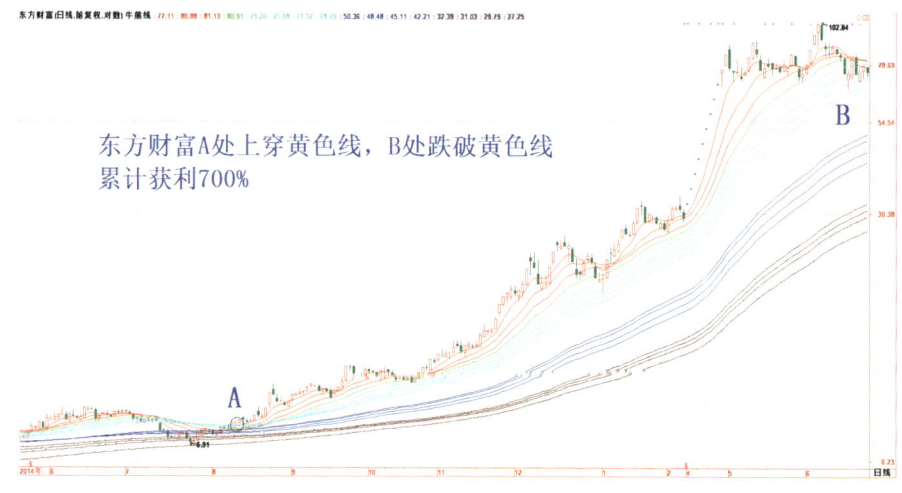

图 2-6　东方财富 2015 年 5 月 21 日至 2015 年 6 月 25 日日线图

再如图 2-7 中,同花顺图中 A 处站稳黄色线,B 处收盘价跌破黄色线,累计涨幅 627%,中间我们什么都不用管,只需要牢牢地持股,就可获得 6 倍以上的涨幅,既简单又轻松,又赚钱,何乐而不为呢?

第 2 章
场上"善守"更英雄：握住股市最大"彩头"

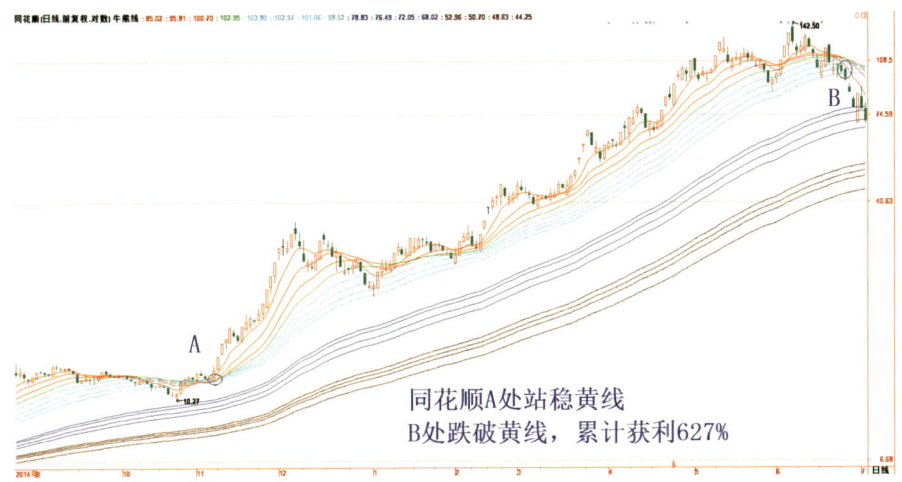

图 2-7　同花顺 2014 年 8 月 25 日至 2015 年 7 月 3 日日线图

"设好止损位，持有到行情结束"，这是一句很简单的话，但是做起来难度却是很大的：很多时候我们持有到行情还没有结束就卖了，有时候行情结束了我们还不卖出，所以判断牛市何时结束确实是一件非常困难的事情。牛市的结束往往是没有什么明显的征兆的，市场上还是一片火热气氛，从技术上讲会有一些特征，如跌破60天均线，成交量与股价呈现顶背离，指标与股价形成顶背离，等等，每一次见顶的情况都不一样，需要我们在技术分析的前提下结合自己的盘感作出判断。

第 3 章

一剑在手巧运筹：
板块轮动规律及机构选股法

第 3 章

一剑在手巧运筹：板块轮动规律及机构选股法

1. 抓住市场的主流板块

谈到牛市，人们首先想到的是赚大钱，但是牛市就一定赚大钱吗？非也，牛市赚大钱是有前提的，那就是抓住市场的主流板块。

先来谈一下板块的分类。

板块可分为行业类板块与概念类板块：行业类板块，主要是按上市公司所从事业务进行划分，而概念类板块，主要是按上市公司所涉及的题材进行划分。行业类板块中，又有周期性行业与非周期行业之分。另外，还有风格板块、地区板块（见图3-1）。

牛市的历史就是主流板块的风云史，抓住了主流板块，就抓住了牛市利润。主流板块有什么特征呢？

我们来看一下牛市各个阶段累计涨幅最大的板块：

从998点到6124点，累计涨幅最大板块为船舶、证券、有色、黄金概念、稀缺资源（见图3-2）。

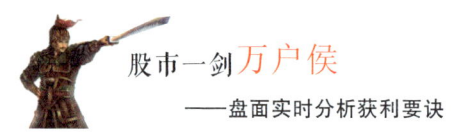

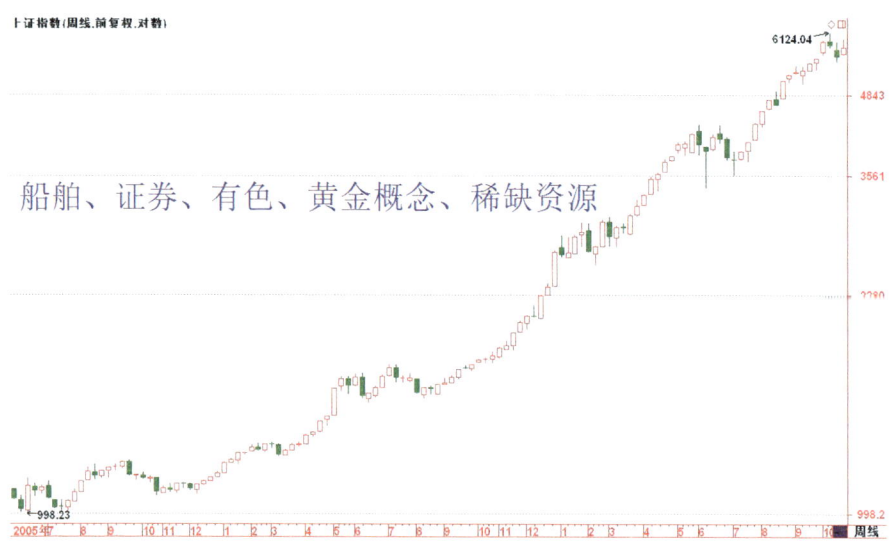

图 3-1 概念板块涨幅排行举例

图 3-2 2005 年 5 月 27 日至 2007 年 11 月 2 日股指周线图

从 1664 点到 3478 点，累计涨幅最大的板块为有色、西藏板块、煤炭、黄金概念、矿物制品（见图 3-3）。

第 3 章
一剑在手巧运筹：板块轮动规律及机构选股法

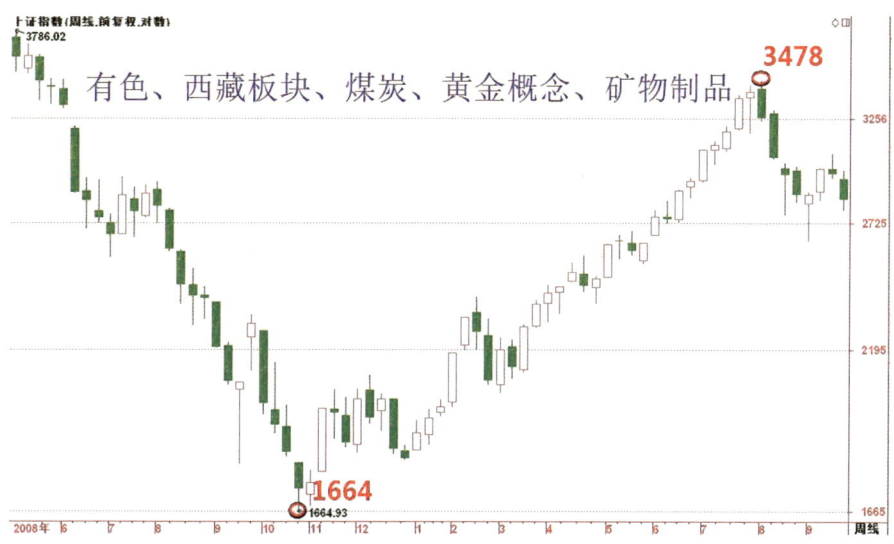

图 3-3　2008 年 5 月 9 日至 2009 年 9 月 25 日股指周线图

从 2319 点到 3186 点，累计涨幅最大的板块为稀土、青海、稀缺资源、有色、矿物制品（见图 3-4）。

图 3-4　2010 年 7 月 1 日至 2010 年 11 月 11 日股指日线图

从 1849 点到 5178 点，累计涨幅最大的板块为次新股、互联网、仓储物流、送转潜力、家居用品（见图 3-5）。

图 3-5　2013 年 6 月 28 日至 2015 年 6 月 12 日股指周线图

对不同阶段市场累计涨幅最大的主流板块进行统计后，我们可以总结出主流板块的如下特征：

基本面特征：大多属于行业类板块中的周期性行业，市场影响力较大，能容纳较大的资金量，对经济的发展能起到很大的推动作用。

如 2005-2007 年以有色为代表的蓝筹板块，如地产、水泥、煤炭、证券等。

如 2013-2015 年以互联网为代表的新经济板块，如互联网、软件服务、创业板等。

技术面特征："三先"，即先于大盘见底，先于大盘突破，先于大盘调整。

春江水暖鸭先知，股指涨跌主流定。主流板块总是先于大盘见底、先

第 3 章
一剑在手巧运筹：板块轮动规律及机构选股法

于大盘突破、先于大盘调整，所以要判断大盘未来走势，就一定要先看主流板块的走势。

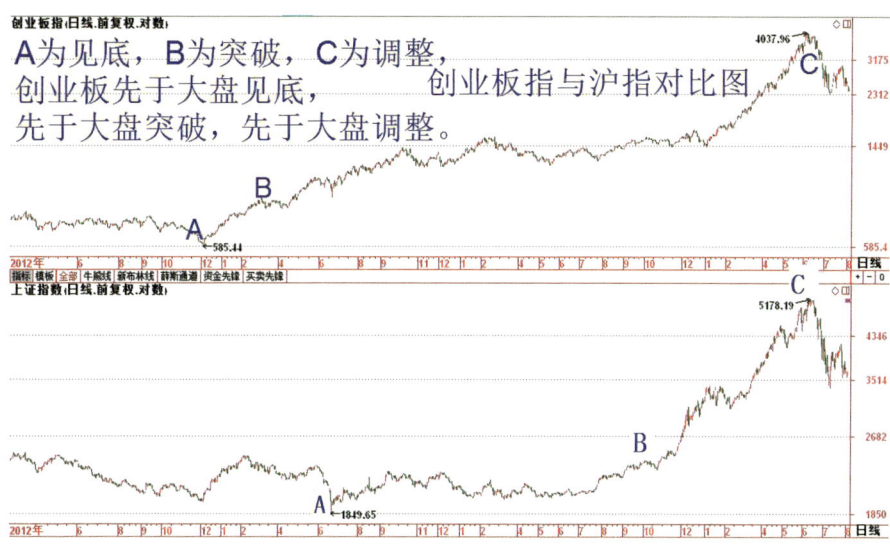

图 3-6　2012 年 2 月 17 日至 2015 年 8 月 4 日创业板指与沪指日线对比图

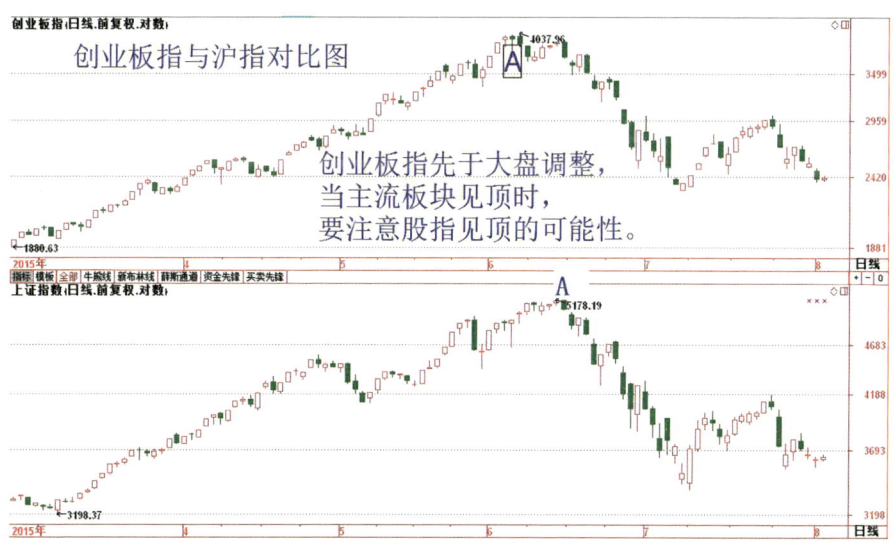

图 3-7　2015 年 2 月 27 日至 2015 年 8 月 4 日创业板指与沪指日线对比图

如图3-6、图3-7，创业板指与沪指对比图，A为见底，B为突破，C为调整，创业板先于大盘见底，先于大盘突破，先于大盘调整，尤其是5178大盘见顶时，创业板明显先于大盘调整了，这就是大盘疲弱的表现，投资者需要随时警惕股指调整。

再如互联网（880494）与沪指对比图（见图3-8、图3-9），A为见底，B为突破，C为调整，创业板先于大盘见底，先于大盘突破，先于大盘调整，尤其是5178大盘见顶时，创业板明显地先于大盘调整了，这就是大盘疲弱的表现，投资者需要随时警惕股指调整。

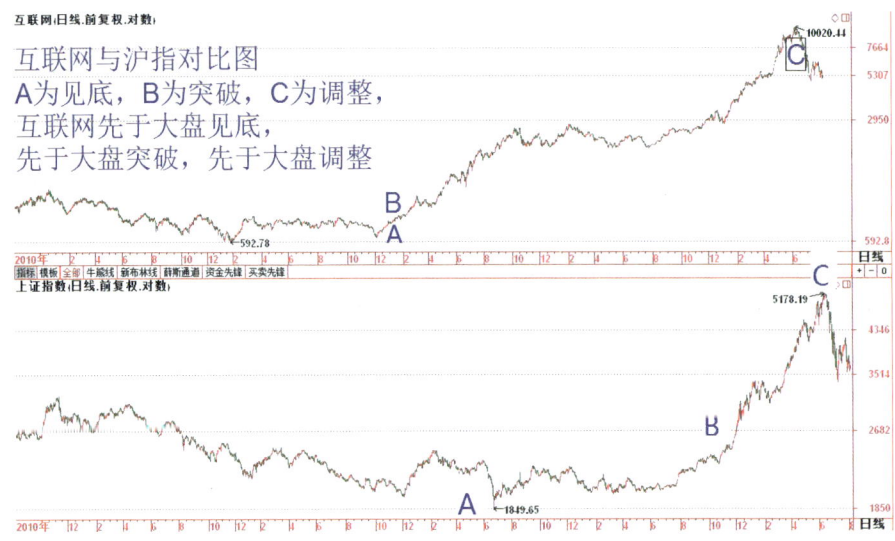

图3-8　2010年7月13日至2015年8月4日互联网与沪指日线对比图

第 3 章

一剑在手巧运筹：板块轮动规律及机构选股法

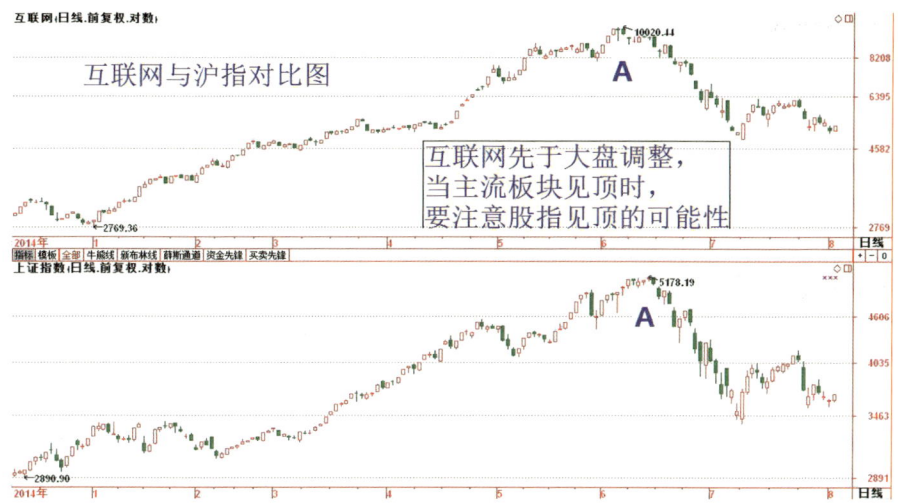

图 3-9　2014 年 12 月 12 日至 2015 年 8 月 4 日互联网与沪指日线对比图

再如证券与沪指对比图（见图 3-10、图 3-11），A、B、C 分别为见底、突破，调整，证券先于大盘见底，与大盘同时突破，远远先于大盘调整，尤其是证券板块，在 C 处就已经开始调整，远远先于沪指调整。

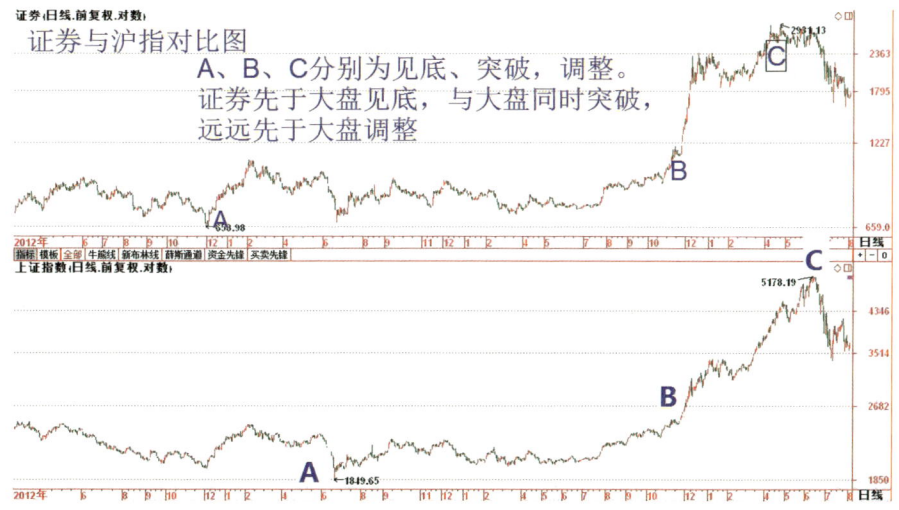

图 3-10　2012 年 3 月 7 日至 2015 年 8 月 4 日证券与沪指日线对比图

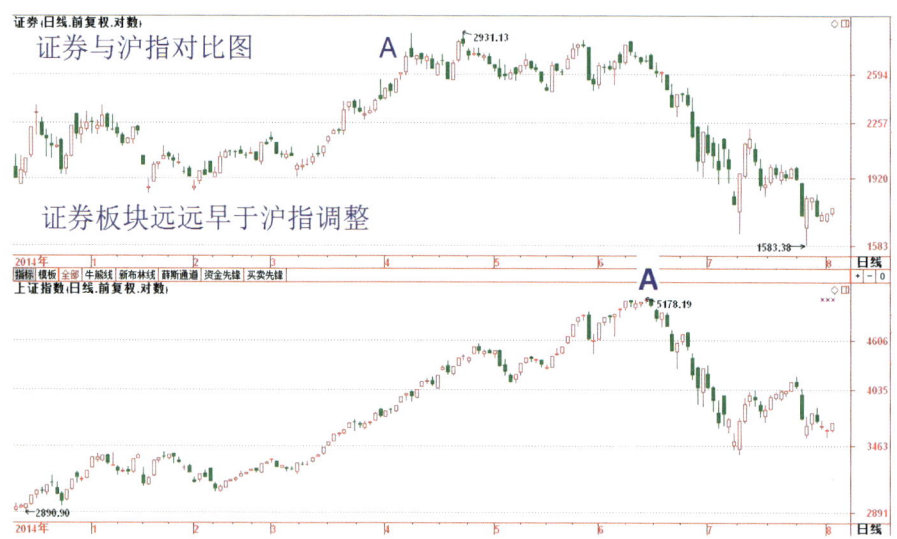

图 3-11　2014 年 12 月 12 日至 2015 年 8 月 4 日证券与沪指日线对比图

它带给我们的投资启示如下：

因为主流板块总是领先于股指，所以一定要先看主流板块，再看大盘。

当股指经过长期下跌后还在创新低时，要密切关注最后一波创新低时已不随大盘创新低而逆势上涨的板块，它们极有可能成为未来牛市的领涨品种。如沪指1949点时，见到了阶段性低点，创业板指也出现了阶段性低点，经过反弹后，两者都出现回落，沪指创出新低1849，而创业板指没有创出新低，且累计涨幅居于所有板块前列，表现出了主流板块的强势特征，所以后来成为威震江湖的主流品种。

当行情刚刚启动时，寻找先于大盘见底、先于大盘突破的、影响力较大的周期性行业板块，它们成为主流板块的概率很高。

当主流板块调整时，就要注意股指紧跟着调整，如果主流调整后又上涨，则股指将继续上涨。当主流调整，新的领涨板块出来时，股指仍将上涨。

第 3 章

一剑在手巧运筹：板块轮动规律及机构选股法

当主流调整（调整后又不起来），又没有新的像样的领涨板块起来，则股指就将真正见到大顶。

如图 3-12 所示，G-H 段，股指上涨的最后阶段，券商已经严重滞涨，互联网与创业板也显出疲态，而累计涨幅最好的板块为配股股、商贸代理、家居用品、智能机器、充电桩等非主流板块，这就是市场危险的信号。就像两块骨头的连接处是最脆弱的一样，股市的新老板块交替的时候，也是最容易出现问题的。

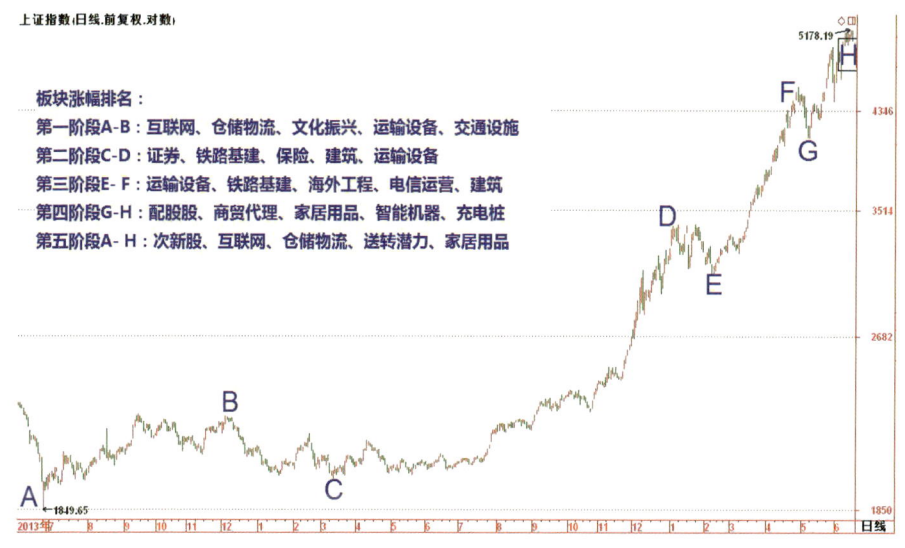

图 3-12　2013 年 5 月 29 日至 2015 年 6 月 15 日股指日线图

老的主流倒下，新的领涨板块又起不来，市场见顶就是大概率事件了。

2. 板块轮动的规律

要总结出板块轮动的规律，我们就需要以事实说话。通过统计上涨行情不同阶段累计涨幅最大板块，并对比总结，来发现规律，以指导我们未来的操作。

998点到6124点累计涨幅最大板块为船舶、证券、有色、黄金概念、稀缺资源；1664点到3478点累计涨幅最大的板块为有色、西藏板块、煤炭、黄金概念、矿物制品；2319点到3186点累计涨幅最大的板块为稀土、青海、稀缺资源、有色、矿物制品。1849点到5178点累计涨幅最大的板块为次新股、互联网、仓储物流、送转潜力、家居用品。

再如1849至5178上涨行情中，A–B段累计涨幅前五名为互联网、仓储物流、文化振兴、运输设备、交通设施；C–D段涨幅前五名为证券、铁路基建、保险、建筑、运输设备；E–F段涨幅前五名为运输设备、铁路基建、海外工程、电信运营、建筑；G–H阶段累计涨幅前五名为配股股、商贸代理、家居用品、智能机器、充电桩。

板块轮动规律一：通过以上统计发现，牛市行情中第一轮上涨过程中的领涨板块，往往会成为整个牛市的领涨板块，所以对于第一轮上涨行情的领涨板块，就要持续地参与。

如图3-12中A–B段，领涨的互联网板块成为整轮行情的领涨板块，投资者可以在整轮上涨行情中持续地参与；再如2005年至2007年的牛市

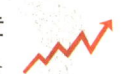

中，股指上涨第一阶段，有色金属即成为领涨主流，它最终也成为了市场持续的领涨品种。

板块轮动规律二：在前一轮牛市中位居涨幅前列的板块，会在随后的熊市中位居跌幅前列。

股市就是一个生死轮回的过程。涨多了就跌，跌多了就涨。就像人生，一生中总要喝两杯酒，一杯是苦酒，一杯是甜酒，就看您是先喝甜酒还是先喝苦酒。

统计发现，2005 年 6 月 6 日的 998 点至 2007 年 10 月 16 日的 2245 点，累计涨幅最大的板块为船舶、证券、有色、黄金、稀缺资源，工程机械、云南板块、吉林板块、商贸代理，它们在牛市上涨中，是威风八面、人见人爱的霸王；而在紧随其后的 2007 年 10 月 16 日至 2008 年下跌中，船舶、有色、稀缺资源、黄金概念等板块就出现在了跌幅排行榜的前列，由人见人爱的“大霸王”，变成了人见人欺的“大王八”（见图 3–13、图 3–14）。

	代码	名称	涨跌幅度↓	前收盘	最高	最低	收盘	振荡幅度	成交量	总金额	市场比%	换手率%	5日量变%
1	880431	船舶	2617.82 3359.63%	77.92	3009.35	68.90	2695.74	2940.45 4267.71%	7611万	1466亿	0.44	35.44	933.71
2	880472	证券	2521.65 2086.59%	120.85	2659.87	111.07	2642.50	2548.80 2294.77%	2.92亿	6630亿	2.00	36.89	214.99
3	880324	有色	1653.74 1640.94%	100.78	1864.22	91.49	1754.52	1772.73 1937.62%	14.44亿	25382亿	7.65	158.11	999.02
4	880521	黄金概念	1047.04 1462.75%	71.58	1250.04	63.38	1118.62	1186.66 1872.29%	1.86亿	2987亿	0.90	57.06	893.48
5	880505	稀缺资源	1097.55 1258.37%	87.22	1226.35	79.49	1184.77	1146.86 1442.77%	17.48亿	26445亿	7.97	210.10	505.89
6	880447	工程机械	726.90 1071.65%	67.83	804.11	57.88	794.73	746.23 1289.27%	6.23亿	8158亿	2.46	148.95	458.98
7	880227	云南板块	1373.18 1044.40%	131.48	1556.17	119.89	1504.66	1436.28 1198.00%	5.34亿	8318亿	2.51	252.73	706.24
8	880203	吉林板块	1263.01 914.03%	138.18	1451.41	121.08	1401.19	1330.33 1098.72%	10.03亿	10661亿	3.21	414.31	719.66
9	880414	商贸代理	1225.12 873.59%	140.24	1412.61	123.39	1365.36	1289.22 1044.83%	7.04亿	8418亿	2.54	446.30	599.08
10	880536	多晶硅	813.07 864.97%	94.00	947.98	82.53	907.07	865.45 1048.65%	4.00亿	4155亿	1.25	241.79	580.77
11	880535	稀土永磁	725.03 846.70%	85.63	846.05	75.27	810.66	770.78 1024.02%	5.65亿	7064亿	2.13	196.50	585.76
12	880527	珠三角	1558.12 826.37%	188.55	1780.02	180.49	1746.67	1599.53 886.22%	27.18亿	38127亿	11.50	153.95	437.57
13	880511	承诺注资	1368.15 824.19%	166.00	1577.82	157.45	1534.15	1420.37 902.11%	39.35亿	44382亿	13.38	261.40	686.30
14	880380	酿酒	907.64 811.70%	111.82	1045.60	111.06	1019.46	934.54 841.47%	8.19亿	11116亿	3.35	366.88	589.17
15	880482	房地产	1441.62 792.45%	181.92	1828.80	161.03	1623.54	1667.77 1035.69%	40.03亿	39982亿	12.06	255.46	569.00
16	880806	社保重仓	1065.69 765.58%	139.20	1273.35	132.68	1204.89	1140.67 859.72%	20.56亿	24628亿	7.43	21.10	593.11
17	880841	价值稳健	1443.97 760.14%	189.96	1673.91	180.68	1633.93	1493.23 826.45%	92.19亿	100712亿	30.37	75.06	853.52
18	880218	深圳板块	1579.41 757.69%	208.45	1821.12	195.13	1787.86	1625.99 833.29%	32.10亿	42146亿	12.71	179.99	533.45
19	880538	参股金融	1772.25 754.15%	235.00	2035.76	211.11	2007.25	1824.65 864.31%	39.12亿	49390亿	14.89	47.76	554.08
20	880217	山西板块	1116.84 751.37%	148.64	1288.03	125.27	1265.48	1162.76 928.20%	10.35亿	11850亿	3.57	186.68	496.35
21	880801	基金重仓	1352.92 750.04%	180.38	1575.83	178.68	1533.30	1397.15 781.93%	77.53亿	100118亿	30.19	129.47	508.47
22	880802	QFII重仓	1184.82 746.67%	158.68	1400.43	152.68	1343.50	1247.75 817.23%	22.45亿	27834亿	8.39	35.92	711.42
23	880446	电气设备	830.83 733.62%	113.25	972.72	105.83	944.08	866.89 819.13%	6.97亿	7153亿	2.16	99.40	569.92
24	880301	煤炭	1171.91 732.95%	159.89	1390.80	134.84	1331.80	1255.96 931.44%	10.29亿	11771亿	3.55	131.59	781.00
25	880515	通达信88	1639.66 716.67%	228.79	1925.19	227.70	1868.45	1697.49 745.49%	60.52亿	71312亿	21.50	267.99	565.06
26	880821	大盘股	1561.28 712.78%	219.04	1828.56	214.82	1780.32	1613.74 751.21%	141.6亿	166209亿	50.12	65.86	761.21
27	880344	建材	785.53 704.57%	111.49	924.36	94.06	897.02	830.30 882.73%	10.52亿	9131亿	2.75	272.93	634.39
28	880209	天津板块	1773.87 690.09%	257.05	2142.94	248.00	2030.92	1894.94 764.09%	10.54亿	10426亿	3.14	268.99	789.21
29	880223	四川板块	1047.11 689.48%	151.87	1221.93	143.43	1198.98	1078.50 751.93%	16.95亿	17588亿	5.30	252.89	601.93

2005.6.6–
2007.10.16
涨幅榜

图 3–13　2005 年 6 月 6 日至 2007 年 10 月 16 日阶段板块涨幅排名

图 3-14　2007年10月16日至2008年10月28日阶段板块跌幅幅排名

可以看看2005至2007年行情中的煤炭与有色板块：在牛市上涨中，涨幅巨大，而在紧随其后的熊市下跌中，也是跌幅傲视群雄（见图3-15）。

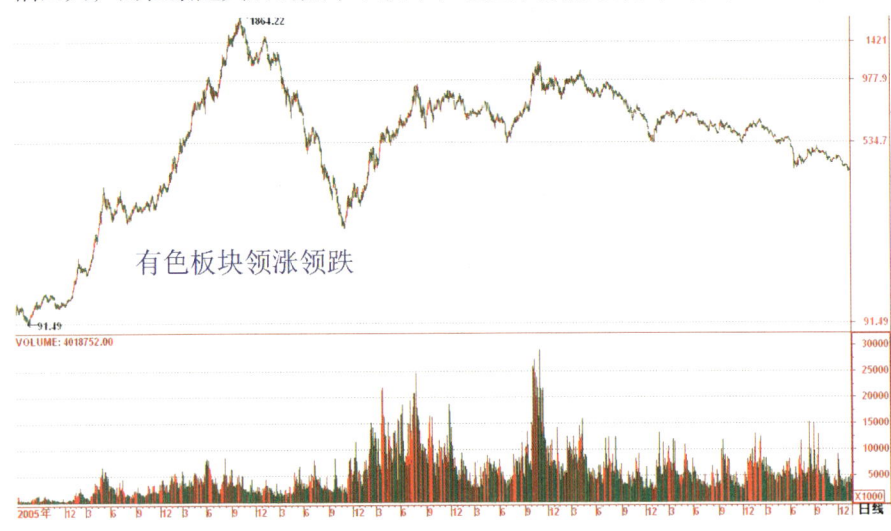

图 3-15　2005年6月15日至2013年6月19日有色指数日线图

第 3 章
一剑在手巧运筹：板块轮动规律及机构选股法

再如本轮行情的 1849 点至 5178 点的上涨中，累计涨幅最大的板块为次新股，而在股指见到 5178 的最高点后，次新股也当仁不让地成为跌幅榜前列品种（见图 3-16）。

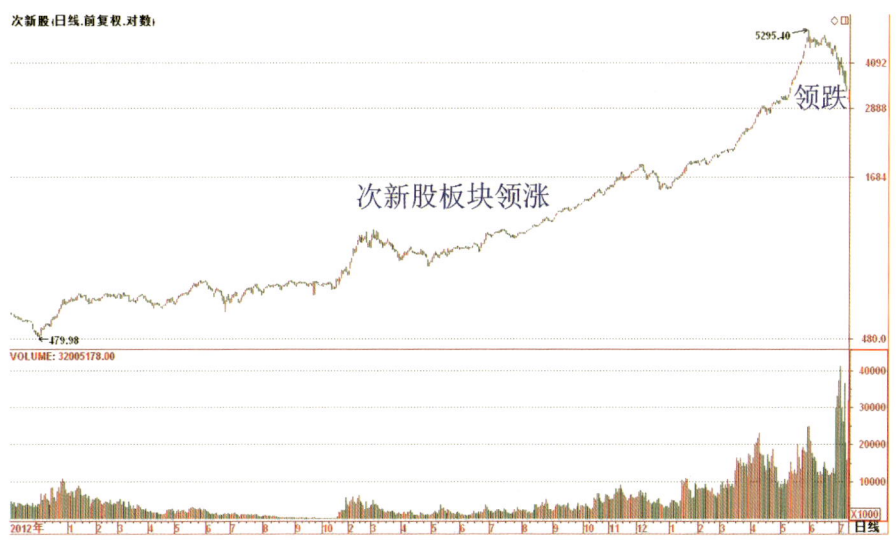

图 3-16　2013 年 6 月 25 日至 2015 年 8 月 4 日次新股指数日线图

正确的操作是，在它们上涨的时候牢牢地把握住，等到其出现中期调整时，分批次卖出（不要指望能卖在最高点），然后在其后的调整中，坚决规避前期累计涨幅最大的品种，因为它们的福报已经消耗完了，要经过一段时间的修行以后才能重新超生。

阿荣曾经给学员们定过一个规矩，就是如果以前一波行情中上涨过 N 倍，则 N/2 年内不碰它；如前一轮行情中累计涨幅 10 倍，则 5 年内不碰它；累计涨幅 20 倍，则 10 年内不碰它。这种方法虽然会错杀一些黑马的买入机会，但对于规避风险却是极好的选择。

最可怕的是，当这些板块大涨的时候，您一开始没发现，发现后没相信，相信后没敢买，到最后实在受不了了，一咬牙杀进了，它开始跌了，并且一跌就是中长期的下跌——您不但牢牢持股，还不断补仓，实在难以想象还有什么比这更惨的遭遇。

它给我们的投资启示是，当行情出现中期调整后，对于前期累计涨幅最大的品种，一定要保持足够的距离，至少保持10米的距离。

板块轮动规律三：在前一轮中期下跌中，跌幅最大的板块，在紧随其后的反弹行情中，会居于涨幅前列。

这个道理也很简单，前一轮跌多了，表明修行到位了，价格有吸引力了，自然会吸引关注的目光与资金，暴涨也就很自然了。

从6124点到998点，累计跌幅最大的板块为船舶、有色、保险、稀土永磁、家居用品、西藏板块、承诺注资、黄金概念、稀缺资源等，而在998点至3478点的上涨中，累计涨幅排在最前面的是有色、稀缺资源、黄金概念、西藏板块等前期跌幅最大的品种（见图3-17、图3-18）。

图3-17　2007年10月16日至2008年10月28日阶段板块跌幅排名

第3章
一剑在手巧运筹：板块轮动规律及机构选股法

图3-18 2008年10月28日至2009年8月4日阶段板块涨幅排名

再如本轮行情的5178点至3373点的下跌中，公共交通累计跌幅排名第二，而在之后的上涨中，公共交通一马当先，成为勇于担当的多头第一

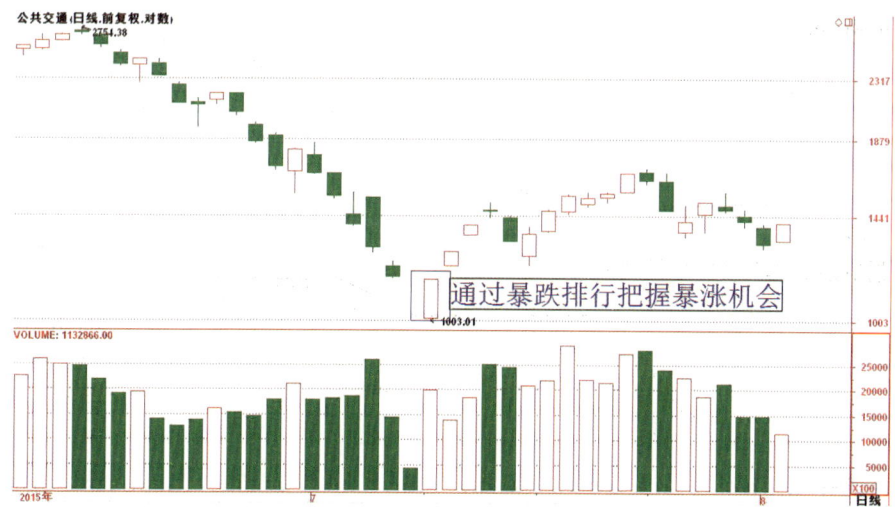

图3-19 2015年6月9日至2015年8月4日公共交通板块指数日线图

大将,一度连续板块涨停。阿荣也利用此思路结合四段五点法,在7月9日晚该板块上涨的第一个交易日,及时地捕捉到了该板块的暴利投资机会(见图3-19)。

它带给我们最好的投资启示是,在熊市或中期下跌结束,刚刚开始次级反弹时,可用超跌反弹的思路,捕捉下跌行情中跌幅最大的板块,作为关注及抄底对象。

板块轮动规律四:在市场的前一轮上升行情中,横盘滞涨,并且在某一关键时机,突破整理平台,向上突破的板块,很有可能成为下一轮上涨行情的领涨板块。

这个规律对我们捕捉新的领涨板块具有非常重要的意义。骨头与骨头连接处是最脆弱的,国家政治人事变动的时候,国家是最脆弱的,新老板块交替的时候也是最敏感的。

图3-20是创业板指与证券板块周线对比图,如创业板大涨时,证券板块横盘滞涨,而当创业板调整时,证券板块开始大阳突破平台后成为领

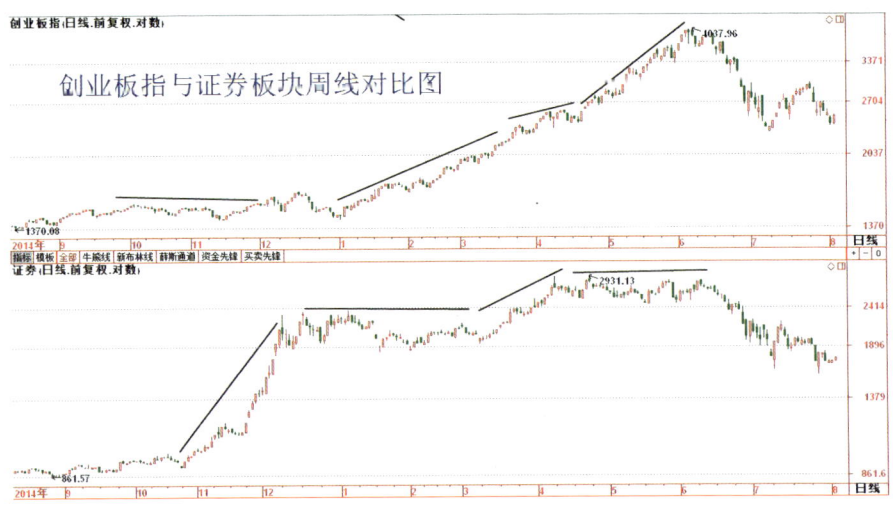

图3-20　2014年8月13日至2015年8月4日创业板指与证券扳指周线对比图

第3章
一剑在手巧运筹：板块轮动规律及机构选股法

涨板块，而此时前期主流创业板又陷入了横盘滞涨的泥潭中；之后证券结束上涨，创业板又一马当先结束之前的横盘，再度成为领涨板块。这就是板块间相互轮动节奏的典型表现，历次行情的轮换都是如此。

当新的主流板块大涨时，我们除了牢牢把握前期的主流板块外，还要密切关注在此期间横盘滞涨的品种。

寻找新的领涨板块时，利用软件统计出大盘由横盘到单边上涨的过程中，累计涨幅最小，并且在某个关键时机实现平台突破的板块，它们成为下一波行情领涨板块的概率极高。后面讲板块轮动节奏时，我们还会回过头来分析此思路。

3. 板块炒作的结构与节奏

板块炒作结构：主流炒行业，震荡炒题材。

牛市的主升行情中，主要领涨板块为行业类板块，如互联网、证券等；牛市的震荡行情中，主要领涨板块为概念类板块，如一带一路、军工航天等。

从1849到5178分段板块涨幅排名：

第一阶段 A-B：互联网、仓储物流、文化振兴、运输设备、交通设施；

第二阶段 C-D：证券、铁路基建、保险、建筑、运输设备；

第三阶段 E-F：运输设备、铁路基建、海外工程、电信运营、建筑；

第四阶段 G-H：配股股、商贸代理、家居用品、智能机器、充电桩。

以上情况，图 3-21 有很好的体现。

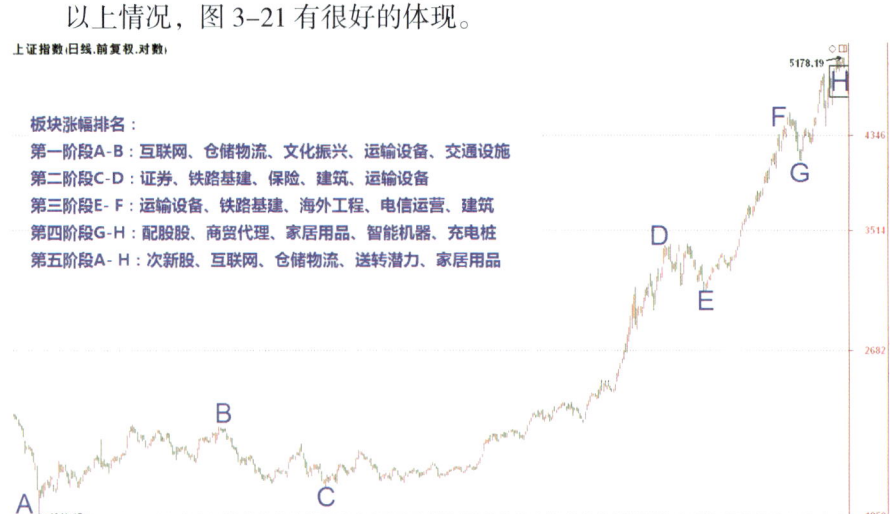

图 3-21　2013 年 5 月 29 日至 2015 年 6 月 15 日股指日线图

从 1849 到 5178 分段板块跌幅排名：

第一阶段 B-C：医疗保健、次新股、文教休闲、充电桩、家居用品；

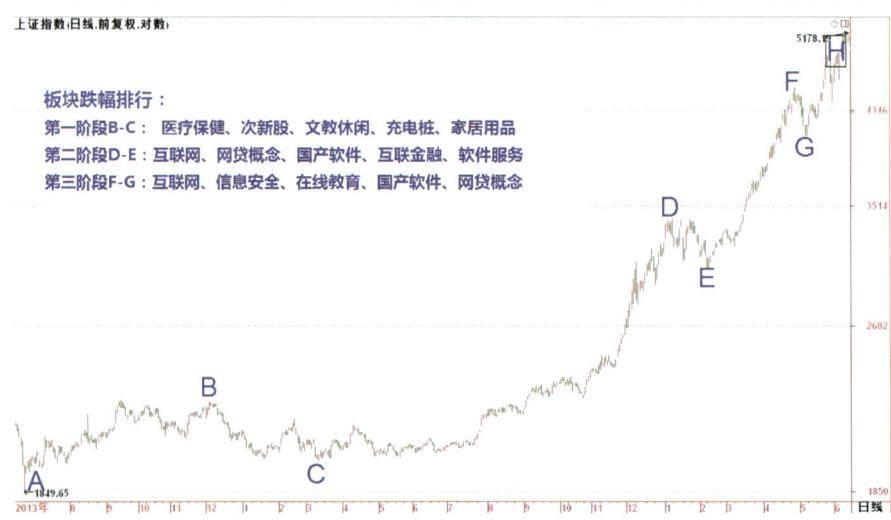

图 3-22　2013 年 5 月 29 日至 2015 年 6 月 15 日股指日线图

第 3 章
一剑在手巧运筹：板块轮动规律及机构选股法

第二阶段D-E：互联网、网贷概念、国产软件、互联金融、软件服务；

第三阶段F-G：互联网、信息安全、在线教育、国产软件、网贷概念；

以上情况，图3-22有很好的体现。

通过以上案例可发现，在牛市主升行情中，主要以行业类板块为主，而在牛市的次级调整行情中，则以概念板块为主，此时就要多关注市场中的热点消息和新闻，把握热点概念，再通过机构选股法找到龙头个股。

说完板块炒作的结构，我们再来说说板块炒作的节奏。牛市中板块炒作的节奏则是板块切换，各领风骚几个月。先来看几个牛市不同阶段板块及个股轮涨的案例。

在1999年的"519"行情中，第一波起来的是，以上海梅林为代表的网络科技股，其一马当先，持续拉升，后来领涨的马钢股份，在此期间则一直横盘滞涨，拿到此品种的投资者真的是欲哭无泪，经过漫长的等待后，马钢以涨停板突破整理平台，之后开始了新一轮的领涨，而此时上海梅林已经开始调整了。

看一下沪指与马钢股份对比图，可以发现，马钢股份正好是在大盘短期调整结束后又再度上涨的时候，开始涨停突破整理平台的，所以主力对突破时机的拿捏非常到位。这就是主力的顺势而为，顺应大势。

马钢股份大涨时，后期领涨的莱钢股份却在横盘滞涨，此时没有买到马钢股份的人可能会想，"马钢涨太多了，我不敢买了，我买涨得少的莱钢股份吧"，但是当他买完了以后，会发现天天生活在煎熬中——马钢狂涨，莱钢滞涨。同样是钢铁股，差距咋那么大呢？如果后来实在承受不了，割掉莱钢再去追买马钢，可是马钢见顶了，套在最高点，更要命的是，莱钢股份自从他卖掉以后，开始强势突破，哗哗暴涨——天哪，这样的生活何时才是个头啊！

投资者之所以成为风箱中的老鼠，两头受气，就是因为——没有把握板块轮动的节奏！

莱钢股份与凌钢股份也是如此：莱钢大涨时，凌钢横盘滞涨，在莱钢开始滞涨的时候，凌钢强势突破，拉开了一波暴涨行情。

这就是板块与个股轮换的规律，过去如此，现在如此，将来还是如此：

第一，当前期主流板块大涨时，下一个热点板块往往横盘滞涨，当前期主流板块倒下后，后起板块会在某一关键时机，以长阳线突破平台整理，宣告板块切换成功。

第二，当主流板块大涨时，我们除了把握强势板块外，还要关注横盘滞涨的板块，等待某一特定历史时刻的到来。

如本轮（2013年6月至2015年6月）行情也是如此。在威华股份与松辽汽车对比图中，前者暴涨时，后者在横盘滞涨，而在前者不行了一段时间后，松辽汽车开始接过领涨的大旗，成为新的暴涨品种（见图3-23）。

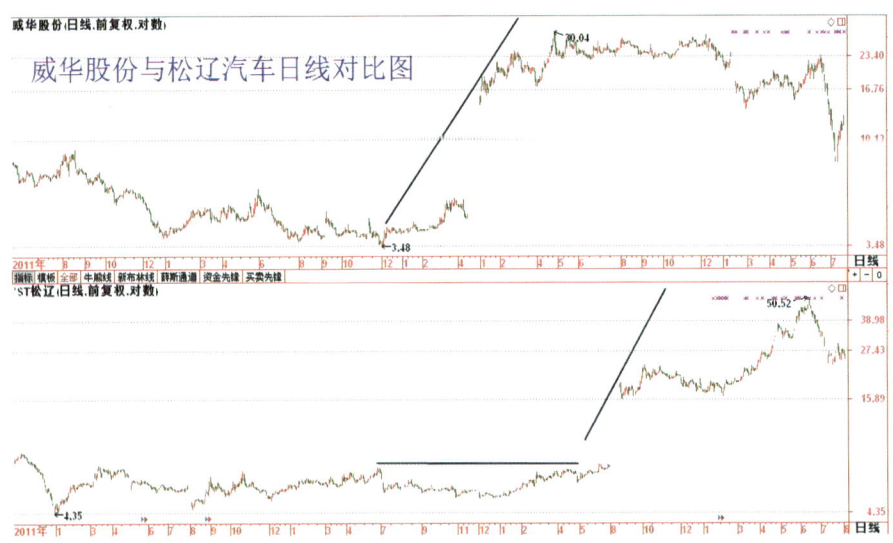

图3-23　2011年10月27日至2015年8月4日威华股份与松辽汽车日线对比图

第 3 章

一剑在手巧运筹：板块轮动规律及机构选股法

任何一个股票也不可能涨到天上去。松辽汽车暴涨一段时间后，步入调整，而此时光大证券开始崛起，成为新一轮上涨的领涨品种；而光大证券在此前松辽汽车大涨时的表现，依旧是横盘滞涨。这就是板块轮动的规律，既像互联网一样日新月异，又像山岳一样古老（见图 3-24）。

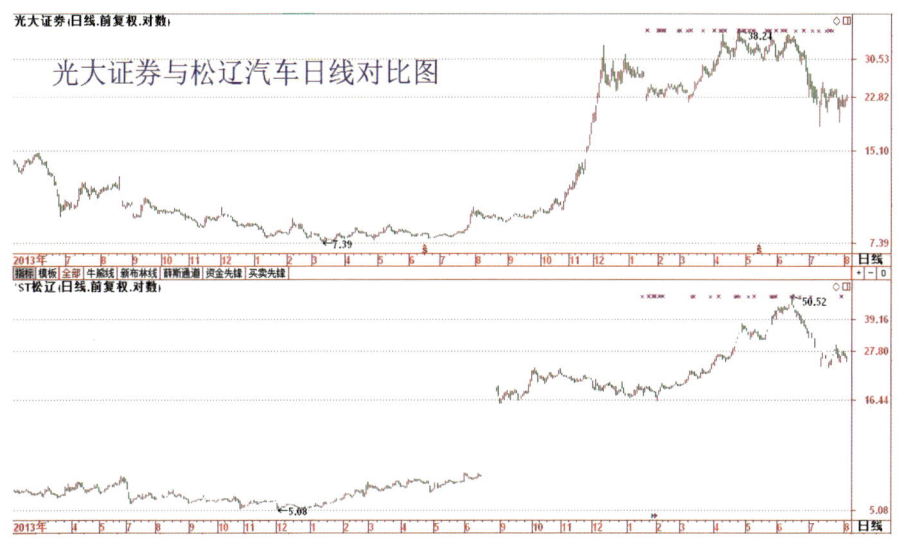

图 3-24　2013 年 3 月 25 日至 2015 年 8 月 4 日光大证券与松辽汽车日线对比图

利达光电与光大证券日线对比图、华泰证券与利达光电日线对比图，也是如此（见图 3-25、图 3-26）。

当然，不是每一个滞涨的板块，都有可能成为未来的领涨板块，它也需要满足一些条件，才有可能成为新的领涨品种：

第一，大盘在调整后仍继续上涨；

第二，滞涨板块在大盘上涨时，位居跌幅前列；

第三，在大盘开始调整时，强势突破前期平台；

第四，需要有一定的市场影响力。

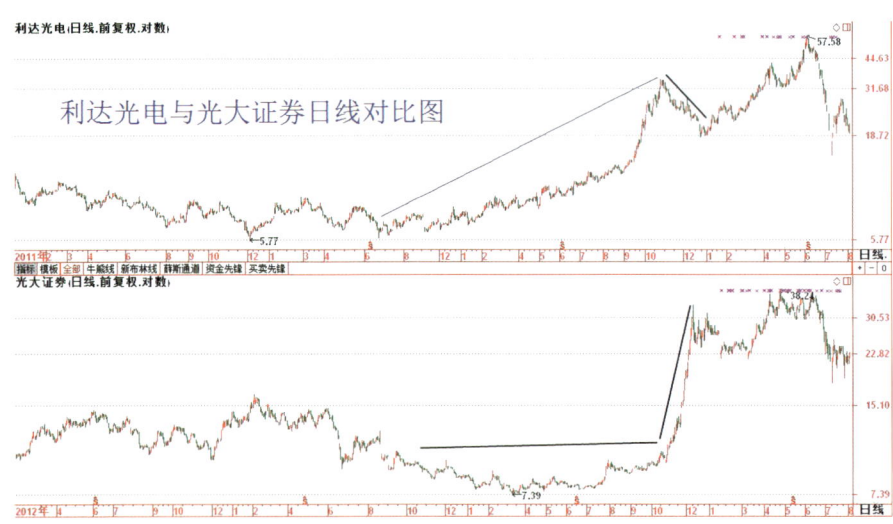

图 3-25　2011 年 12 月 30 日至 2015 年 8 月 4 日 利达光电与光大证券日线对比图

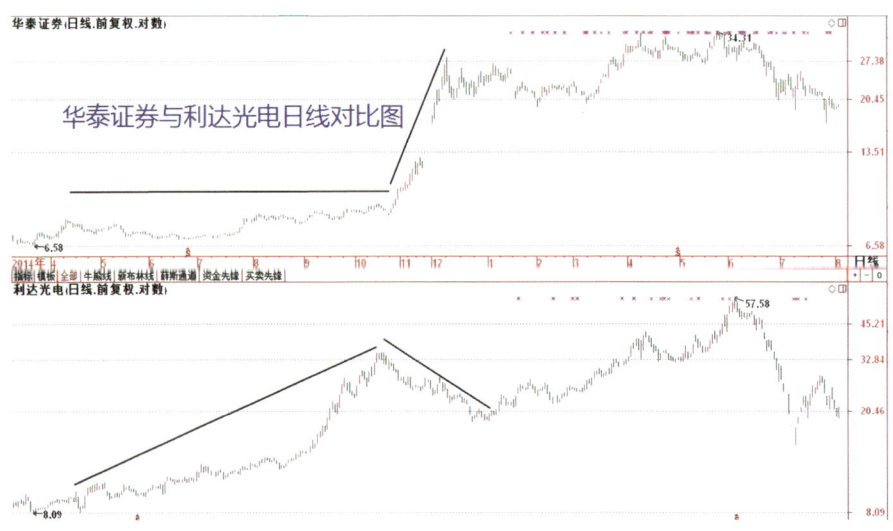

图 3-26　2013 年 6 月 14 日至 2015 年 8 月 4 日 华泰证券与利达光电日线对比图

下面来看一下 2015 年 3 月 7 日阿荣发表的板块轮动的实战应用。

从 2012 年 12 月创小板见底后，中国股市已经在走牛市了，时间达两

第3章
一剑在手巧运筹：板块轮动规律及机构选股法

年之久，幅度以最小的沪指算也60%了。但是很多投资者依旧在亏损的深渊里苦苦挣扎，原因很多，但很重要的一点在于板块的轮动——总是没有"踩准节奏"，在反复的转换中造成了亏损境地！

今天我就来给大家总结一下中国股市本轮行情的轮动规律。我们以事实说话，让数字说话，从数字中得到启发——先把股市分成几个阶段，再统计其每个阶段累计涨幅前五与跌幅前五的板块，从中总结规律。

分段及统计结果如下：

2012年12月4日至2014年5月21日：

涨幅前五：互联网、医疗保健、送转潜力、软件服务（图3-27中标为A）；

跌幅前五：煤炭、黄金概念、稀缺资源、酿酒、在线教育（图3-28中标为A）；

2014年5月21日至2014年11月20日：

涨幅前五：次新股、送转潜力、摘帽概念、铁路基建、军工航天（图3-27中标为B）；

跌幅前五：赛马概念、钛金属、海上丝路、阿里概念、石油（图3-28中标为B）；

2014年11月20日至2014年12月31日：

涨幅前五：证券、保险、建筑、破净资产、珠三角（图3-27中标为C）；

跌幅前五：充电桩、送转潜力、全息概念、医疗保健、蓝宝石（图3-28中标为C）；

2015年1月5日至2015年3月6日：

涨幅前五：互联网、互联金融、运输设备、博彩概念、电商概念（图3-27中标为D）；

跌幅前五：银行、证券、海外工程、被举牌、价值发现（图3-28中标为D）；

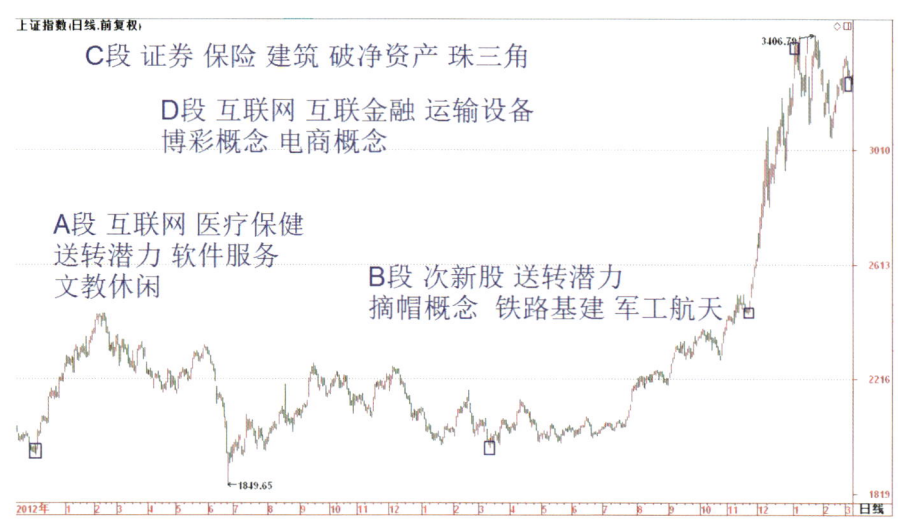

图3-27　2012年9月17日至2015年3月5日股指日线图

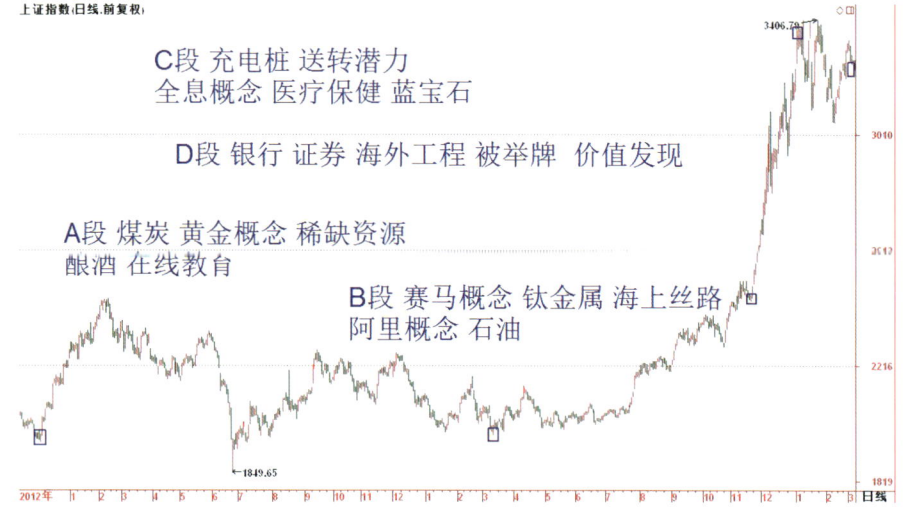

图3-28　2012年9月17日至2015年3月5日股指日线图

根据统计结果，总结如下：

第一，在涨跌幅排行榜中出现的，都是活跃品种，出现的次数越多，

第 3 章

一剑在手巧运筹：板块轮动规律及机构选股法

则越活跃。出现次数最多的是送转潜力，为三次。出现第二的是互联网与券商。根据牛市中的法则，在某个局部领涨的板块，通常会延续整个牛市的始终，所以我们可以认为这几个板块在未来的牛市中仍将成为领涨板块。其余的如铁路基建、军工航天、软件服务出现过一次，又比较热点，也应引起高度重视。

第二，券商代表的是传统的周期性行业，如银行、保险、地产等，而互联网代表的是新经济业态下的领涨力量，它们成为推动中国经济的双极驱动，在股市中也轮流推动着股市的运行。从目前看，在 A、B、D 段都是互联网领涨，只有在 C 段是券商领涨，照此逻辑，下一步资金将逐步向券商为代表的传统周期性行业倾斜，我们要做好思想准备、资金准备、选股准备。

第三，互联网与证券这两个驱动双核，在走势上有明显的规律：通常是一个大涨，一个横盘，一个倒下，一个突破。这也验证了板块轮动的规律：前期的主流板块大涨时，下一个领涨板块通常横盘滞涨，在前期主流倒下

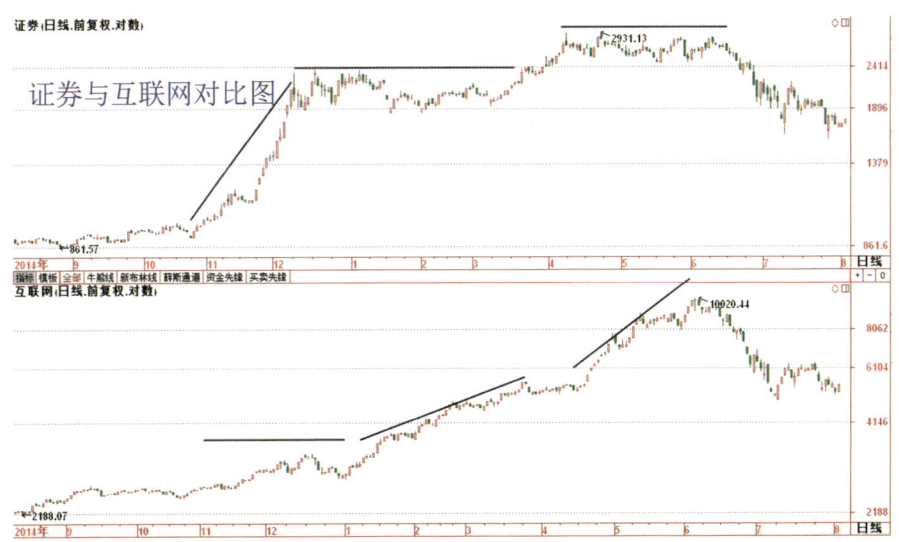

图 3-29　2014 年 8 月 11 日至 2015 年 8 月 4 日证券与互联网日线对比图

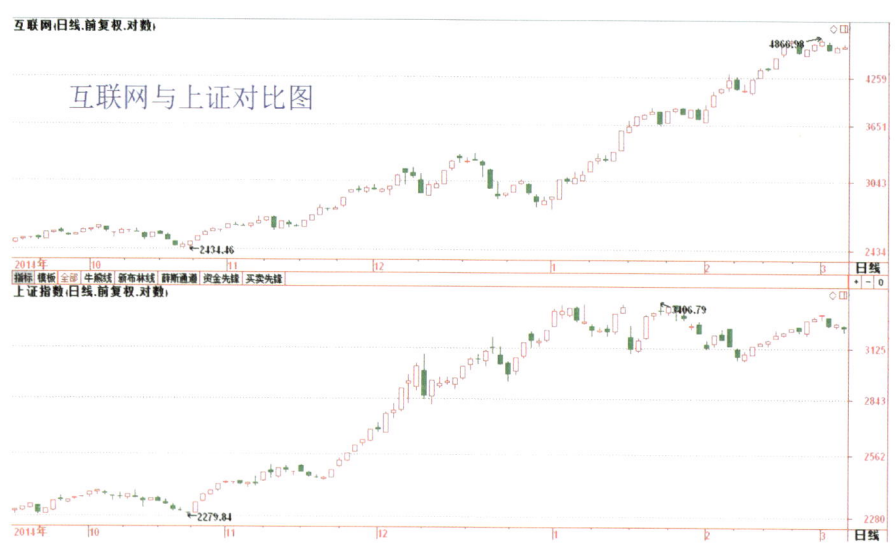

图 3-30　2014 年 9 月 17 日至 2015 年 3 月 5 日互联网与沪指日线对比图

时,往往以大阳线突破平台(或从平台底部起动)。因此,前期主流大涨时,我们除了要牢牢把握主流板块的上涨机会外,还要关注在此期间横盘滞涨的板块,正所谓"吃着碗里的,想着锅里的"(见图 3-29、图 3-30)。

如上面证券与互联网对比图中,互联网涨时,券商通常横,券商涨时,互联网横,券商为一涨三横,互联网为二涨二横。据此,则券商一定会有下一个涨的,而它涨的契机,就是互联网横的时候。现在互联网已经横了几天了,但不敢肯定互联网一定就结束上涨了——如果它还在这里支撑,则券商还起不来,如果它不行了,则券商几乎可以肯定会起来。因此,这几天大家要高度关注这几个板块。

第四,在我们统计排行榜中,以前的江湖老大从此没有了踪影。有色金属可以借用一句歌词来表达自己的落寞之情:"我不做大哥好多年,我不爱冰冷的床沿"。2005 至 2010 年,可谓世界股市看中国,中国股市看有色,

第3章
一剑在手巧运筹：板块轮动规律及机构选股法

每有行情，有色必高居榜首，它作为早周期行业的代表，总是领涨领跌。但是从这波牛市开始，它已经淡出了人们的视野，这也代表了中国经济调整结构的现状，不能再靠房地产建设简单粗暴地拉动经济了，因此，有色等板块遭到市场遗弃也就很正常了。不过，这段时间创业板、互联网大涨时，有色一直在横盘，而昨天创业板调整时，有色倒是强有力突破整理平台，有点想当老大的架势，保持一定的关注吧，毕竟是曾经的大佬，出来一摇旗，还是有号召力的。

第五，领涨板块能提前于股指指明未来的方向，因此是我们分析判断股指未来方向的重要先行指标。先于大盘见底，先于大盘突破，先于大盘调整，是领涨板块最重要的特征。在上面的互联网与证券板块对比图中，互联网不论是见底，还是突破，还是调整都先于大盘。

后面还有一些板块轮动，可以带给我们启发，如将几个最热门的板块进行叠加——机构选股法，某一个股票同时具备几个最热门的概念，而且是唯一的，则主力一定会选择它爆炒，因为它兼具各种优势！

4. 机构选股法——捕捉龙头的利器

牛市利润最大化的诀窍，是耐心持有主流板块中的龙头个股，直到行情结束。把握主流板块相对容易，就那么几个，大家都耳熟能详，选取龙头个股相对就难了，今天，阿荣就给大家介绍一个迅速捕捉龙头个股的方法——机构选股法。

牛市就是讲故事，机构在选择炒作标的的时候，一定会选择具有多重热门概念的股票，如铁路基建、核电都是"一带一路"中的热门品种，如某一只股票同时具备了两大热门概念，它被主力选中的概率就高了。

如我们1月30日在论坛分享的宝胜股份，就是唯一具备铁路基建和核电概念的个股。这就像谢霆锋的儿子，既有张柏芝的"概念"，又有谢霆锋的"基因"，能不被市场热捧吗（见图3-31）？

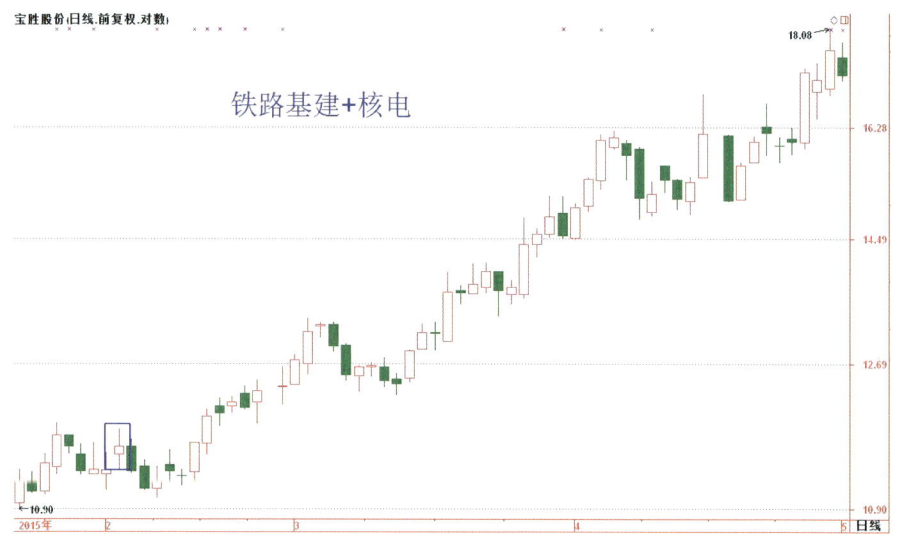

图3-31　2015年1月22日至2015年5月4日宝胜股份日线图

佳讯飞鸿当初也是唯一具备航天军工、铁路基建、创业板、基金重仓几大热门概念的股票而被选中，阿荣自1月7日在论坛分享以来，该股的累计涨幅也很可观（见图3-32）。

再一个就是3月6日阿荣在论坛分享的赢时胜，它是唯一同时具备送转潜力、互联金融概念的个股。分享后13个交易日，累计涨幅95%；也

第 3 章

一剑在手巧运筹：板块轮动规律及机构选股法

就是说，赢时胜这只个股，是唯一同时具备了两大市场最为热门概念的品种。就像贝克汉姆的女儿，老爸是贝克汉姆，老妈是维多利亚，更重要的还是唯一的女儿，那还不被疯炒？（见图 3-33）

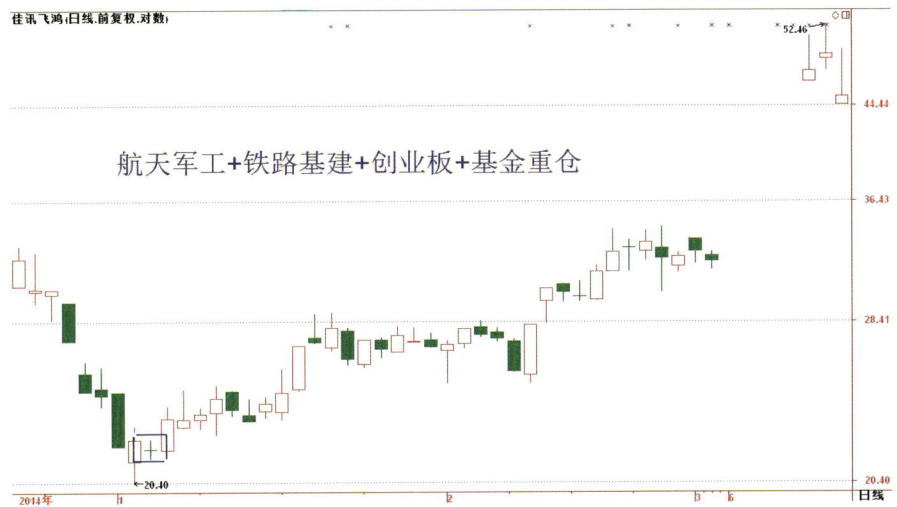

图 3-32　2014 年 12 月 15 日至 2015 年 3 月 3 日佳讯飞鸿日线图

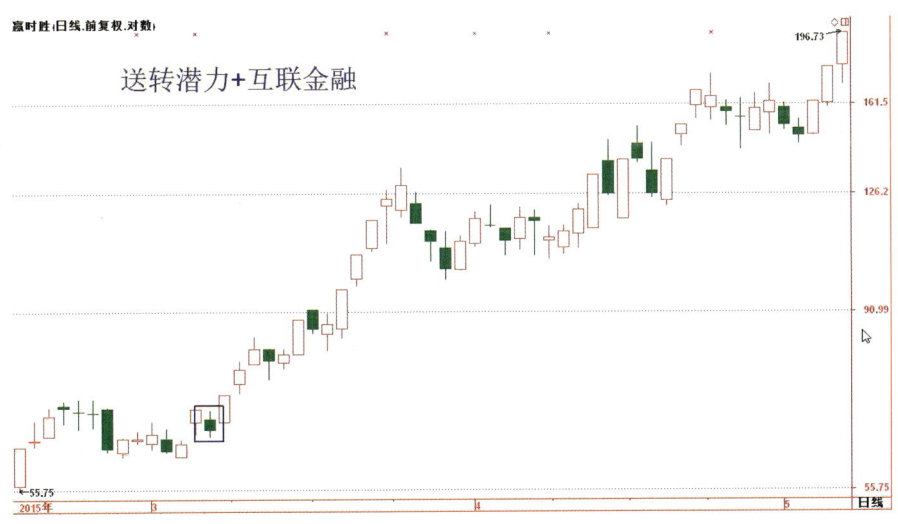

图 3-33　2015 年 2 月 10 日至 2015 年 5 月 8 日赢时胜日线图

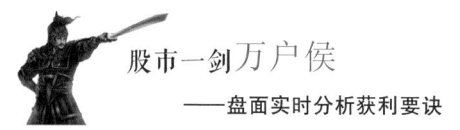

这是阿荣在不同时期推出的三个机构选股法选出的个股,表现都很出色。

利用机构选股法时,要注意几个要点:

第一,要选择市场中当前或即将成为最热门的板块,来进行叠加。如我们叠加的铁路基建、核电、互联金融、送转潜力、航天军工、创业板等,都是市场中最热门的板块。有一个简单的方法,就是找当天涨幅前列的板块进行叠加。

如某只股同时具备铁路基建、中字头、工程建筑多个改革受益概念,那它被资金追捧进而大涨的概率是最高的。如同时具备这三个概念的个股有中铁二局、中国铁建、中国中铁、中国交建,股价全都有上涨。

另外,我认真寻找出了部分有多重概念叠加的个股,今天只给大家讲一小部分,跟大家分享。

铁路基建+中字头+工程建筑:中铁二局、中国铁建、中国中铁、中国交建

铁路基建+航天军工+基金重仓:佳讯飞鸿

航天军工+工程建筑:北方国际

丝绸之路+工程建筑:北新路桥、新疆城建

第二,机构选股法解决的是选股的问题,它只是把有潜力的个股选出来,但是具体的买卖点,还需要通过技术分析来解决。

根据市场不同时期炒作的热点板块不同,在不同阶段,采用不同的叠加方法,就可以保证时时都找到市场中最热门的品种。

2015年7月16日,阿荣利用模型理论成功地测算出了3687(实际到了3688)的最低点,并在盘中及时号召大家抄底,当天晚上阿荣又第一时间在论坛中与大家分享了航空板块,通过航空板块与航天军工的叠加,我们成功找到了中航动控与中国卫星,这两只股第二天都是涨停,之后都出

第3章
一剑在手巧运筹：板块轮动规律及机构选股法

现了很好的上攻，其中中航动控前四天有三天是涨停。

7月17日晚，国家发布互联网金融相关利好，阿荣第一时间捕捉到了这一战机，通过机构选股法叠加互联网金融概念与互联网板块，找到了四只个股——生意宝、东方财富、上海钢联、昆仑万维，阿荣与大家分享了上海钢联，因为只有它满足了技术买点。事实证明，第二天上海钢联涨停，之后持续攀升，其余几只个股表现平平。这就是基本面分析与技术面分析的完美结合。

当时博客的原文如下：

互联网金融的风又吹来了

前两天，我们成功地测算出了3686的最低点，并成功地预测出了周五的大涨。接下来，股指中线看好，上涨压力位分别为3969，4011，4101。中线止损位为3798。

周末，出台了互联网金融管理办法，对互联网是个促进。可以用互联网金融叠加互联网板块的方法(机构选股法)找到四只个股，分别是生意宝、东方财富、上海钢联、昆仑万维，都是一顶一的大牛股（见图3-34）。

图 3-34　互联网板块叠加互联网金融板块

从技术上看，上海钢联满足了"离弦之箭"形态，可参与：目标位为 63 元，74 元，止损位为 58 元（见图 3-35）。

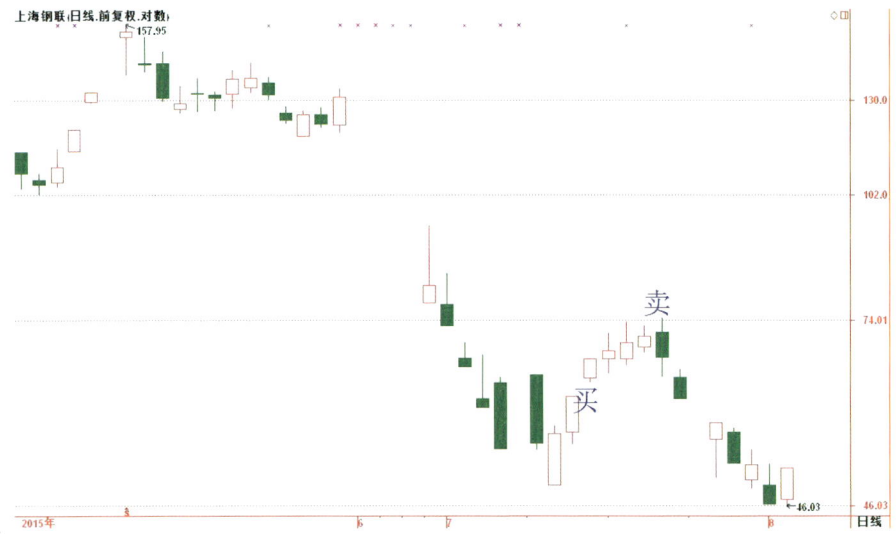

图 3-35　2015 年 5 月 5 日至 2015 年 8 月 4 日上海钢联日线图

7 月 20 日晚，阿荣再次利用机构选股法，将互联金融与军工航天两个热门板块进行叠加，找到了四只个股，利用技术分析成功锁定了中化岩土，第二天盘中涨停，最终收涨 8% 以上，也是四只个股中涨幅最大的品种。

当时博客原文如下：

互联网金融＋军工航天，会发生什么

前天，阿荣将机构选股法小试牛刀，利用互联金融与互联网的叠加，选出了四只股票：生意宝、东方财富、上海钢联、昆仑万维，通过技术形态又选中了上海钢联，成为四只股票中唯一涨停的股票。这就是技术与基本面的完美结合，缺了任何一个环节都不行。

第 3 章

一剑在手巧运筹：板块轮动规律及机构选股法

今天，阿荣再给大家试一把，最近最热门的板块，是航天军工与互联金融（阿荣全部提前给大家预测出来，通过纯粹的技术，是不是也可以算是技术分析的伟大胜利），如果哪只个股同时具备这两大热门概念，那会是什么结果呢？叠加下来的结果，也是四只股票，分别是东华软件、卫士通、中化岩土、海能达（见图 3-36）。

图 3-36　互联网板块叠加互联网金融板块

看看中化岩土。最近涨幅高达 76%，为什么啊，多稀奇啊，两个最吸引人的概念，人家全有，主力不炒他炒谁啊？现在选出来，虽然稍晚些，但还好。现在中化岩土正好突破四段五点的第二压力位 13.94 元，可到 17.21 元，可以 13.94 元设为止损位。另外三只股票，可以先加为自选股，盘中有异动，加上沪指能有效突破 4011，祝您好运（见图 3-37）！

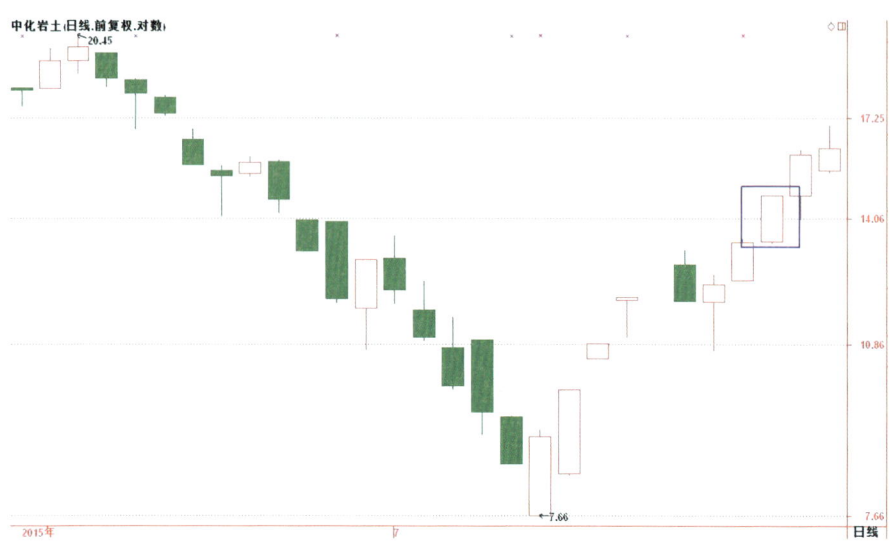

图 3-37　2015 年 6 月 11 日至 2015 年 7 月 22 日中化岩土日线图

7 月 21 日，阿荣"故伎重演"，在论坛中与大家分享了际华集团，第二天开盘就涨停。当时阿荣是用 7 月 21 日晚上将涨幅最好的航天军工与央企改革相叠加，找到了际华集团与长春一东两只个股，第二天全部涨停。

这就是若抓住了市场热点，就会顺风顺水，一爽到底。

当时博客原文如下：

时空共震点，做好高度准备

不看不知道，一看吓一跳。

今天是 4 月 28 日的最高点 4572 以来的第 55 个交易日，是重要的斐波那契时间窗，加上今天点位上的 3686 点的点位，今天也是一个时空共震点，大大加强了明天股指向上、周线收阳的可能性。要做好进场准备。今天晚上，阿荣很兴奋，专门给大家录制了一个二十分

第 3 章
一剑在手巧运筹：板块轮动规律及机构选股法

钟的视频，告诉大家明天操作，大家一会儿到微信公众号 hlgzj666 里去查看。

斐波那契时间窗用法，点画线工具栏，点斐波那契数，然后，找到拐点之后的一根 K 线，点鼠标就会出现一组竖线，这些就是时间变盘点。今天正好是第 55 个交易日的变盘点。

再如 7 月 14 日的高点，正好是 5178 以来的第 21 天，也是变盘点，与 4011 形成了时空共震，产生调整。

熟练掌握机构选股法，并结合技术分析，定能让您时刻把握住市场中最强势牛股，傲立潮头。

附：机构选股法操作步骤：

以"互联网金融＋军工航天"为例。

菜单—工具—品种组合计算—选择组合—双击概念板块—找到互联网金融—交集—选择组合二—双击概念板块—找到军工航天—开始计算，可以找到两者共同满足的品种，如果还想再叠加新的品种，可以将叠加结果保存成一个文件，然后与新的板块再叠加一次，依此类推。

第 4 章

利器神兵起狂澜：
"疯牛出栏"及平地高楼法

第 4 章
利器神兵起狂澜:"疯牛出栏"及平地高楼法

1. "疯牛出栏"的基本表现形态

"疯牛出栏"形态,是捕捉市场龙头的利器,也是涨停的高发区。掌握好此形态,可在牛市中源源不断地捕捉到龙头个股。A 型疯牛,为买入后即出现涨停或加速上涨的。B 型疯牛,为买入后横盘一段时间才出现上涨的。O 型疯牛,为买入后跌破止损位,止损出局的,意味着结束。

我们先来欣赏一下曾经分享过的部分"疯牛出栏"股:

安硕信息,2月3日 B型(见图4-1):

生意宝,2月3日,A型(见图4-2):

证通电子,2月10日,B型(见图4-3):

三五互联,2月11日,B型(见图4-4):

东方国信,2月12日,A型(见图4-5):

四维图新,2月16日,B型(见图4-6):

捷顺科技,2月16日,B型(见图4-7):

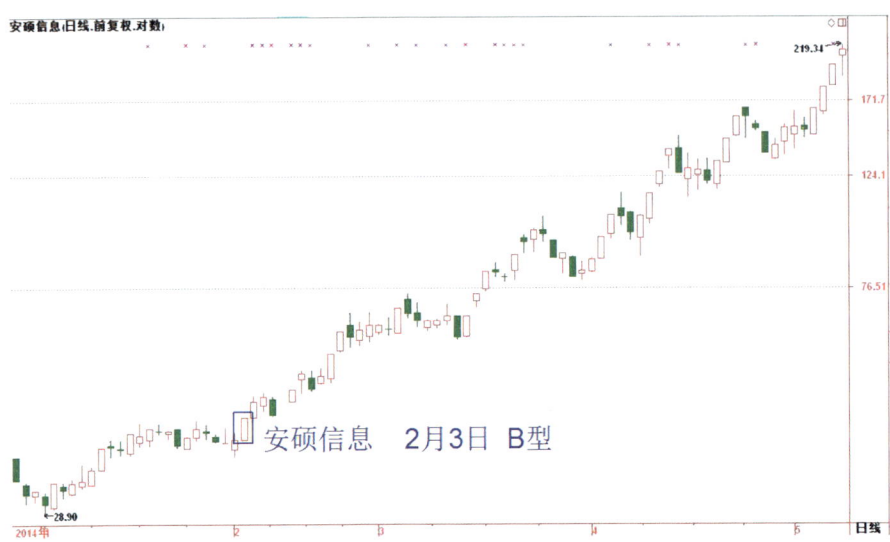

图4-1　2014年12月29日至2015年5月11日安硕信息日线图

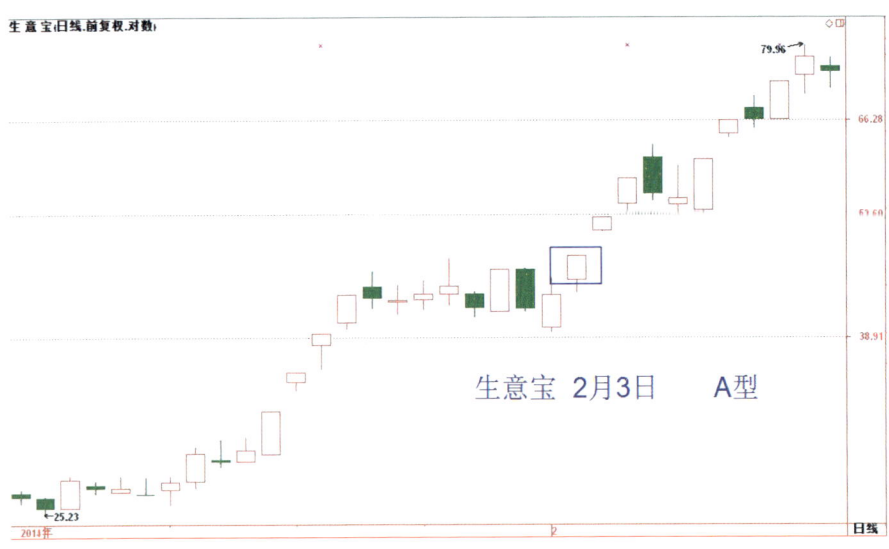

图4-2　2014年12月31日至2015年2月17日生意宝日线图

第4章

利器神兵起狂澜："疯牛出栏"及平地高楼法

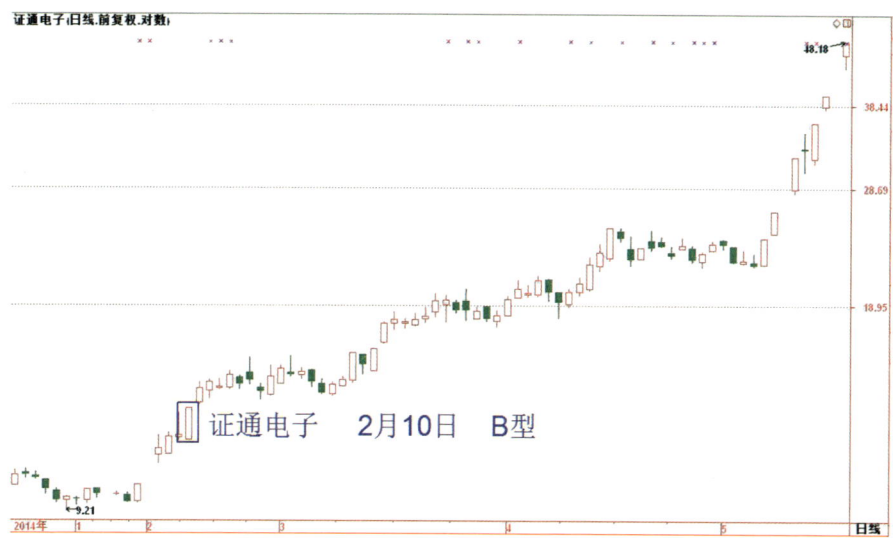

图 4-3　2014 年 12 月 24 日至 2015 年 5 月 20 日证通电子日线图

图 4-4　2014 年 10 月 23 日至 2015 年 5 月 29 日三五互联日线图

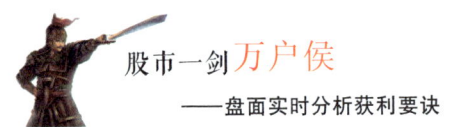

图 4-5 2014 年 10 月 17 日至 2015 年 7 月 3 日东方国信日线图

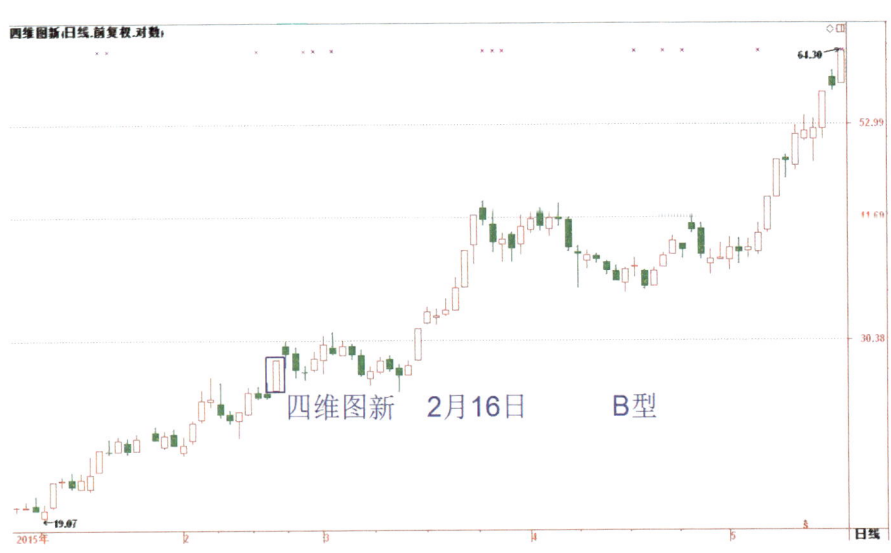

图 4-6 2015 年 1 月 7 日至 2015 年 5 月 20 日四维图新日线图

第 4 章

利器神兵起狂澜："疯牛出栏"及平地高楼法

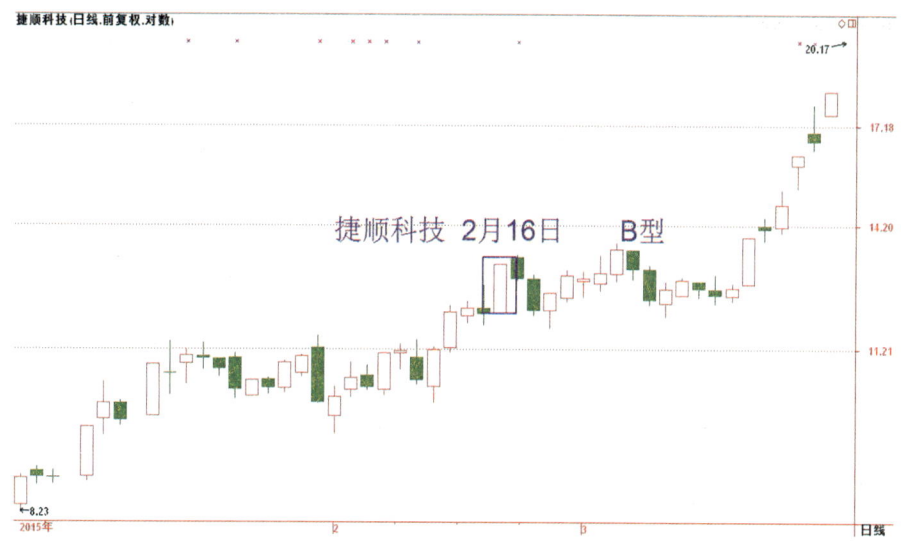

图 4-7　2015 年 1 月 6 日至 2015 年 3 月 24 日捷顺科技日线图

金字火腿，3 月 9 日，B 型（见图 4-8）：

赢时胜，3 月 9 日，A 型（见图 4-9）：

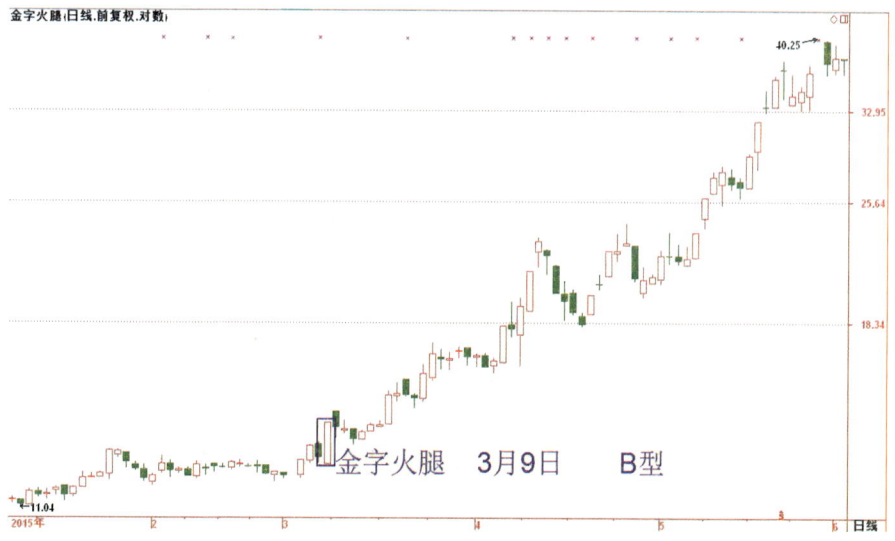

图 4-8　2015 年 1 月 9 日至 2015 年 6 月 2 日金字火腿日线图

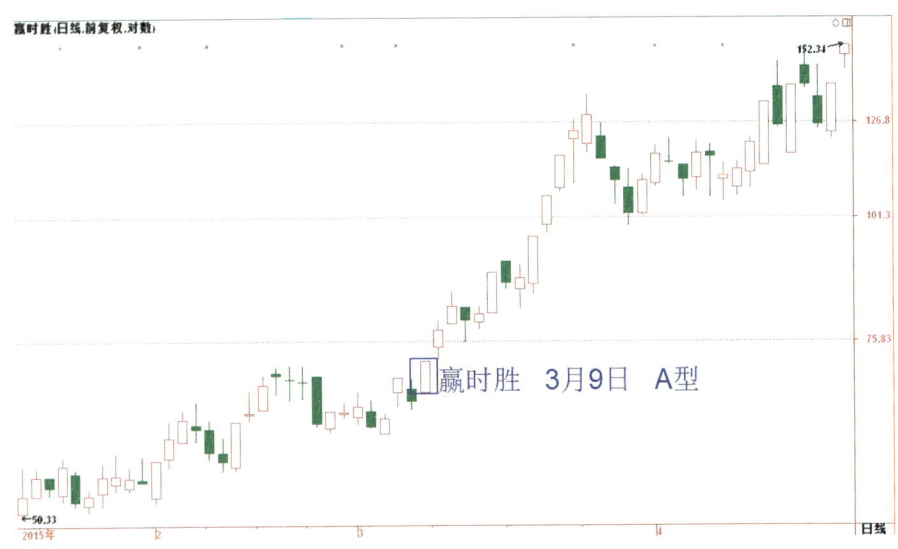

图4-9 2015年1月19日至2015年4月22日赢时胜日线图

"疯牛出栏",都是在涨停个股中出现的,所以选择这种股票一定要胆子大:阳光总在风雨后,涨停总在涨停后,它过去老是出现涨停,在今天或未来再出涨停的概率就高,因为涨停也是有基因的,这就是股性,如天宸股份、摩恩电气等前期频繁出现涨停,近期也频繁出现涨停(见图4-10)。

"疯牛出栏",最显著的特征,就是涨停板突破前期高点,这也是牛市中最强势形态的最突出表现。摩恩电气,涨停突破前期高点,然后出现了疯涨。安硕信息,也是属于涨停板突破前期高点,之后出现了连续加速上涨。这是最简单也是最基础的特征。

介绍"疯牛出栏"前,先介绍一下薛斯通道指标,它有四组线,分别是外上轨,外下轨,内上轨,内下轨。

薛斯通道的内上轨上穿外上轨后,外上轨继续向上,股价向着内下轨

第 4 章

利器神兵起狂澜："疯牛出栏"及平地高楼法

调整，受到内下轨的支撑后向上，股价以涨停板（大阳线）有效突破前期整理平台，"疯牛出栏"走势形成，如南方航空（见图4-11）。

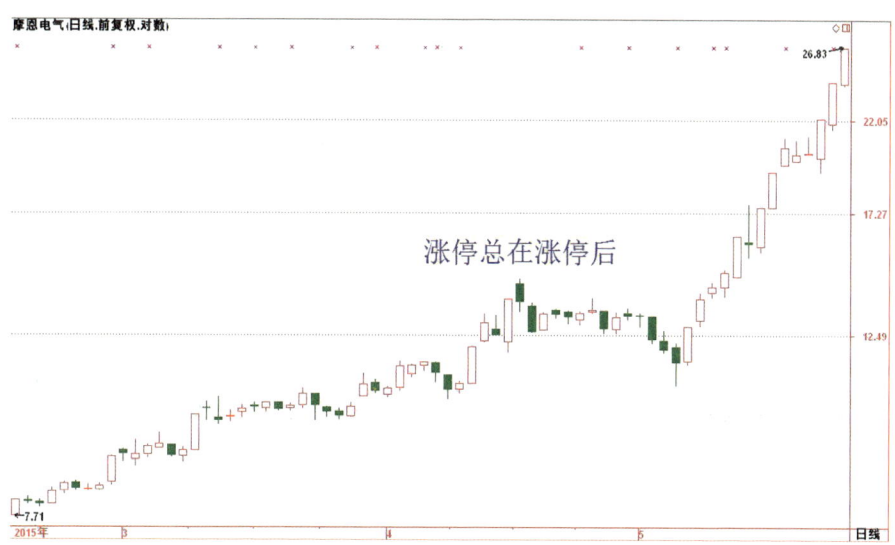

图4-10　2015年2月10日至2015年5月27日摩恩电气日线图

图4-11　2014年11月24日至2015年3月17日南方航空日线薛斯通道

93

我们换一种更通俗的方法来理解此形态。

内上轨上穿外上轨,为"感情出轨":一开始感到很刺激,有经验的人都有同感,短暂的快乐以后,早晚有一天是会被发现的,因为"要想人不知,除非己莫为",纸包不住火,于是夫妻双方陷入到了长时间的争吵中,最后进入离婚谈判,双方就债务、财产、孩子抚养、老人赡养等问题进行了长期的谈判与磋商,也就是股价开始上下震荡,有一天终于大阳线突破,宣告离婚成功了,真是太痛快了。此过程为:1感情出轨——2短暂快乐——3协议离婚——4离婚成功——5幸福生活(如,苏交科、松德股份,见图4-12、图4-13)。

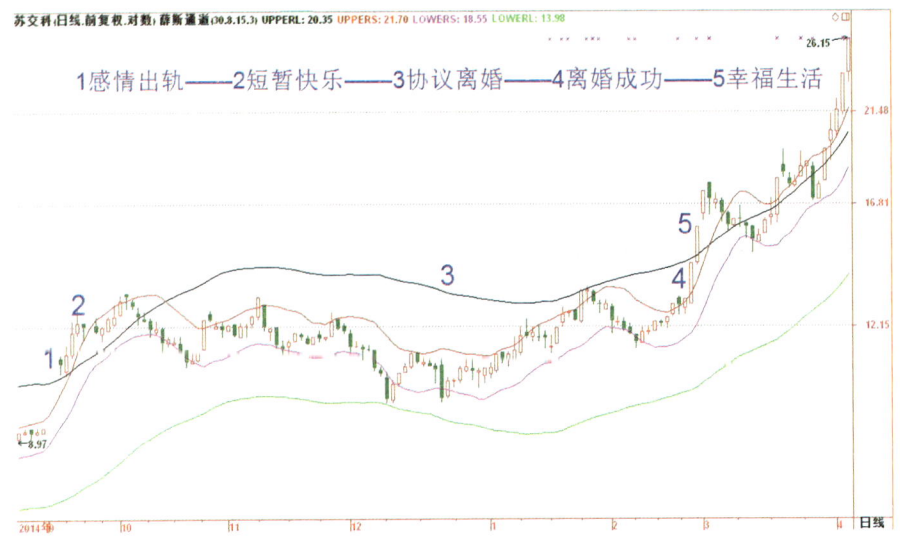

图4-12　2014年7月25日至2015年4月3日苏交科日线薛斯通道

第4章

利器神兵起狂澜："疯牛出栏"及平地高楼法

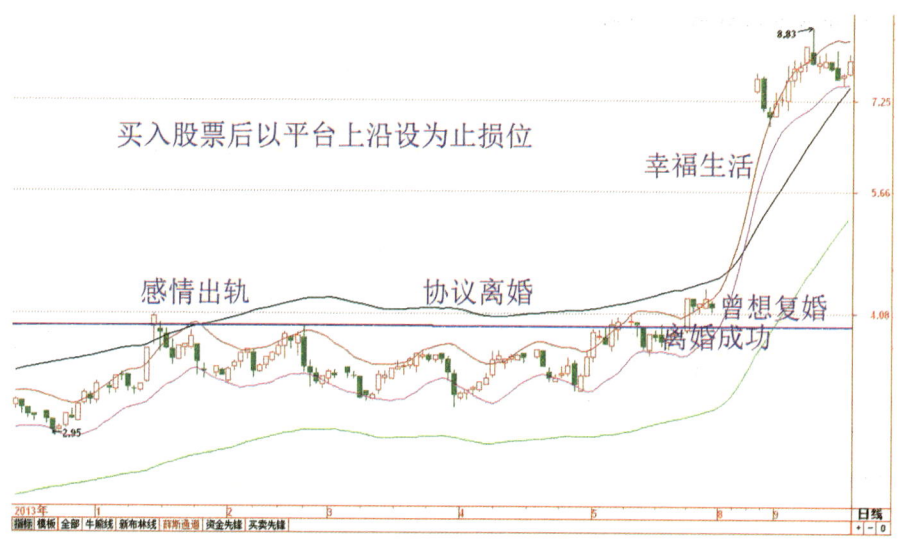

图4-13　2013年12月13日至2014年9月18日智慧松德日线薛斯通道

出轨以后，不保证一定有得涨，所以，内上轨上穿外上轨，这一段不要去参与。

在他们协议离婚过程中，您相当于"小三"，您何时介入是个问题：人家虽然在协议离婚，但毕竟还是夫妻，您不要过早介入，否则会有法律、道德风险；涨停板突破前期高点，是最佳的介入时机，第一个涨停板，而且要刚刚突破的，这是最理想的（如，生意宝，见图4-14）。

如果有回抽，前期高点的就是回抽，可理解成刚离婚，女人觉得还是前夫好，想复婚。只要收盘价不跌破前期高点，就属于精神出轨，还没有付诸行动。如果收盘价跌破前期高点，就属于复婚成功，您就要第一时间退出，否则就会面临法律风险、道德风险、赔钱风险，就容易被套住。

"疯牛出栏"形态，配合上资金先锋指标，会有更好的效果。资金先锋代表了市场中主力资金的动向，主力资金充足，则"牛"才能更加"疯"

95

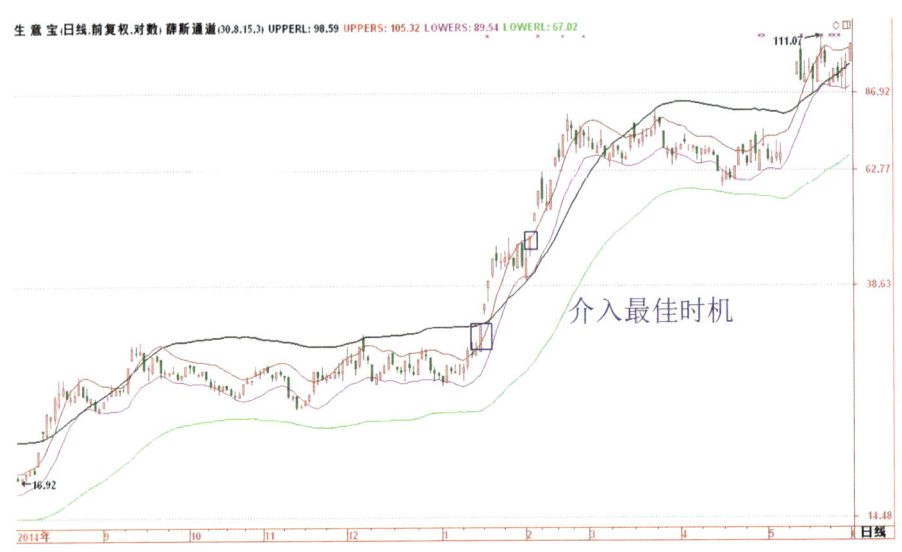

图 4-14　2014 年 7 月 23 日至 2015 年 6 月 1 日生意宝日线薛斯通道

得起来，所以在判断疯牛出栏形态时，配上资金先锋指标会有很好的效果。

资金先锋，是牛股的克星，追踪主力资金的武器，可以准确地判断出各种资金的动向。让我们先来了解一下资金先锋的各个组成部分。

资金先锋指标的红柱，代表市场中的获利盘；绿柱，代表市场中的套牢盘；蓝柱，代表市场中的浮动筹码。红柱越高，代表获利程度越高，股价越活跃。蓝柱越长，代表套牢程度越高，走势越弱。

红线，代表获利盘的平均值。当红柱上穿或下穿平均线时，可作为买卖信号。绿线，代表套牢盘的平均值。蓝线，代表浮动筹码的平均值。

"疯牛出栏"形态，对资金先锋的要求：

第一，获利盘至少要在 80 以上，越高越好；

第二，获利盘在 85 以上可作为精品疯牛的条件之一；

第三，套牢盘越少越好；

第 4 章
利器神兵起狂澜："疯牛出栏"及平地高楼法

第四，获利盘柱线必须在获利盘均线之上。

如图 4-15 所示，黑牛食品，5 月 4 日，它的获利盘是 90，主力的控盘度达到 90% 以上，七天累计涨幅 37%。

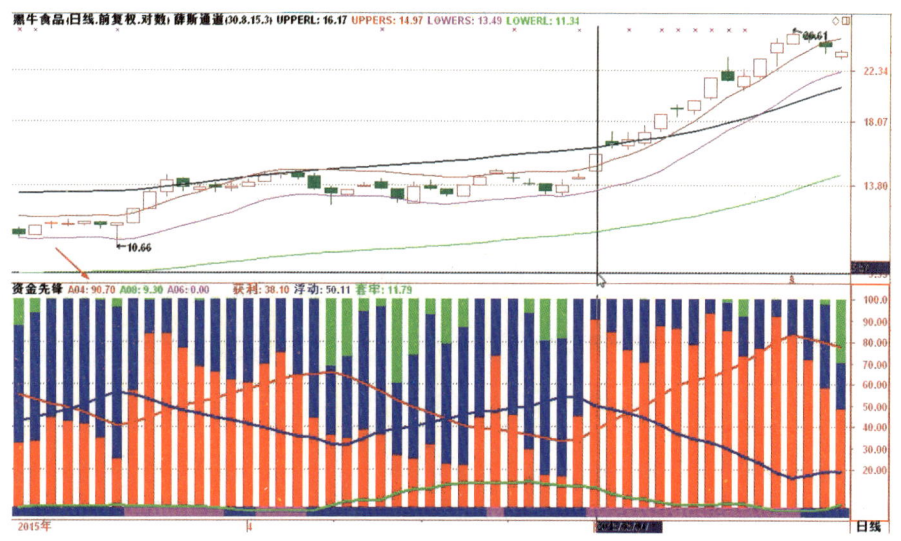

图 4-15　2015 年 3 月 12 日至 2015 年 5 月 25 日黑牛食品日线资金先锋

论坛上分享个股的获利盘，大多在 90 以上，如宗申动力、世联行等。

我们精选的股票，不能有套牢盘，就是要消灭贫困线以下的。以当天的行情为例，通过 60 看，满足疯牛特征的股票，获利盘至少在 85 以上。单纯看鞍钢股份不满足，有套牢盘（见图 4-16）。获利盘柱线，必须在获利盘均线之上。天王盖地虎，宝塔镇河妖。不镇不行，而且要消灭套牢盘。不能有套牢盘，并且获利盘至少要在 80 以上。

宗申动力、南方航空，都是当时满足条件的"疯牛出栏"股（见图 4-17、图 4-18）。

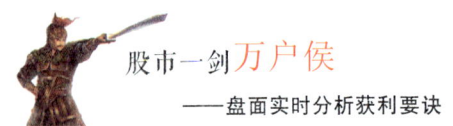

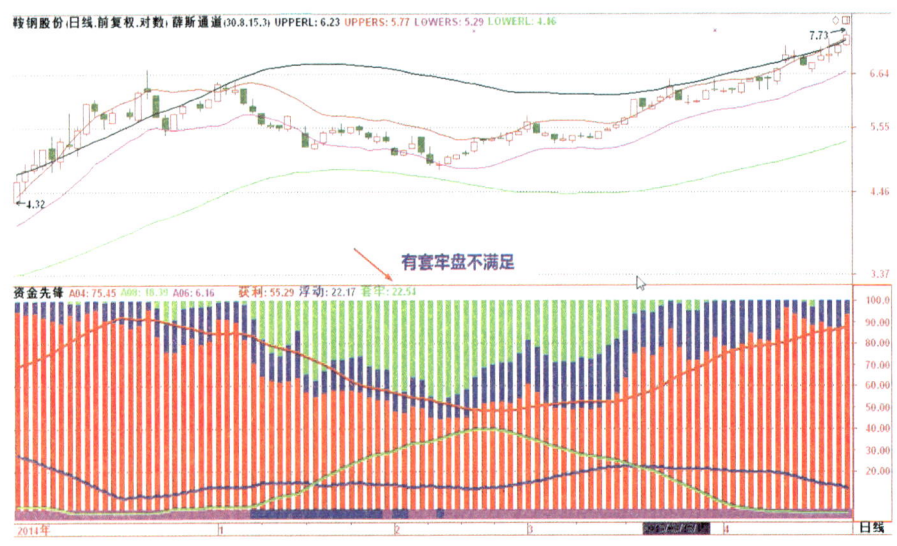

图4-16 2014年12月1日至2015年4月22日鞍钢股份日线资金先锋

图4-17 2014年11月17日至2015年4月10日宗申动力日线资金先锋

第4章

利器神兵起狂澜："疯牛出栏"及平地高楼法

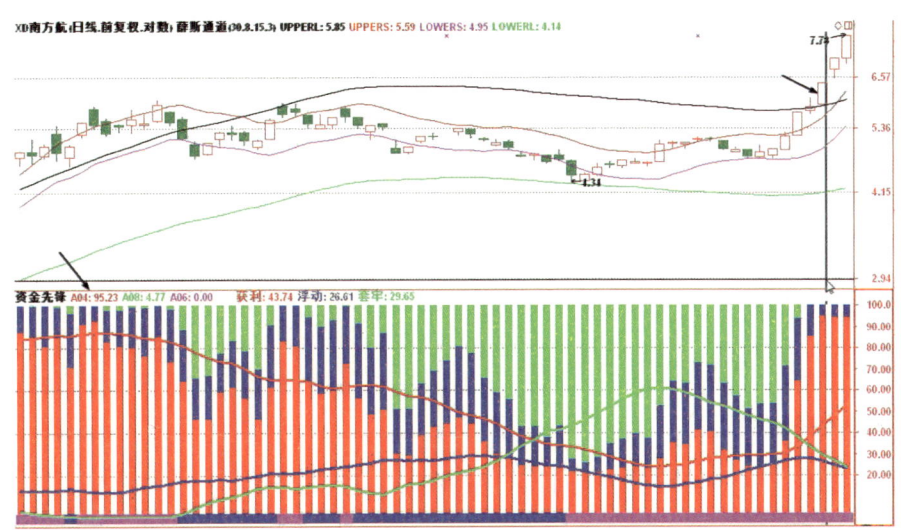

图4-18　2014年12月4日至2015年3月17日南方航空日线资金先锋

理解了"疯牛出栏"的这些基本表现形态后，我们就可以通过固定的"疯牛出栏"选股器，将满足条件的个股初步筛选出来。

2. 优选"精品疯牛"

满足了很多要求的上涨股票，叫"精品疯牛"，它是在满足"疯牛出栏"的基础上，借助一定手段优选出来的。

流通盘越小，价格越低，效果越好。流通盘小，是主力控盘的需要。一个一千亿的流通盘，控盘需要的资金是天文数字。流通盘大小，代表美女身材好坏。流通盘小，代表身材苗条，通常涨速更快，当然更受欢迎。流通盘大，代表身材肥胖。盘子小，通常代表后期的成长空间大。

价格低，代表要价低，这就像有的大款嫁女儿说，娶我女儿，不但不要钱，还送房送车。5亿以下都可以视为小盘股。

大象也有起舞时，如南方航空的70.2亿流通盘，也能出现持续飙升的大涨（见图4-19），但可持续性差，如工商银行连拉三个涨停，大盘将暴涨三百点，但散户都没有赚到钱。

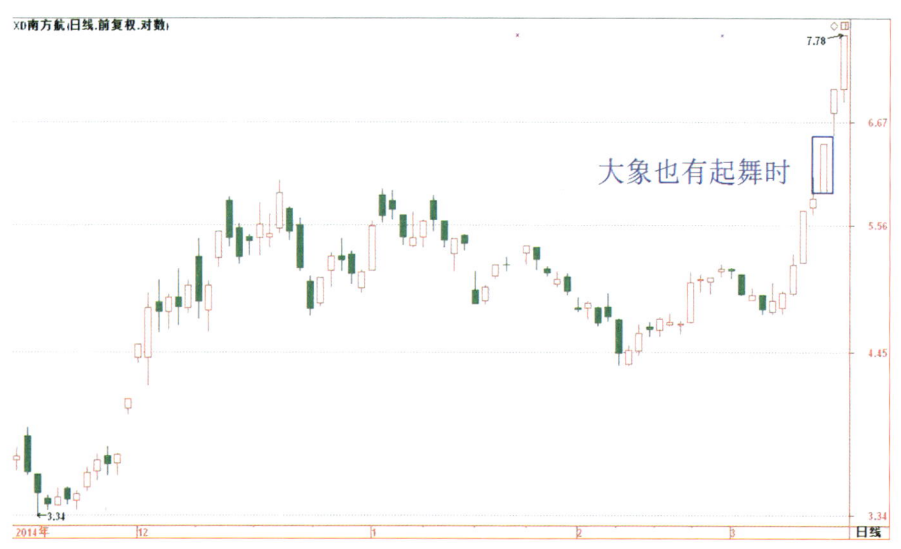

图4-19　2014年11月13日至2015年3月17日南方航空日线图

疯牛中，如赢时胜3308万、松德股份1.13亿、捷顺科技1.37亿、苏交科3.22亿的流通盘。赢时胜分享时66元，现在价格205元，盘子就超级小，3308万，身轻如燕冲云霄（见图4-20、图4-21）。

黑牛食品，当时的流通盘是1.83亿，身材苗条，也满足"身轻如燕冲云霄"的条件（见图4-22）。

第 4 章
利器神兵起狂澜："疯牛出栏"及平地高楼法

图 4-20　2014 年 12 月 30 日至 2015 年 5 月 8 日赢时胜日线图

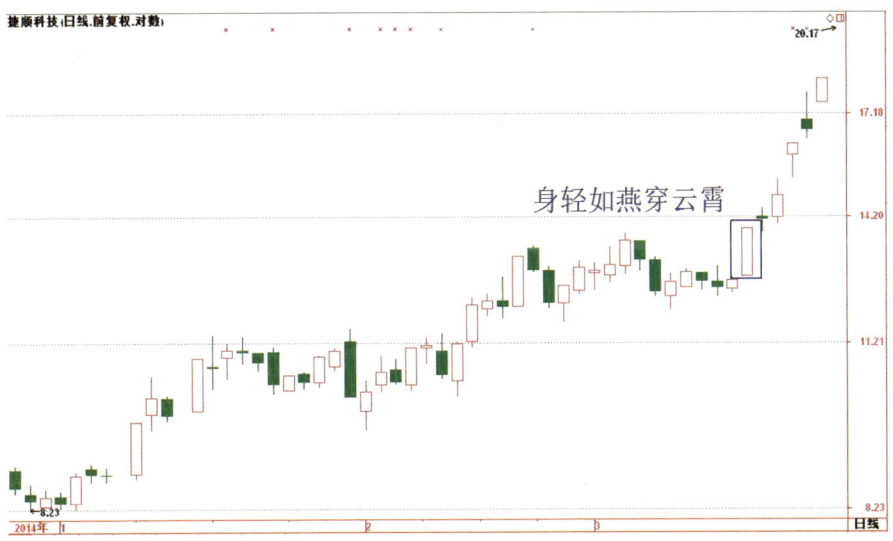

图 4-21　2014 年 12 月 29 日至 2015 年 3 月 24 日捷顺科技日线图

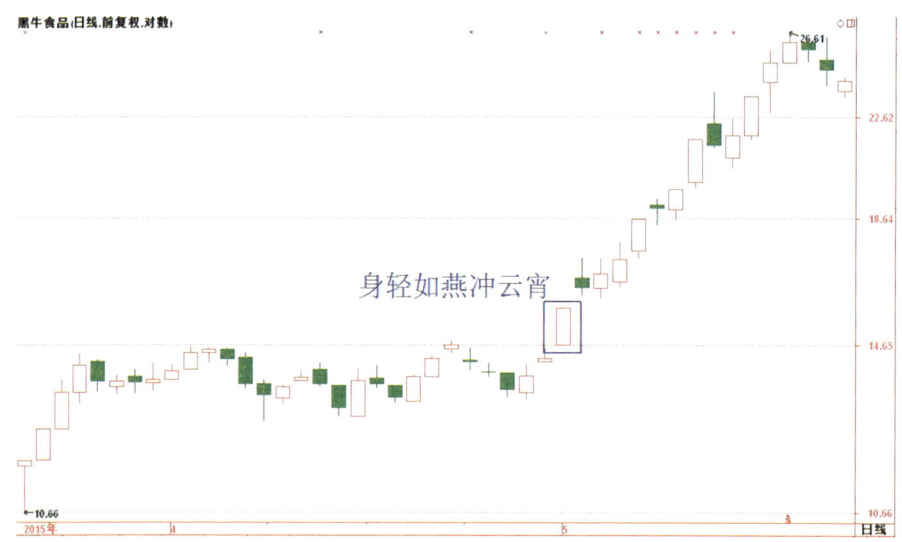

图 4-22 2015 年 3 月 20 日至 2015 年 5 月 25 日黑牛食品日线图

优选"精品疯牛"的奥秘是什么？

🔍 正好突破前期平台的股票，优选

刚好突破前期平台。一则价格处于相对低位，因为刚开始拉升。如果突破平台很久了，股价处于阶段性拉升的高位，此时追买，就有追高的风险。二则主力刚以涨停突破平台，解放了被套者，肯定是志不在此。主力不是解放军，不会无缘无故地解放可怜的被套者。他们敢于拉涨停，突破前高，解放所有被套者的目的非常明确，就是为了将股价拉得更高来获利。三则涨停突破平台，永远是牛股加速的最典型特征。

炒股难不难？难！简单不简单？简单！牛市中，只要敢于去买涨停板，突破前期平台的股票，并按一定的方法耐心持有，恰当时机了结，您不赚钱都难。因为这是牛市最重要的特征。

第4章
利器神兵起狂澜："疯牛出栏"及平地高楼法

我们分享了很多疯牛股，到目前为止，极少有被套住的。为什么？一来因为大盘处于持续上涨中，二来因为它们都涨停板突破前期平台，后期还出现了持续拉升。证通电子、黑牛食品、南方航空、世联行等，都刚好涨停突破前期平台，后期都赚得盆满钵满。

生意宝，也是涨停板刚刚突破前期平台，后期持续出现涨停，涨停过顶跃龙门，海德股份，也是刚一分享，就涨停。

中文传媒，流通盘11.9亿，稍微大了一点点。平台刚刚突破，获利盘88，薛斯通道也是满足的，唯一要求就是盘子稍微大了一点点，也是刚刚突破前期平台的，基本满足"精品疯牛"的要求（见图4-23）。

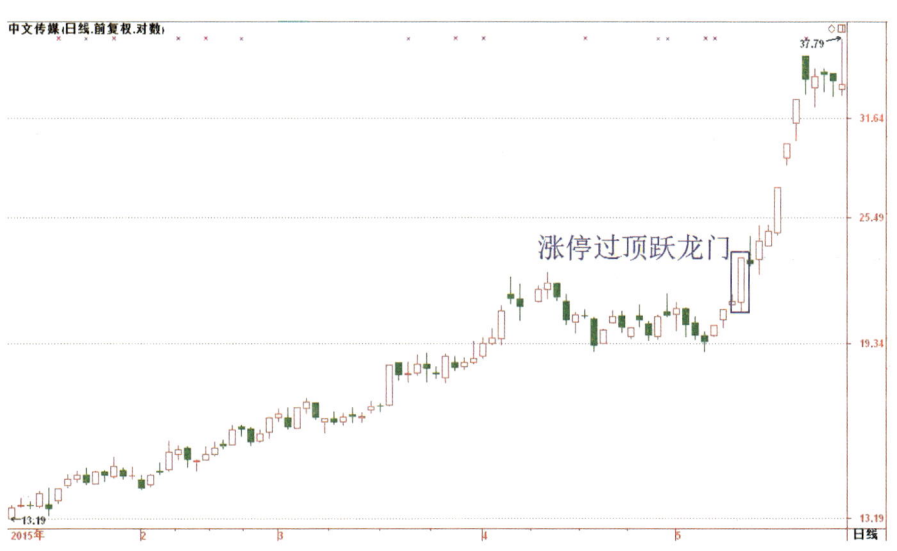

图4-23　2015年1月13日至2015年5月28日中文传媒日线图

创了历史新高的股票，优选

股价没有创新高的，则还会面临解套盘的抛压。当投资者长期被套时，心情都非常苦闷，苦闷到可以写本书《在那被套的日子里》。时间长了，也就不再去管它们了。直到有一天,价格上涨后接近了自己被套的价位,他们才会重新开始关注股票,而一旦股价到了成本位,他们的第一反应,肯定是逃跑。好比一个人坐黑牢坐了整整三年,天天都盼着出狱,现在突然宣布说"您可以出狱了",可想而知他的心情如何,他还会说"我还想在里边多待会儿吗"。

毫无疑问,前期高点套住的人越多,成交量越大,套牢盘就越多,解套时的抛压就越大,而前期的最高点,通常是抛压最重的,主力敢于锅对锅、勺对勺地突破前高,必然志存高远,未来还有更高的上涨预期。

因此,牛市中最强势的形态,就是涨停创历史新高。

如北方国际,2009年3月1日买进,21日加仓,4月5日这一天,创了历史新高,并且涨停,这一天,将所有的套牢盘都踩在了脚下,从这一天开始,股价出现了持续的涨停,此所谓"一创新高天地宽"(见图4-24)。

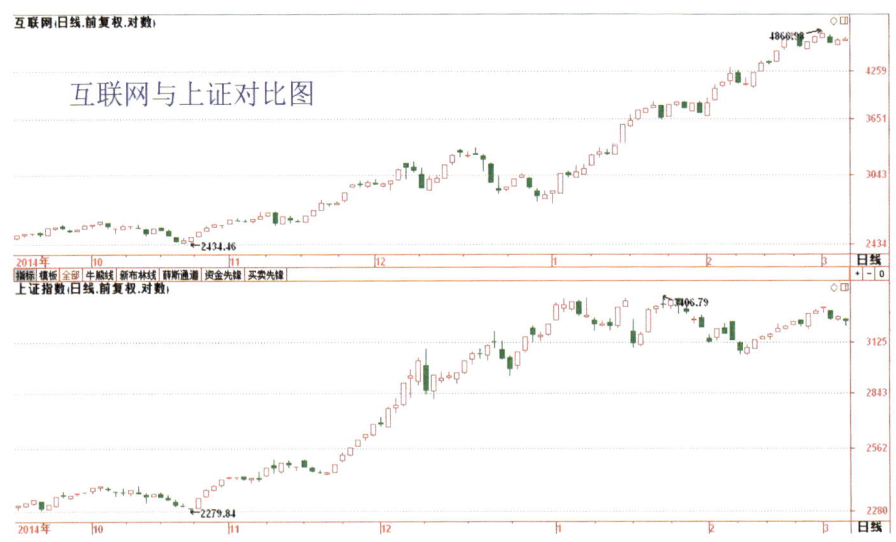

图4-24 2011年6月27日至2007年5月25日北方国际日线图

第 4 章
利器神兵起狂澜:"疯牛出栏"及平地高楼法

赢时胜,从创了历史新高的时候开始分享的,之后一共出了八个涨停。生意宝,第一次创历史新高,且涨停,是最佳的买点,创历史新高后,股价出现了 16 个涨停板,当然也是"一创新高天地宽"(见图 4–25)。

图 4–25　2013 年 5 月 22 日至 2015 年 5 月 18 日生意宝日线图

世联行、黑牛食品也创了历史新高,就好比已经离了婚了,自由自在,没有束缚,夜不归宿都可以了,所以股价也就涨得很任性(见图 4–26、图 4–27)。

创了历史新高,表明主力志存高远,且少有抛压,容易出现加速上涨。

任何事物都有两面性,创了历史新高,表明股价处在历史高位,您就有可能成为出价最高的笨蛋,如果买了下跌,就套在了历史最高点,风险巨大,因此,止损位的设置很重要。例如,金龙机电这只股票也曾经出现过"疯牛出栏"形态,但后来出现 O 型疯牛,股价出现下跌,这就需要及时执行止损指令,以规避损失(见图 4–28)。

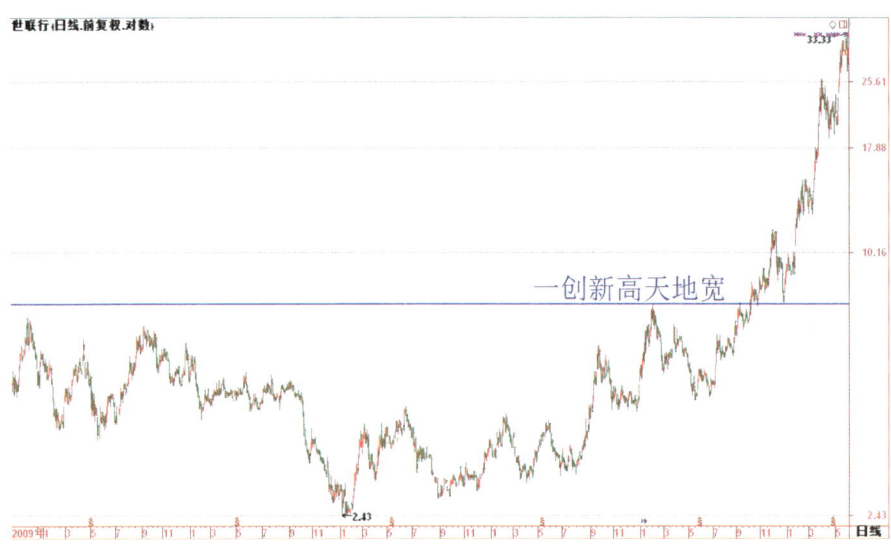

图 4-26　2009 年 11 月 3 日至 2015 年 6 月 2 日世联行日线图

图 4-27　2010 年 4 月 11 日至 2015 年 7 月 3 日黑牛食品日线图

第 4 章
利器神兵起狂澜："疯牛出栏"及平地高楼法

图 4-28　2015 年 5 月 8 日至 2015 年 5 月 6 日金龙机电日线图

🔍 资金先锋获利盘高的股票，优选

获利盘也可称主力资金，主力控盘度越高，加速上涨概率越高。

获利盘至少在 80 以上，才可称为疯牛。80 以下是老牛，50 以下就是病牛。

获利盘在 85 以上，是"精品疯牛"的条件之一，只有达到这个标准了，才有可能成为"精品疯牛"。

但是获利盘也不是越高越好，如获利盘达到 99 了，说明是一字板封死了涨停，获利盘太高了也不好，85 到 95 之间比较理想。如中文传媒，11.9 亿的流通盘，股价刚刚突破平台，获利盘 88，创了历史新高，各方面条件都不错。

牛市里，市场中的疯牛太多了。身材苗条，会赚钱，价钱还便宜，刚刚长成熟了，不大不小，热门板块（符合现代审美标准的），就是我们的

107

选股标准。只要大盘的条件适合，就可以按照这个标准去选。一字板涨停，像老猫吃乌龟，光流口水，却无处下嘴。

长江通信，内上轨没有上穿外上轨，不能称为"疯牛出栏"。

南京熊猫，获利盘88，涨停突破平台，盘子6.33亿，要看是不是满足热门板块。

突破方式好的股票，优选

以涨停板突破平地高楼法100%处，即"离弦之箭"。

突破平地高楼法100%处，回抽后又涨停的，即"猛龙回首"（后文有讲解）。

平地高楼法画图前提：主图坐标为普通坐标系和分坐标系，在画线工具栏选择GA。将股价图形缩到最小，找到最低点的这一段，要前复权，有缺口就不准了（后文有详解）。

黑牛食品，正好以涨停板突破100%线处，呈现了"离弦之箭"的状态，之后出现了加速飙升（见图4-29）。阿荣每一次分享的股票，几乎都满足了涨停板突破100%处的要求。

宗申动力，连续两次平地高楼法后，股价以涨停板突破百分之百线处，呈现了"离弦之箭"形态，之后股价大涨（见图4-30）。

选段很重要，要讲清楚，要讲一节课。阿荣教方法，希望您把每个方法学会，学一种方法，赚一辈子的钱。您把《论语》学会了，孔子跟您一辈子；您把《道德经》学会了，老子跟您一辈子；您把《孙子兵法》学会了，孙子跟您一辈子；您把"平地高楼"学会了，"平地高楼"跟您一辈子。方法不要多，要精。阿荣讲的都是几十种方法中精选出来的，最具实战效果的一种。学会了，炒股够了吗？足够了，够您用一辈子了。

第4章
利器神兵起狂澜："疯牛出栏"及平地高楼法

图 4-29　2013 年 5 月 2 日至 2015 年 5 月 27 日黑牛食品日线平地高楼

图 4-30　2013 年 12 月 6 日至 2015 年 3 月 23 日宗申动力日线平地高楼

109

生意宝，找到最低点到第一个高点，第一波上涨为标准（见图4-31）。

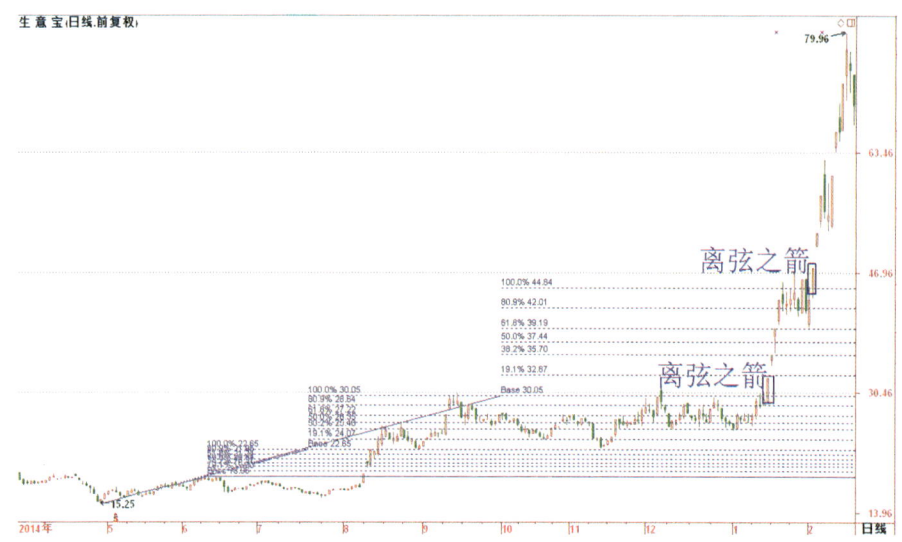

图4-31　2014年3月26日至2015年2月26日生意宝日线平地高楼

找到最低点，点击，按住以后拖动鼠标到阶段性高点，点击一下然后放手，看到了一些线条。19.1%、38.2%、50%、61.8%、80.9%、100%。这些线，就是未来股价运行的密码图。每一条线都有它神奇的用法，打到某条线就会产生支撑压力的作用。在运行过程中，它们就会对未来的股价形成支撑与压力作用，而且有预测效果。当打到100%线撑住并收阳，就是很好的买点，绝大多数的个股都会这么干。

内行看门道，外行看热闹。内行的人主力怎么想的，主力怎么干的，我们都看得清清楚楚。前几天，遇到一位上市公司的董事长，我对他公司的情况一无所知，我做了一份关于技术分析的报告，我告诉他主力是怎么想的，想怎么运作，主力的成本是多少，接下来操作的建议，他看完后说，

第 4 章
利器神兵起狂澜:"疯牛出栏"及平地高楼法

没想到与实际情况居然有 98% 以上的吻合度。

这就是技术分析。只要您掌握了此方法,您不需要知道上市公司的情况,就可以清楚地把握它的股价运作情况。只要把技术分析掌握好,都可以把背后的情况分析清楚,甚至操盘手是男是女,都可以分析出来。

再从最低点按一下,按住鼠标不动到上次的 100% 处,点一下放手,又会向上弹射出一组新的线条。如到了这条线上,能不能突破,也有专门的标准。

"100% 处"是最重要的,小的位置以后再说。

这一天,涨停板突破 100%,且满足了薛斯通道的"疯牛出栏"标准,这就是"精品疯牛",之后股价出现了加速飙升。

然后再从最低点到 100% 处再往上翻一倍,正好到了 100% 处无力突破,这一天正好是 2015 年 2 月 3 日,也是在论坛里分享的那天,正好是"精品疯牛"。之后再度加速,又翻了一倍。我们怎么办?再拉一倍呗。再翻一倍的结果,就是可以在 100% 的位置处卖出,又获利 90% 以上。

佳讯飞鸿,也是阿荣在 1 月 7 日分享的个股,看好它的八大理由,其中最重要的一点,就是平地高楼法。现在停牌,很郁闷。大牛市的,停什么牌啊?从最低点开始,放大,点 GA,将价格对牢最低点,点住不要动,拖动到 5.53 元,点一下,就会向上弹射出一组线。在没走出来之前,是有预测效果的。突破 100% 处回抽到 100% 线且收阳,就是绝佳买点。通常是买进就涨。A 处回抽收阳一次,然后再涨,将画线再往上翻一倍。B 处、C 处又在回抽确认 100% 线,买进又翻一倍。再涨怎么办?再翻呗。再往上 E 处等,也正好是回抽 100% 处,当时阿荣分享它的重要原因就是它,这就是股性(见图 4-32)。

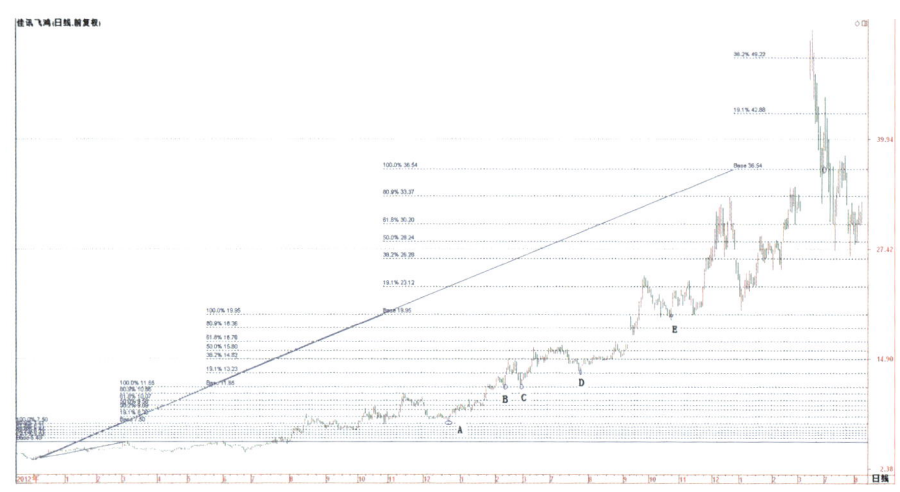

图 4-32 2012 年 11 月 22 日至 2015 年 8 月 4 日佳讯飞鸿日线平地高楼

最后讲一下，如何精选"疯牛出栏"个股：

第一，突破方式最佳（"平地高楼"）；

第二，获利盘在 85 以上，且无套牢盘；

第三，主流板块优先；

第四，小盘低价优先；

第五，创历史新高优先。

前两条为必备条件，后几条越多越好。

比如，先从涨停板里，也就是通过收盘以后的"60"里翻股票，一定要敢于追涨停。如利君股份，从薛斯通道里，也满足了疯牛的条件；然后再以平地高楼法做一个验证，从最低点到最高点画出后，可以观察一下历史上的有效性，历史上的重要高低点，都在它的范围之内，今天正好是 100% 处涨停板突破，满足了较好的条件；买完以后，还要算目标位、止损位如何，只是给大家举个案例，您分析一下。

第4章
利器神兵起狂澜:"疯牛出栏"及平地高楼法

3. 针对"疯牛出栏"的具体操作

牛市中个股的炒作,是以板块的方式运作的,沾上热门板块边的,便能"得道升天",如以前市场中的创业板、互联网,就诞生了大批的"疯牛"。股性活跃的也优先成为"疯牛"——以前出现过很多涨停的个股,表明股性活跃,后续再涨停的概率更高。

阳光总在风雨后,涨停总在涨停后!

无兄弟,不江湖,无泡沫,不牛市!

牛市的最重要特征就是——泡沫。创业板仍旧持股,阿荣让您从2300点持有到现在。现在创业板指的风险指标,是日线SAR。卖出的标准,是日线的SAR指标。

🔍 "疯牛出栏"选股时机

选择"疯牛出栏"股票的前提,是股指处于中期向上,短期向上时,通俗点说,就是大盘要涨。

注意,市场处于中长期、中短期向下的时候,千万不能用"疯牛出栏"。

一定要在大盘好的时候去选,大盘不好的时候,您去选疯牛,也不是选不到,可能唯一选中的一只疯牛,就是您自己:想让自己的资产快速缩水,最快的方法,就是在长期下跌趋势时,去做"疯牛出栏"——您不会涨到精神崩溃,而一定会跌到精神崩溃。

中文传媒 5 月 13 日，出现"疯牛出栏"，当时大盘是上涨的。摩恩电气出现疯牛时，大盘也是上涨的。

2015 年 2 月 15 日，操作疯牛证通电子，涨幅 264%，9 个交易日，一倍以上的收益，什么样的生意能有这样的利润？

🔍 "疯牛出栏"选股方法

收盘以后，确认大盘中长期、中短期向上概率较大时，可通过 60 找到当天涨停个股，按照"疯牛出栏"的标准去选择、精选。

通常先筛选出满足"疯牛出栏"的个股，再通过平地高楼法，筛选出满足精品疯牛的个股。通常选择两只或三只作为备选，第二天开盘的时候，看开盘的情况决定买哪只。

一定要在收盘以后选，盘中选出的符合标准的，通常已经涨停了，已经买不进了。

🔍 "疯牛出栏"的买入方法

第一，如第二天开盘股指出现暴跌（如低开 30 个点以上），则放弃买入；如出现系统性风险时，就放弃买入；大盘不好，放弃。

第二，如备选品种出现明显的低开（如低开 3 个点以上），则放弃买入。

第三，高开在 3% 以内，都算正常，可以直接买入；高开的上限是 5%，高开超过 5% 的，通常就不参与了，除非盘中有明显的回落买点。

第四，买入之前，先要设好止损位，通常以跌破"平地高楼"100% 处为止损位。

此种股票通常都是会高开的，本身就涨停，第二天又高开，还敢买吗？事实已经证明，不要害怕。牛市里就是一句话，爱拼才会赢，敢拼才会红。

第 4 章

利器神兵起狂澜:"疯牛出栏"及平地高楼法

撑死胆大的,饿死胆小的,一定要敢于追高。高开三个点以内,都属于正常,高开五个点以上,就可以放弃,或者在盘中找一个合适的低点买进。

高开在三个点以内的,9 点 25 分直接挂单买进。挂单时挂买一,就是最高的买入价,比它还要高一分的价格去买。不要计较小钱,牛市里太抠的人一定会成为二百五。挂得不高,没有成交,股价上去了,您又不敢买了。对此种股票,务必要求一击即中。

第五,计算好买入价与止损价之间的差价,估算好自己愿意承受的最大风险,然后以此数目除以差价,以算出自己该买入多少股。

9 点 25 分就可以挂单,9 点 15 分就有集合竞价了。

如宗申动力,当天涨停突破百分之百线,第二天开盘价格买入。

当天收盘价为 12.12 元,假设平开,止损价为 11.39 元,则差价为 12.12-11.39 元等于 0.73 元,若愿承受最大风险为 20000 元,20000/0.73=27397 股。买入股票前,一定要先想好"我最多愿意赔多少钱"(见图 4-33)。

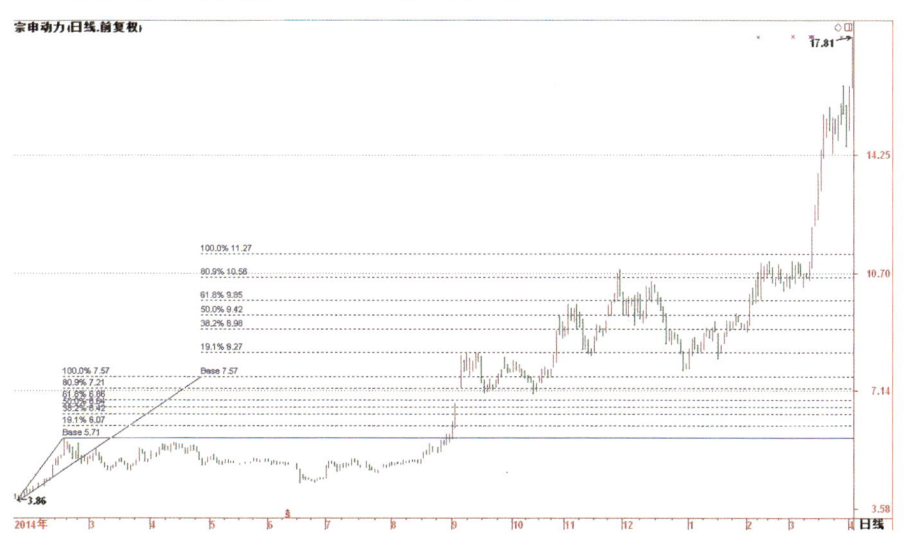

图 4-33 2014 年 1 月 14 日至 2015 年 4 月 2 日宗申动力日线平地高楼

如摩恩电气,正好涨停突破100%,止损位15.63元,买入价16.23元,如愿意最大亏损3万元,则30000元除以0.6等于50000股,则50000股就是您该买入的股数(见图4-34)。

图4-34 2015年1月29日至2015年6月1日摩恩电气日线平地高楼

这一天盘中跌破,收盘价没有跌破,持股,之后又持续上涨。

第六,优先买入开盘时高开幅度大的,如南方航空与宗申动力,但高开幅度在5%以上就不再追买,3%以内的高开都可视为正常。

买入方法为,开盘挂比"买一"高一点的价格直接买入。

一个高开一个点,一个高开三个点,我们可以优先买入高开三个点的:好饭不怕晚,好股不怕高,就要买高开多的。想当初,南方航空高开三个多点,同时宗申动力,平开,当天涨不多,后期涨幅大。但我们做"疯牛",肯定希望能快速上涨,涨停。

我们是一个交易系统,管买还管卖,管生还管养。

第4章
利器神兵起狂澜:"疯牛出栏"及平地高楼法

🔍 "疯牛出栏"卖出方法

第一,止损方法。

买入后,如果收盘价跌破平地高楼法 100% 位置,则止损出局。但也有部分个股跌破 100% 后,在 80.9% 处撑住后上涨的。如四维图新、利君股份,也是达到 80.9% 后起来的。

只要收在平地高楼法 100% 之上,则耐心持股,通常后期都有表现。

摩恩电气,拉出百分之百的扩展,只要不跌破 100% 的价格,第二天大幅震荡,只要不跌破,不要着急。盘中都是浮云,盘中行情都是用来骗人的,看多了就会受骗(见图 4-35)。

再如中文传媒,突破百分之百线后,跌破 100% 线跌幅会比较大,但仍可以以此为标准持股(见图 4-36)。

黑牛食品,画两次"平地高楼"后,买进。不管它如何震荡,您不要管,盘中的波动都是没有用的。想赔钱,看动态,心态逐渐会变坏。一年一次

图 4-35　2015 年 1 月 29 日至 2015 年 6 月 1 日摩恩电气日线平地高楼

图 4-36　2014 年 12 月 26 日至 2015 年 6 月 4 日中文传媒日线平地高楼

图 4-37　2012 年 11 月 12 日至 2015 年 5 月 21 日黑牛食品日线平地高楼

第4章
利器神兵起狂澜："疯牛出栏"及平地高楼法

大行情，短线就是死得快。一旦出现上影线突破，收盘价跌破，股价收阴，您就可以跑了。您的获利已经66%，很丰厚了，拿着百分之60以上的利润，可以跑了（见图4-37）。

🔍 止盈卖出

第一，以10日乖离率跌破10为止盈点。

赚钱了，怎么卖？一赚钱，心里就跟猫抓一样。股民赔钱的时候，跑得比乌龟还慢，赚钱的时候，跑得比兔子还快。以10日乖离率跌破10为止盈点。当该指标数值跌破10时，就是短线卖出的时候。此法能及时逃顶，但有时难以拿住大部分利润。

调用方法：在K线界面中——指标窗口个数——二窗口——在二窗口中输入字母"BIAS"——将三条线的参数都调成10，然后就变成了一条线。

右键点击，指标窗口个数，两个，在第二个窗口输入BIAS，乖离率指标，将参数都改成10，指标一放，就会显示一个数值。赢时胜，这一天，盘中波动从上涨9个点到下跌一个点，您能扛住这种下跌吗？您从16元买进，您到了23元，一天跌了十个点，您能忍住不卖吗？有多少人能忍住不卖？很多人都无法承受这种下跌而卖出，但之后股价又持续大幅上涨，而10日乖离率指标，在大幅震荡那天仍旧保持在10以上，可以持股。这就是交易系统的好处，可以在很大程度上避免被骗线。

盘中行情不要过多地看，不要天天盯盘。收盘价虽然跌得厉害，但指标在18.46，继续持股，之后继续上涨。

此卖出方法，适合较为强势的股票，如中文传媒，当时乖离率短暂地跌破了10，破了零点几，因为是牛市，还可以再看一天。第二天收阳，继续持有，之后股价继续上涨（见图4-38）。只要照此做，不会被套住的。

它可以让您卖在阶段性的高点，但很难让您卖在最高点——不可能把牛股利润从头做到尾的。所以我常说，短线以10日乖离率跌破10为卖点，但长线卖法是不能以它为标准。

再如浔兴股份，10日乖离率跌破10以后，股价出现暴跌（见图4-39）。

图4-38　2015年2月9日至2015年7月16日中文传媒日线BIAS

图4-39　2015年5月5日至2015年7月6日浔兴股份日线BIAS

第 4 章

利器神兵起狂澜："疯牛出栏"及平地高楼法

掌握这样的方法，可以让我们避免绝大多数情况下的被套。

如生意宝，10日乖离率跌破10，您卖掉以后，只跌了一天，股价又几乎快速地翻了一倍。好不容易骑上一匹黑马，马稍微颠簸了两下，您就被震落到马下了，马跑了，一骑绝尘，您被甩落在地上，手里抓了一把毛，有的更惨，连毛都没有剩下（见图4-40）。

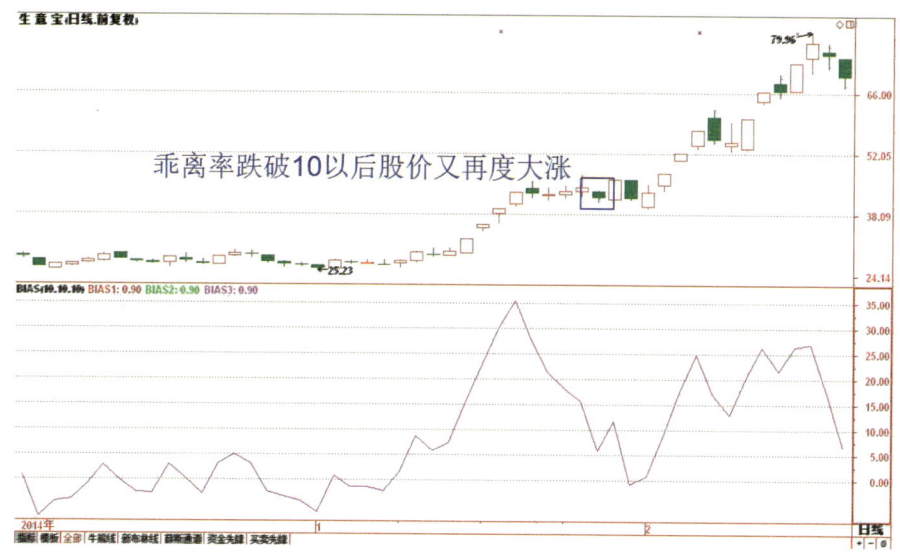

图 4-40　2014 年 12 月 8 日至 2015 年 2 月 5 日生意宝日线 BIAS

这个卖出方法不错，它可以最大限度地让您保住利润，但它不能让您卖在终极高点。

结合下面的方法，可以卖在终极高点。

🔍 无力突破"平地高楼"目标位卖出

各条压力线都会造成压力，但最重要的是 100% 的压力线，可参考后文平地高楼法中的"泰山压顶"。

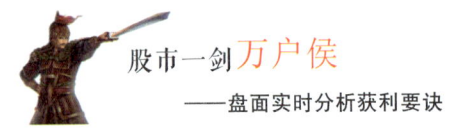

牛熊线把握长线卖点

牛熊线代表主力资金,黄色代表中线资金(本书中的图中实际显示为浅绿色,见图4-41),蓝色代表中长线资金,白色代表长线资金(图中实际显示为黑色,见图4-41)。

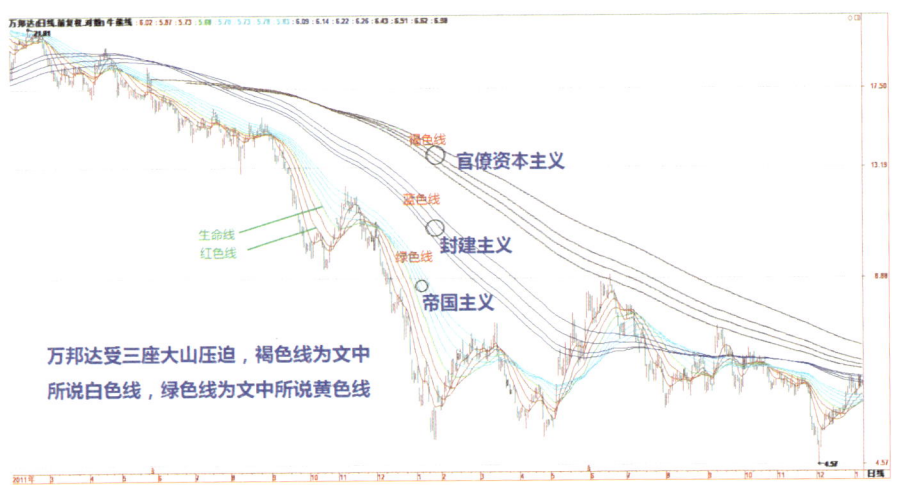

图4-41　万邦达日线叠加牛熊线指标

褐色线代表长线主力,也是最重要的主力,它的方向代表主力资金的方向,方向向上,代表主力资金在流进。蓝色线代表中长线资金,方向向上,代表中长线资金流进。深绿色线(只有一条)代表主力生命线,可作为中线持股的标准之一。

资金线的方向就代表了资金的流进流出,同时也代表了主力资金的成本。这样就把股价运行分成了两个阶段。当这些线在上方压着股价的时候,就好比老百姓受到了帝国主义、官僚资本主义、封建主义三座大山的压制,生活在水深火热之中,阿荣是坚决不让做这样的股票的。

黄色线、蓝色线、白色线,这压迫在投资者身上的三座大山,被压在

第4章

利器神兵起狂澜："疯牛出栏"及平地高楼法

了身下，泥腿子翻身把歌唱，当家做主人了（见图4-42）。这就是股价处在拉升期：蓝色，白色，黄色线必须要多头排列，代表它处在拉升期。

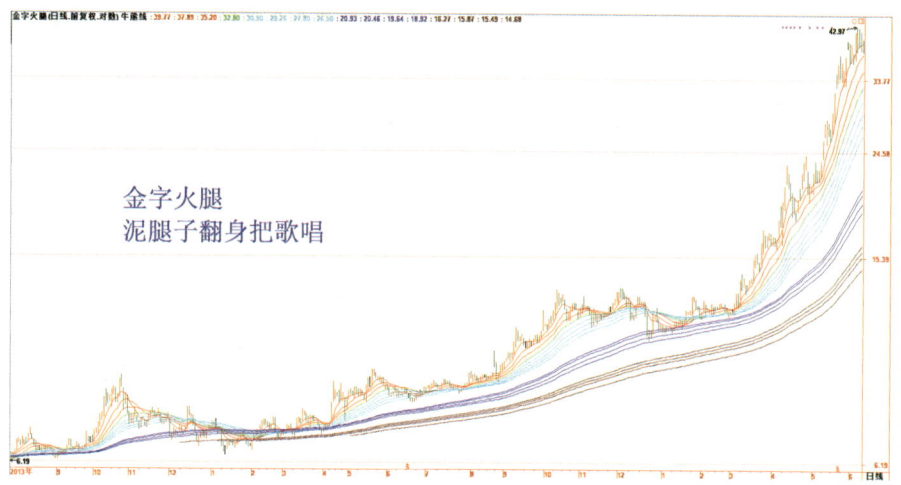

图4-42　金字火腿日线叠加牛熊线指标

大盘分析只要有了这个指标，就非常容易。如第一次调整到绿色线，买进上涨。第二次调整到最后一根黄色线，买进抄到大底。再下一次又抄在了低点。为什么这一次所有的股评家告诉您要卖出，阿荣高喊着持股？神奇的牛熊线告诉我，打到生命线起来，您怕什么啊。

如何卖？特简单。如海通证券，是在31.5元卖出的。为什么能神奇地卖掉？很简单：白色线有四根，代表主力资金，它有四个主力。这个主力资金，什么时候出现四条线变成一条线的时候，就代表"这几个人好得穿一条裤子了"，这个点代表它的主力成本，就是它的建仓成本。主力10.5元，它的目标位为21元，再乘以1.5等于31.5元，它的最高点正好是31.66，上影线突破，收盘价跌破，股价收阴。我自己成功卖出，并且号召学员们及时卖出。跌到什么时候，跌到牛熊线黄色线的最后一根线，所以我告诉

123

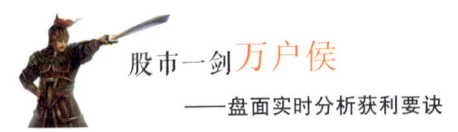

您不要卖，只要不跌破黄色线就是安全的。

牛熊线方向向上，且粘合成一条线的位置，就是主力成本，分别向上乘以2，就是它的下一个目标位。被有效突破后，再乘以2，依此类推。稳健的人，也可以先乘以1.5，也会有压力而调整。无力突破此位置时，可以作中长线卖点。也可以牛熊线黄色线作为中长线持股标准。

黑牛食品，打到黄色线支撑收阳，洗盘结束，我们买入。洗盘一结束，我们就买入，买入就赚钱，赚钱买别墅。之后的目标位，也正好到了牛熊线的目标位后开始调整。

摩恩电气，为什么跌到这儿不跌了，可以买了，因为打到黄色线。洗盘就是洗到黄色线，之后就一路飙升。

4. 平地高楼法的依据和画线方法

平地高楼法的理论基础是黄金分割，黄金分割来源于斐波那契数列，即由意大利数学家斐波那契发现的一组神奇数字，这组数字前面两个数之和都等于它后面一位数。

1，1，2，3，5，8，13，21，34，55，89，144，233……

前一个数与后一个数之比无限接近于0.618。

89/144=0.618

1−0.618=0.382

第 4 章
利器神兵起狂澜："疯牛出栏"及平地高楼法

0.618−0.382=0.236

0.382/2=0.191

1−0.191=0.809

1/2=0.5

于是，我们就得到了一组数字：0.191，0.236，0.382，0.5，0.618，0.809，1，这就是黄金分割的由来。

黄金分割，具有严格的比例性、艺术性、和谐性，蕴藏着丰富的美学价值。这一比值，能够引起人们的美感，被认为是建筑和艺术中最理想的比例。

建筑师们对数字 0.618 特别偏爱，无论是古埃及的金字塔，还是巴黎的圣母院，或者是近世纪的法国埃菲尔铁塔，希腊雅典的帕特农神庙，都有黄金分割的足迹。

画家们发现，按 0.618:1 来设计的比例，画出的画最优美。在达·芬奇的作品《维特鲁威人》、《蒙娜丽莎》，还有《最后的晚餐》中都运用了黄金分割。

言归正传，黄金分割在股市技术分析上也很有用：以某段上涨或下跌行情为基础，向上或向下扩展出一个黄金分割，这些线，会对未来的股价运动产生重要的影响。

黄金分割的标志是 G，从高点按住，拉到低点，图形中会出现一组扩展线。黄金分割，我基本上是不用，只是给大家演示一下。平地高楼法用的是 GA（见图 4-43）。

画图前需要做如下设置，广发证券金融终端，免费版，菜单，工具，系统设置，外观，坐标轴，框，选成白色；鼠标右键点一下，主图设置中，设置成实心阳线。右键点一下主图坐标，普通坐标系，等分坐标系；右键

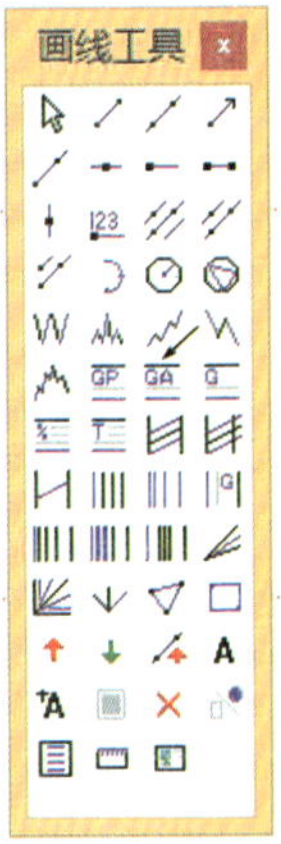

图 4-43　画线工具栏截图 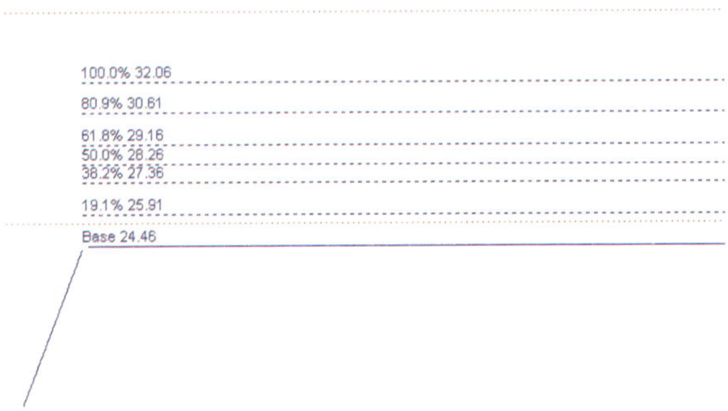　　　图 4-44　黄金分割扩展画法示意图

点一下复权处理，前复权，设置成一窗口，就很清楚，有三条虚线，实心K线，普通，等分，前复权。

点一下以后，拖动后放手，出现一系列的线条。A 到 B 是完整的上涨波段。0 称为地线，100 称为天线，还有 19.1%，38.2%，50%，61.8%，80.9%，都标得很清楚。既有比例，也有价格（见图4-44）。

为了画得更精确，我们还可以对画线进行设置。点完 Ga 后，找准点后，将日期对准最低点当天，将价格对准最低点。按住鼠标不动拖动，使日期对准 B 所对应的当天，使价格对准 B 所对应的最高点，点击，然后放手。

此时，在图形中就出现了一组线，用鼠标右键点击线中的任一位置，选中编辑画线，点击定位点 1 后的方向键，选中移动到最低价，定位点 2，定位点 3 分别选中移动至最高价，确定，就完成了对于画线的精确定位，画出来的结果就是最佳效果（见图4-45）。

第4章
利器神兵起狂澜:"疯牛出栏"及平地高楼法

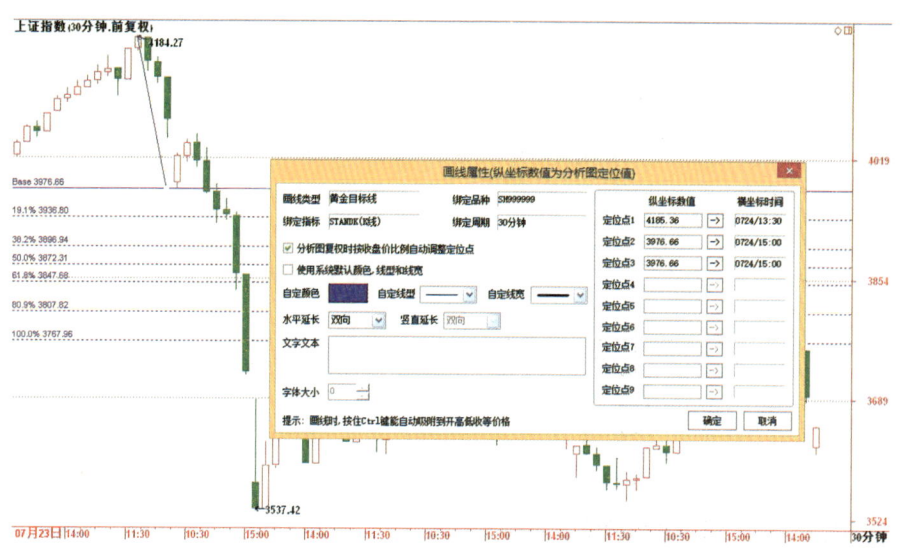

图 4-45 黄金分割扩展画线定位精确编辑示意图

5. 从下往上测的平地高楼法

在讲解平地高楼法的用法之前,我们先讲解"支撑压力确认原则"。当我们看到上方存在压力位时,什么情况下是无力突破,需要卖出的呢?

如提前分析出上方的压力位为10元,则出现股价以上影线突破10元,收盘价跌破10元,股价收阴线,就是无力突破的标志;如果是牛市行情,股价总是不断地创新高,就可以采用双日,即连续两天收盘价无力突破10元为卖出,而弱势行情,只需要一天无力突破即可卖出。

支撑压力确认原则之压力无力突破原则:

第一,上影线突破;

127

第二，收盘价跌破；

第三，股价收阴；

第四，双日原则（视市场状况，决定是否采用，牛市两天无力突破再卖，熊市一天就卖）。

以上四原则，见图4-46。

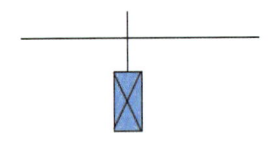

1. 上影线突破
2. 收盘价跌破
3. 股价收阴
4. 双日原则（视市场状况决定是否采用，牛市两天无力突破再卖，熊市一天就卖）

图4-46 压力无力突破示意图

同理，通过分析，提前预测出股价在10元处有支撑，则满足下影线跌破10元，收盘价站上10元，股价收阳为支撑有效，可以买入；在熊市中，因为股价总是创新低，所以需要连续两天收盘价站在10元以上，才算支撑有效；而在牛市中，只需要一天满足条件，就可视为支撑有效，就可买入。

买入时，要遵守的一个原则是，买入价就是止损价，也就是当收盘价跌破10元时，就要止损出局。

支撑还是压力，说的都是指收盘价。如果是盘中，则要在10元的基础上加上3%，即如果向上突破时，盘中突破就需要10元的3%，即10.3元，

第4章
利器神兵起狂澜:"疯牛出栏"及平地高楼法

才算确认。向下跌也是一样。

支撑有效标志:

第一,下影线跌破;

第二,收盘价站上;

第三,股价收阳;

第四,双日原则(视情况决定是否采用,牛市一天就可以买进,熊市两天才可以买进)。

以上四标志,见图4-47。

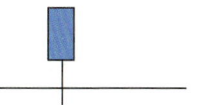

1. 下影线跌破
2. 收盘价站上
3. 股价收阳
4. 双日原则(视情况决定是否采用,牛市一天就可以买进,熊市两天才可以买进)

图4-47 支撑有效示意图

接下来探讨从下往上测的平地高楼法。

以一波上涨行情的第一波上涨波段为基础,向上作黄金分割扩展,这些扩展出来的线,将对未来股价运行,起到很好的预测作用,如股价突破100%的压力位后,则以最低点到100%为基础,再向上扩展,依此类推。

第一波上涨波段如何界定,有人会搞不清,我们先举海量的案例,看多了,再回头来解释,您就更明白了:

海德股份,突破"平地高楼"100%处回抽后涨停(见图4-48)。

图4-48　2011年12月20日至2015年5月5日海德股份日线平地高楼

以2012年1月6日至2013年4月2日为基础，先点一下GA，出现一个十字架，出来以后才能画，把十字架拖动到最低点，或只要水平线对准最低点就可以了，按住鼠标不要动，拖动，会在图形中出现斜线，拉到高点十，对准以后，把手松开，再按一下。

此时，在它上边会出现一系列的线条：从A到B点，上面是一系列的扩展线，对未来的价格产生支撑或压力的作用，而且是提前出来的，绝大多数的重要高低点，基本可以一网打尽，再结合支撑压力起效办法，就可以做出正确的操作——最重要的是100%线，是所有线里最重要的。

突破天线以后回抽，连续四天长下影线回抽，确认收阳就是极好的买点，阿荣也在当天与大家分享，之后股价出现了快速的飙升。出现了这种情况，它已经无法管辖，再以A点到天线为基础，再向上作一个扩展。

对准最低点，按住左键不要动，拖动到天线，使两线重合，松手以后

第4章
利器神兵起狂澜:"疯牛出栏"及平地高楼法

再按一下鼠标,然后再出现另外一组扩展线。这些扩展线,也会对股价造成重要的影响。上涨过程中的一些重要的高低点,都在扩展线中有很好的体现。

如果我们能拿到天线的位置上,那获利幅度将很大。无力突破的标准,是上影线突破,收盘价跌破,股价收阴。

黑牛食品自从出现疯牛后,除了飙升还是飙升。图形缩到最小,除权先。找第一波上涨的波段,最低点先确定下来。A点是确定的,B点找7.12,4.98到7.12元(见图4-49)。

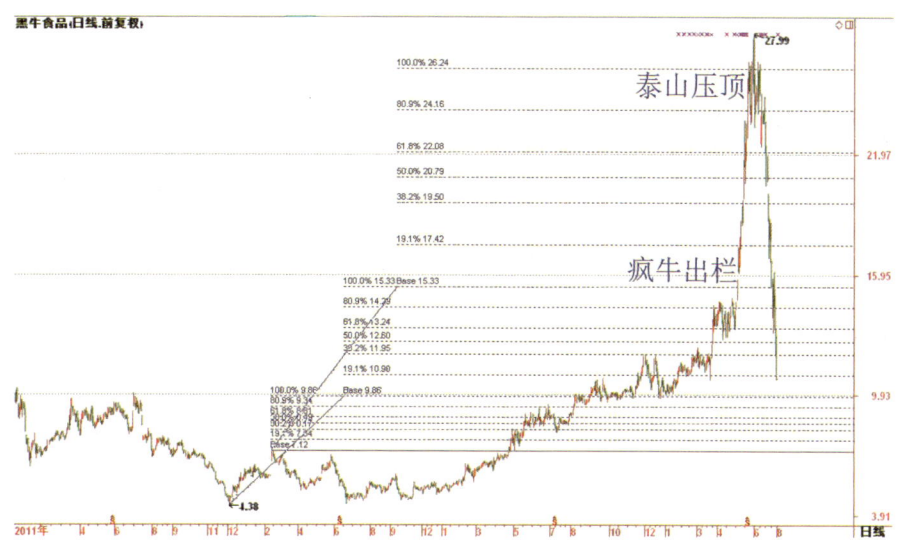

图4-49 2011年12月13日至2015年7月6日黑牛食品日线平地高楼

2012年12月4日到2013年2月19日为基础,放大一点可以看得更清楚。对准最低点,然后按住左键不要动,拖动到最高点,让它与最高点重合,自动地向上扩展出一组扩展线。价格产生了很重要的支撑。回抽到天线,就是很好的买点。当时10元,到了26元,260%。再从低点开始,

131

按住鼠标不动到天线，再点一下，放手。

2015年5月4日，这一天以涨停板的方式突破了100%的位置。结合薛斯通道，是"疯牛出栏"。资金先锋获利盘90，无套牢盘。宝塔镇河妖，即将创历史新高。流通盘2亿多，就是标准的"美人"。

2015年5月4日之后又在大涨，再扩展一次。点GA，再找到最低点，对准以后再往上拖动到100%线，对准再点击一下，又出现100%处的压力，如果出现无力突破的标准，就可以卖出。

针对从下往上测的平地高楼法，阿荣总结了六大重要形态，我们一一来感受：

"泰山压顶"

当股价反弹，遇到黄金分割扩展线的压制、出现无力突破时，即形成"泰山压顶"形态：每条扩展线，都将对未来股价起压制作用，其中100%线的压力最大。

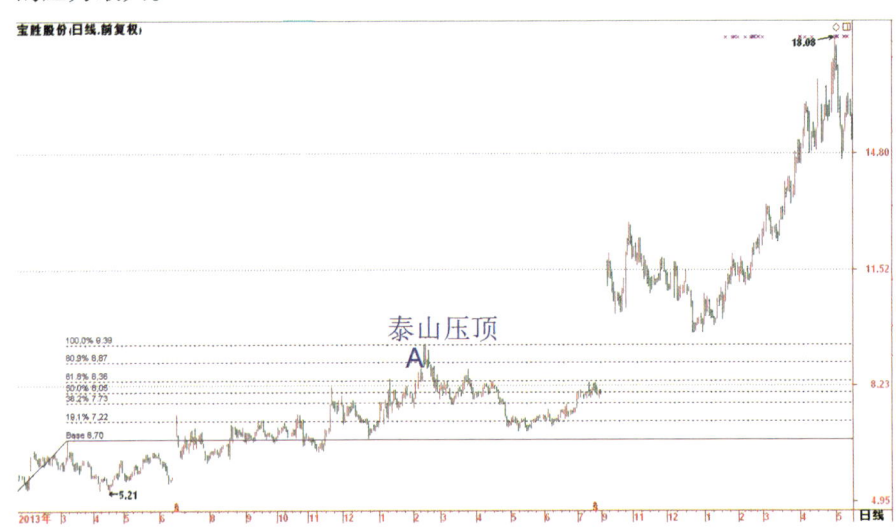

图4-50　2013年1月18日至2015年5月18日宝胜股份日线平地高楼

第 4 章
利器神兵起狂澜："疯牛出栏"及平地高楼法

如图 4-50 所示，宝胜股份（600973），以 2012 年 12 月 4 日至 2013 年 3 月 7 日为基础，向上做出平地高楼法，见图 4-51，图中股价多次遇到扩展线的压力出现调整，而在 A 处，股价以长上影线突破 100% 线 9.4 元（实际最高点到了 9.41 元），收盘价跌破（收于 9.02 元），股价当天收阳，形成"泰山压顶"形态。激进的人，可以在当天的最高价 9.4 元卖出；稳健的人，可以在第二天股价确认收阴后卖出。之后，股价出现了深幅下跌，最低跌至 6.92 元。

如图 4-51 所示，生意宝（002095），以 2014 年 4 月 29 日至 2014 年 6 月 12 日为基础，向上作平地高楼法，见图 4-52，图中 A 处、B 处分别受到扩展线的压制，无力突破，形成"泰山压顶"形态，其中 B 处为 100% 处，出现长上影线突破，收盘价跌破，股价收阴，之后，股价出现了深幅下跌。再以此为基础，向上作几次扩展后，股价又一次打到了扩展线的 100% 线。出现上影线突破，收盘价跌破，股价收阴，形成"泰山压顶"形态，可卖出股票。之后，股价见到大顶，出现深幅调整。

图 4-51 2014 年 4 月 4 日至 2015 年 3 月 9 日日线平地高楼

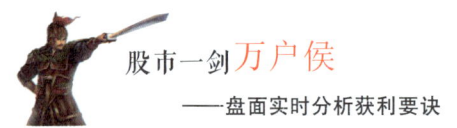

如图 4-52 所示,东方国信(30066),以 2012 年 12 月 3 日至 2013 年 8 月 26 日为基础,向上作黄金分割扩展,见图 4-53,图中 A、B、C 处,分别出现无力突破扩展线,形成"泰山压顶"形态,之后,股价出现下跌。

图 4-52　2012 年 10 月 17 日至 2014 年 12 月 3 日东方国信日线平地高楼

如图 4-53 所示,上证指数(1A0001),以 2014 年 2 月 9 日的最低点 3049 至 2014 年 3 月 2 日的最高点 3336 为基础,向上作平地高楼法,见图 4-54,之后连续作三次后,图中 A 处,股价出现连续无力突破 80.9% 压力的情形,形成"泰山压顶"形态,之后股价见到大顶 5178,产生了罕见的股灾,一路狂跌。

第 4 章

利器神兵起狂澜:"疯牛出栏"及平地高楼法

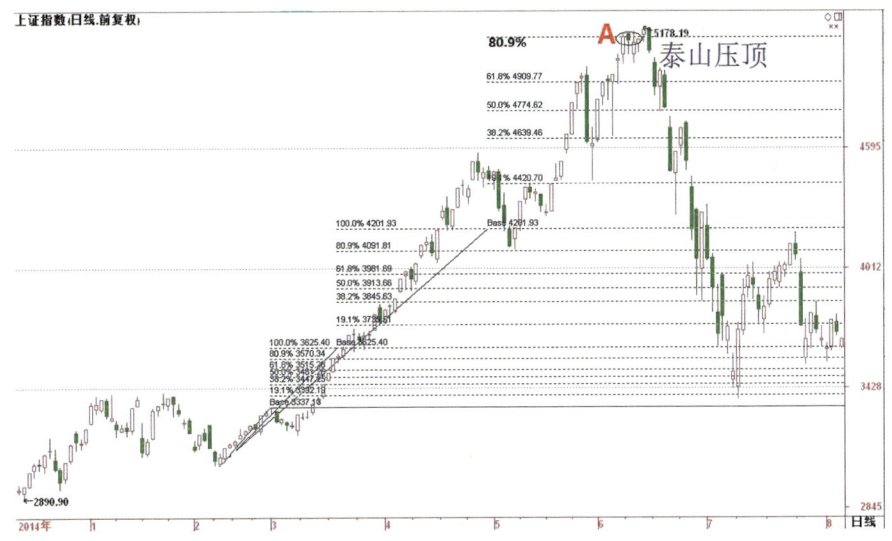

图 4-53 2014 年 12 月 14 日至 2015 年 8 月 6 日沪指日线平地高楼

🔍 "离弦之箭"

股价以涨停板或大阳线有效突破 100% 线后,出现加速上涨概率很高,结合"疯牛出栏"会有奇效。简单而言,就是股价以涨停板突破天线,往往意味着后期有加速上涨。如果此时股价形态,也正好满足"疯牛出栏"形态,再结合"疯牛出栏"的六大精选要求,出现加速涨停的概率极高。

阿荣在论坛上分享的个股,大多是"疯牛出栏"结合"离弦之箭",通常第一天选出,第二天涨停,或几天后涨停的概率极高。

比如,生意宝(002095),是阿荣在论坛中分享的第一个"疯牛出栏"股。以 2014 年 4 月 29 日至 2014 年 6 月 12 日为基础,向上作平地高楼法,见图 4-54,股价在图中 A 处以涨停板突破了 100% 线,形成"离弦之箭"形态,同时也满足"疯牛出栏"形态,之后,股价连续拉出两个涨停,横盘后,

135

再度拉出持续涨停。之后，再以此为基础向上作一次扩展。股价在 B 处又一次以涨停板突破 100% 线，再一次形成离弦之箭形态。阿荣也在这一天分享了生意宝，股价从 52 元上涨到了 79 元。

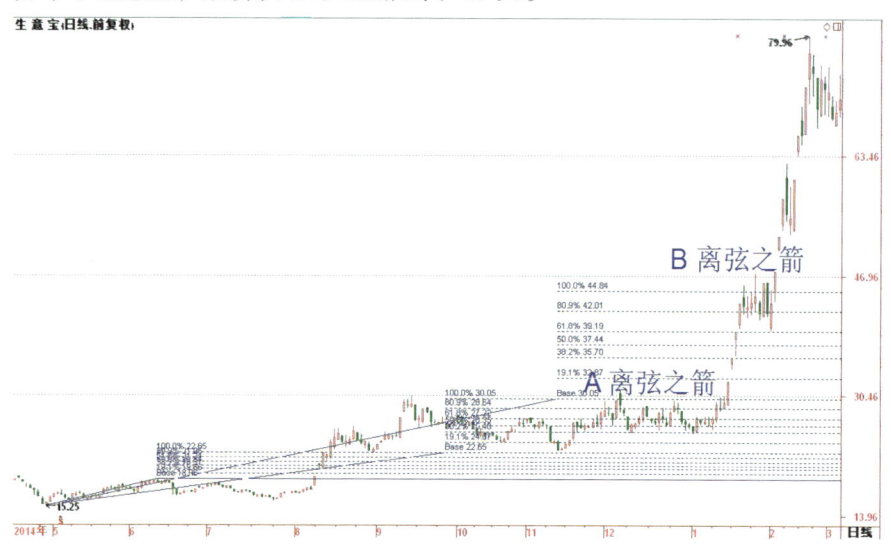

图 4-54　2014 年 3 月 25 日至 2015 年 3 月 5 日生意宝日线平地高楼

比如，宗申动力（001696），以 2014 年 1 月 20 日至 2014 年 2 月 18 日为基础，向上作平地高楼法，见图 4-55，再往上作一次后，股价在 A 处以涨停板突破 100% 线，形成"离弦之箭"形态，加之股价本身又形成"疯牛出栏"形态，阿荣在论坛上第一时间分享了该股，之后，股价出现了持续性的上攻，投资者收益丰厚。

比如，天龙光电（300029），以 2012 年 12 月 4 日至 2013 年 3 月 7 日为基础，向上作平地高楼法，见图 4-56，经过连续两次扩展后，股价在 A 处第一天出现了"泰山压顶"形态，但是第二天没有下跌，而是出现了涨停板突破 100% 线，出现"离弦之箭"形态，同时股价也满足了"疯牛出栏"

第4章

利器神兵起狂澜："疯牛出栏"及平地高楼法

形态。阿荣也第一时间在论坛上分享了该股。股价没有很快出现加速上涨，而是横了一段时间后，再度加速向上，属于"B型疯牛"。

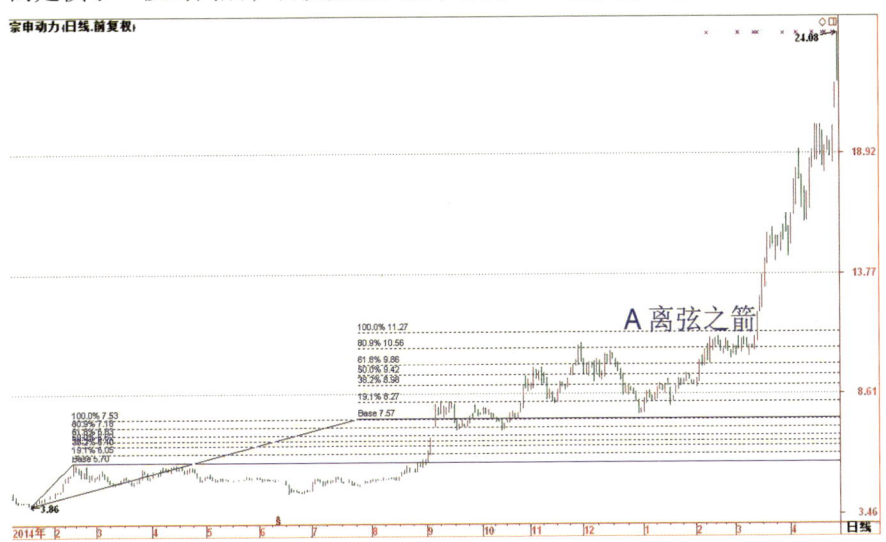

图4-55　2014年1月9日至2015年4月29日宗申动力日线平地高楼

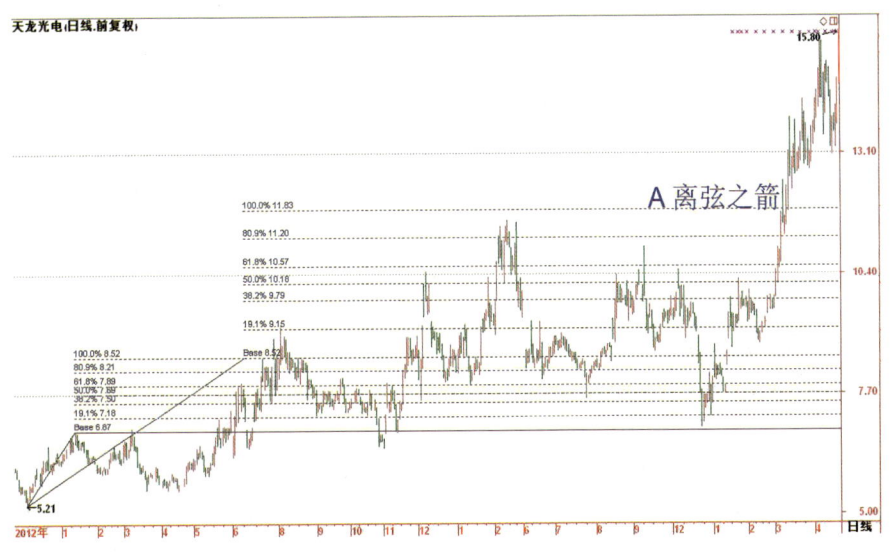

图4-56　2012年12月23日至2015年4月22日天龙光电日线平地高楼

比如，怡球资源（601388），以 2013 年 6 月 25 日至 2013 年 10 月 22 日为基础，向上作平地高楼法，见图 4-57，图中 A 处先出现无力突破的"泰山压顶"形态，但之后股价没有出现调整，而是以涨停板突破平地高楼 100% 处，形成"离弦之箭"形态，加之股价又刚好形成"疯牛出栏"形态，阿荣也在此处分享了该股，第二天小幅上涨，第三天浅回调，但都在我们的止损线以上，可继续持股，之后，股价发动了一轮快速攻击。

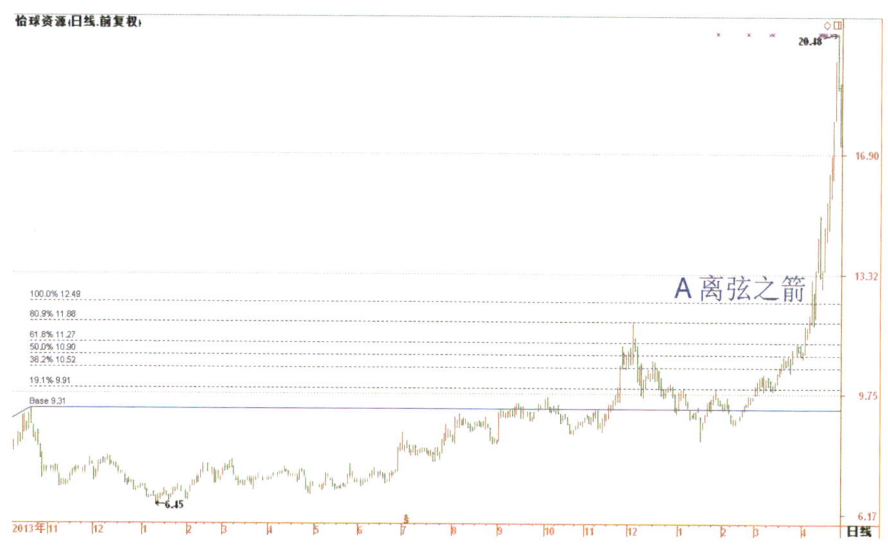

图 4-57　2013 年 8 月 27 日至 2015 年 5 月 6 日怡球资源日线平地高楼

"猛龙回首"

在所有的买入形态中，"猛龙回首"形态杀伤力最强，后续出现涨停的概率最高，值得投资者认真学习，体会，练习，实践。

股价回抽 100% 线后出现涨停板，意味着后期加速概率很高，与"疯牛出栏"结合，效果奇佳。

第 4 章

利器神兵起狂澜:"疯牛出栏"及平地高楼法

100%线,可谓是主力操盘的生命线。很多的重要形态,如做头,出货,突破,加速,洗盘等,都会围绕着此线进行,而此线相对于常规的均线、趋势线、指标线等,更不为人所了解,所以主力运作的空间就更大;而围绕着100%线处,有涨停突破、无力突破、回抽后涨停、常规突破等形态,每种形态都代表着不同的含义,而回抽后涨停,也就是"猛龙回首"形态是所有形态中杀伤力最大的,如果此时又是"疯牛出栏"形态,则加速上涨的概率更高(但不一定要强求疯牛形态)。

比如,海德股份(000567),以2012年1月6日至2013年4月2日为基础,向上作平地高楼法,见图4-58,图中A处,股价突破100%线后,又连续出现了四根长下影线,回抽100%线,之后拉出涨停板,标准的"猛龙回首"形态。阿荣也是在这一天分享了此个股。第二天开盘便涨停,之后又连续数次拉出涨停,累计涨幅巨大。

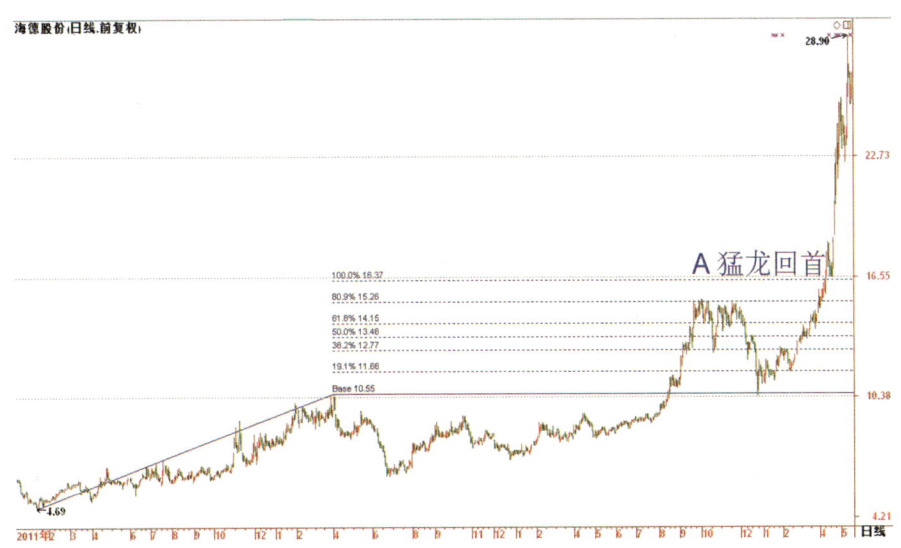

图4-58 2011年12月23日至2015年5月14日海德股份日线平地高楼

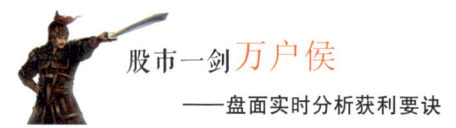

比如，赢时胜（300377），以 2014 年 1 月 27 日至 2014 年 3 月 18 日为基础，连续两次向上作平地高楼法，见图 4-59，股价在 A 处正常突破 100% 位，第二天股价拉出涨停，形成了"猛龙回首"形态。正好在第二天，阿荣又通过机构选股法选出了唯一的一只个股，即"赢时胜"，第二天大盘调整，该股直接封上涨停，再度出现"疯牛出栏"走势，拉出了一波大涨行情的序幕。

比如，摩恩电气（002451），以 2012 年 12 月 4 日至 2013 年 2 月 26 日为基础，向上作两次平地高楼法后，见图 4-60，股价在 A 处出现"泰山压顶"的无力突破形态。经过一段时间的震荡后，于 B 处突破 100% 线后回抽，并涨停确认，形成"猛龙回首"形态。阿荣在第一时间分享了该股，之后该股出现了持续的中期上涨。

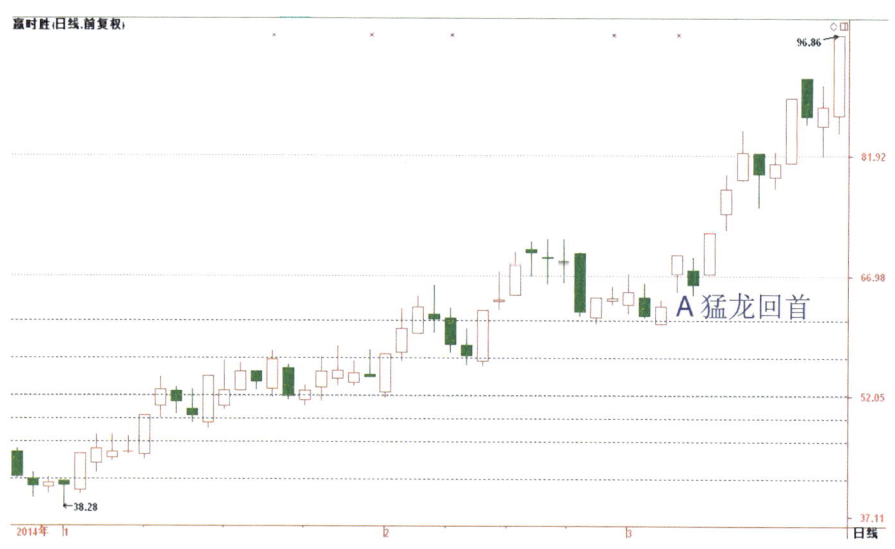

图 4-59　2014 年 12 月 29 日至 2015 年 3 月 19 日赢时胜日线平地高楼

第4章
利器神兵起狂澜:"疯牛出栏"及平地高楼法

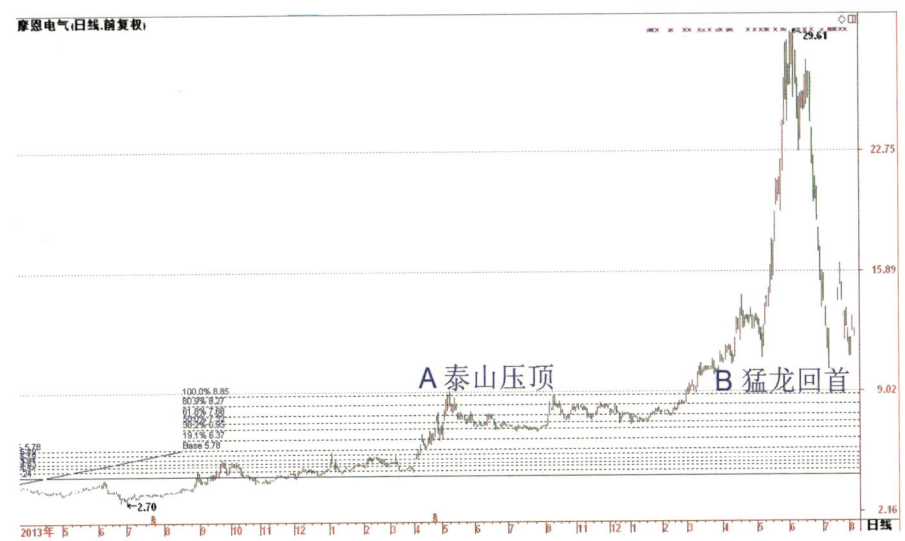

图4-60 2012年6月25日至2015年8月6日摩恩电气日线平地高楼

在市场中长期趋势向上的情况下,每天收盘以后,可以从60或是热门板块中,选择涨停个股作为备选,再按照"平地高楼"的方法进行精选,找到适合条件的"猛龙回首"个股,进行跟踪、操作。

🔍 "空中加油"

股价接近或突破100%线后,向着61.8%或80.9%处回抽,并收阳确认,后期股价必创新高。

此形态对我们的最大指导意义在于,后期股价必创近期平台新高,我们就可以观察当前股价距离前期平台的空间,如果空间很大,则买入获利的空间就越大。此买点相对较好把握。如果买入上涨了,则后期股价会创新高,心里有底;如果下跌,则可以以61.8%处或80.9%处设为止损位——一旦收盘价跌破,就可及时止损出局。

比如，北方国际（000065），以 2012 年 12 月 4 日至 2013 年 2 月 28 日为基础，向上作连续数次（以最低点为低点，以 100% 处为高点，向上作平地高楼法，以此类推）的平地高楼法后，见图 4-61，股价在 A 处先出现了长上影线突破 100% 线，收盘价跌破，股价收阴的"泰山压顶"形态，股价出现了深幅下跌。

经过短暂调整后，股价于 B 处受到 80.9% 线的支撑，收出阳线，形态为"空中加油"形态，意味着后期股价必创 A 处新高。虽然短期看起来空间不大，但仍旧是确定性的买点。它也不一定意味着只能突破前期高点。还可以有很广阔的上涨空间。买入后，以 80.9% 设为止损位。如果股价上涨，则继续持股，即为截断亏损，让利润奔跑。

值得一提的是，图中 C 处，股价回调到 19.1% 处，受到支撑收出阳线，满足了"深入虎穴"（后文会讲）形态，可以买入，抄到了大底，后期股价出现了长期而猛烈的上涨。

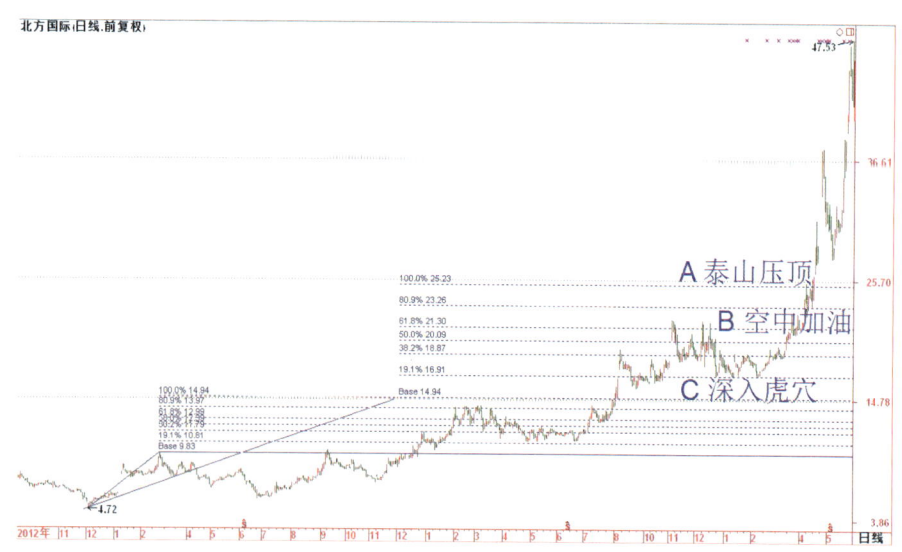

图 4-61　2012 年 10 月 29 日至 2015 年 5 月 29 日北方国际日线平地高楼

第 4 章

利器神兵起狂澜："疯牛出栏"及平地高楼法

比如，捷顺科技（002609），以 2012 年 7 月 31 日至 2012 年 9 月 11 日为基础，向上作平地高楼法，见图 4-62，图中 A 处回抽 61.8% 上涨，为"空中加油"，股价快速冲高，B 处为"离弦之箭"，C 处为"回头望月"（股价回抽 100% 线后，没有涨停，收阳确认，后文会讲）。

"空中加油"形态，也是相对较为稳妥的买入形态，属于回调到位买入个股，加之后期能有明确性的创新高机会，可以加强练习，实践。

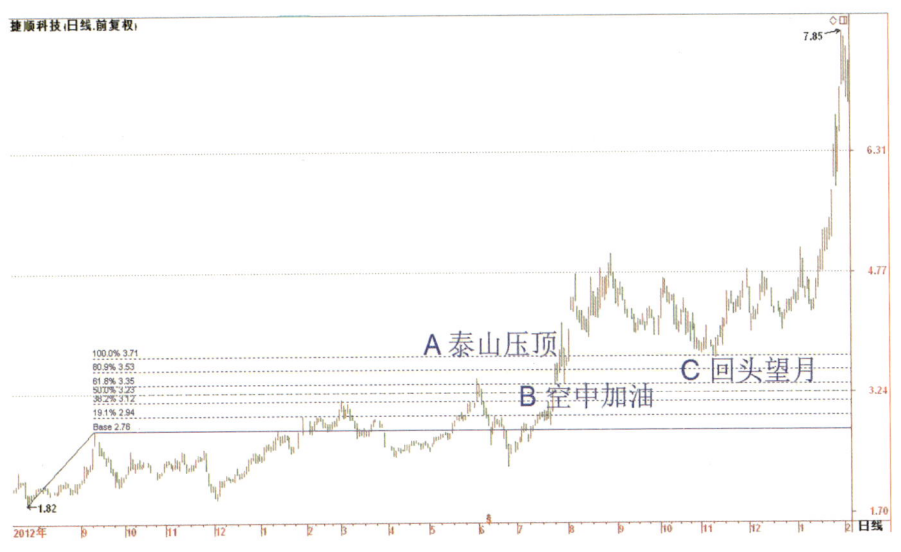

图 4-62　2012 年 7 月 4 日至 2014 年 2 月 28 日捷顺科技日线平地高楼

🔍 "深入虎穴"

股价上涨后，出现深幅回调，在 19.1% 处受支撑并收阳，后期股价将有大涨。19.1% 是主力调整的最后极限位，如果主力调整到此处，受到支撑向上，则说明主力用心良苦，洗盘幅度较大。一旦收阳确认后，即形成"深入虎穴"形态，可以买入，买入后以 19.1% 线作为止损位。

比如，太原重工（600169），以 2013 年 7 月 9 日至 2013 年 10 月 25

143

日为基础，见图 4-63，图中 A 处出现回抽 19.1% 受支撑后收阳，为"深入虎穴"形态。正好在那一天，股价也受到了某重要均线支撑，所以阿荣就第一时间在论坛上分享了此次买入机会。事实证明，此处就是主力大有预谋的深入洗盘，股价即为巨大的底部。

同时图中也分别出现了"空中加油"、"泰山压顶"、"离弦之箭"形态。

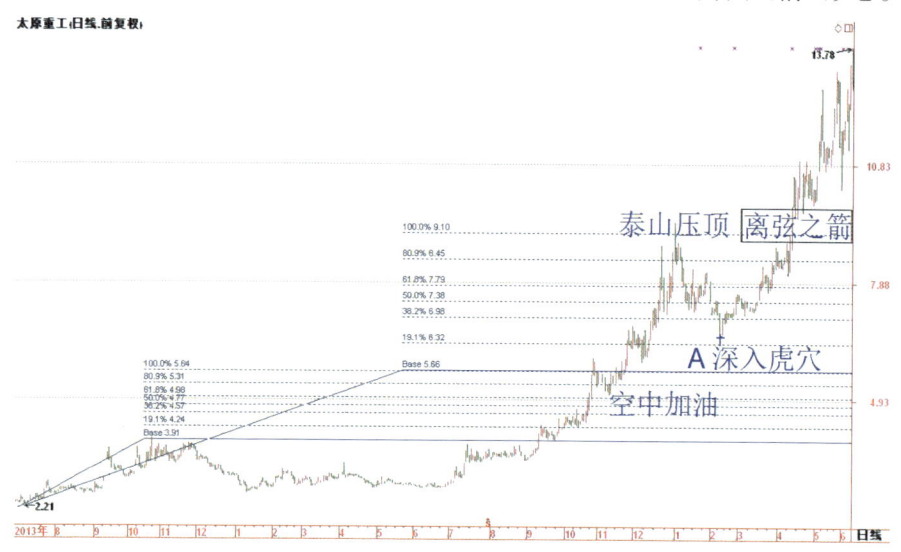

图 4-63　2013 年 6 月 26 日至 2015 年 6 月 12 日太原重工日线平地高楼

比如，同花顺（300033），以 2012 年 12 月 11 日至 2013 年 10 月 11 日为基础，向上作数次平地高楼法后，见图 4-64，图中分别出现了二、四、一、一、五、二等多种形态（一代表"泰山压顶"、二代表"离弦之箭"，三代表"猛龙回首"，四代表"空中加油"，五代表"深入虎穴"，六代表"回头望月"），据此操作的投资者获利丰厚。这就表明，此股票完全是按照平地高楼法的特性在运行，这就是这只股票的股性。只要把握住了主力的股性，我们就像找到了打开神秘大锁的钥匙，定会事半功倍！

第 4 章

利器神兵起狂澜："疯牛出栏"及平地高楼法

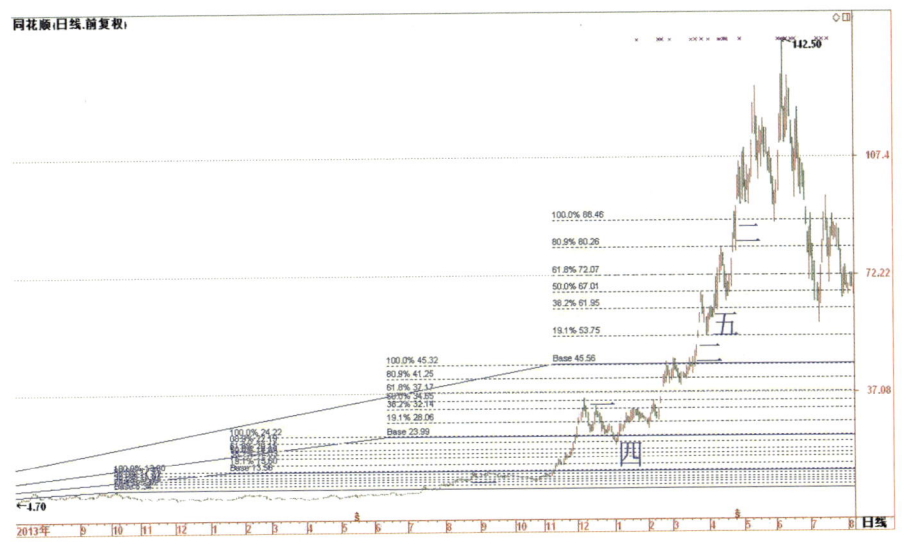

图 4-64　2013 年 7 月 9 日至 2015 年 8 月 6 日同花顺日线平地高楼

🔍 "回头望月"

股价回抽到 100% 处，受支撑收阳，为"回头望月"形态，是买点。此形态与"猛龙回首"有很大的相似性，唯一的区别是前者是回抽后收出涨停，后者是回抽后没能收出涨停，而只是收出阳线。它们的意义也有很大相似之处，只是后者的力度没有前者大，但后者更有广泛的代表性。回抽 100% 线后且涨停的毕竟是少数，更多的股票是突破后回抽，收出正常的阳线，然后稳健上攻走势。

比如，佳讯飞鸿（300213），是阿荣在 2015 年 1 月 7 日重点分享的个股，当时谈到了看好佳讯飞鸿的八大理由，其中最重要的一条，就是它满足了"平地高楼"的"回头望月"形态：

以 2012 年 12 月 4 日至 2013 年 3 月 6 日为基础，向上扩展，见图 4-65，图中 A、B、C、D、E 处，均为"回头望月"买点，表明该股主力，就是以此为主力运作的最大诀窍，一步步地往上推升股价。阿荣分享的时候，正好是 E 处，也是最后一次出现"回头望月"形态，之后，股价又向上翻出了一倍。

再如沪指，以 2015 年 2 月 9 日至 2015 年 3 月 2 日为基础，向上作平地高楼法，见图 4-66，图中 A 处、B 处均为回抽 100% 线后收出阳线，标准的"回头望月"形态，之后股指出现持续上攻。

再如湖南发展（000722），以 2013 年 6 月 25 日至 2013 年 12 月 4 日为基础，见图 4-67，图中 A 处，正好回抽 100% 处收阳，为"回头望月"，之后股价连续涨停，持续暴涨。

一只个股在不同阶段，会以各种形态交替出现，如安硕信息（300380），以 2014 年 4 月 28 日至 2014 年 12 月 2 日为基础，见图 4-68，图中分别出现了"四、一、六、一、四、二、三"等不同形态：一代表"泰山压顶"、二代表"离弦之箭"，三代表"猛龙回首"，四代表"空中加油"，五代表"深入虎穴"，六代表"回头望月"。

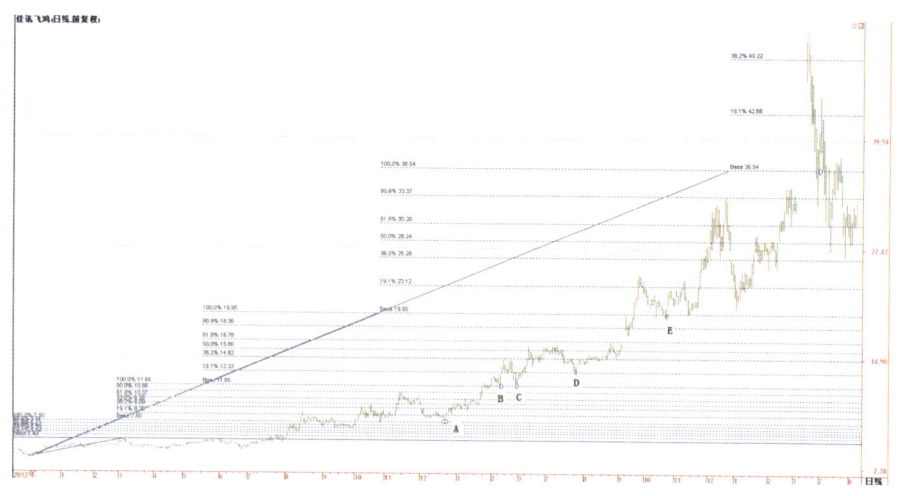

图 4-65　2012 年 12 月 20 日至 2015 年 8 月 6 日佳讯飞鸿日线平地高楼

第4章
利器神兵起狂澜："疯牛出栏"及平地高楼法

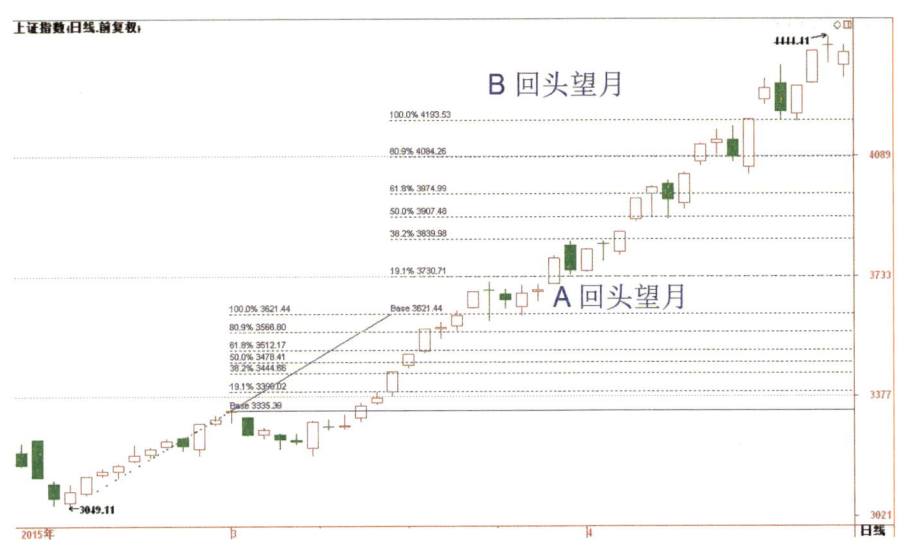

图 4-66　2015 年 2 月 4 日至 2015 年 4 月 23 日沪指日线平地高楼

图 4-67　2013 年 6 月 12 日至 2015 年 3 月 19 日湖南发展日线平地高楼

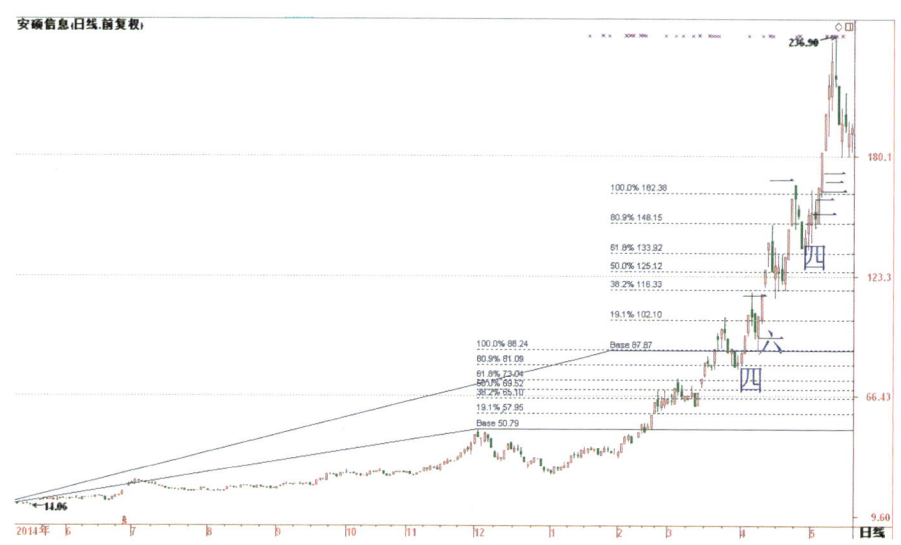

图 4-68　2014 年 4 月 17 日至 2015 年 5 月 25 日安硕信息日线平地高楼

在应用从下往上测的平地高楼法时，以下取点诀窍是投资者需要掌握的：

第一，以第一波上涨波段为基础；

第二，以最低点到比第一波高点稍高的高点为基础，向上扩展；

第三，以大的上涨波段为基础；

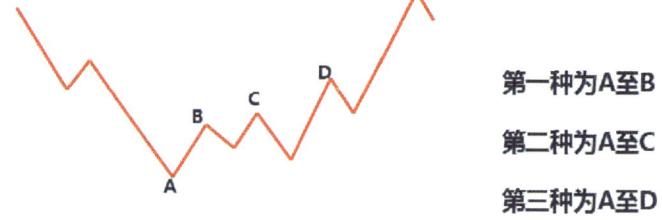

图 4-69　平地高楼法取点方式示意图

第4章
利器神兵起狂澜："疯牛出栏"及平地高楼法

有更高点的就以第二为主，没更高点的就以第一为主，少部分以第三为主，可以都画出来验证（见图4-69）。

以上为最基本的取点技巧，投资者需细心体会。就像中国象棋一样，马走日，象走田，是最基本的象棋规则，您懂得它，并不代表您就学会下象棋了。要想达到精通的效果，就需要在长期的实战中去领悟。

投资者可以不断地练习，将以上几种形态熟练掌握，时间长了以后可以产生条件反射了，而想熟练掌握此方法，至少需要练习一千只股票以上，才会产生融会贯通的效果。

6. 从上往下画的平地高楼法

平地高楼法用法范围广泛，适用范围广，且适用于向上与向下的方向。既可以向上扩展，也可以向下扩展，效果一样神奇。

以第一波下跌为基础，向下作黄金分割扩展。每一条扩展线，都将对未来股价起到支撑压力作用。其中影响最大的是100%线。100%线处受到支撑收阳，是个买点。如果100%线没有受到支撑，而是以大阴棒直接跌破，则未来一定会有向着100%线的回抽，回抽不过即是最好的卖点。也就是说，100%线处是一定会起作用的，要么在下跌中起支撑作用，要么在跌破后起到压制作用，要么两者同时起作用，或者是反复起作用。

它的画法，与向上的画法完全相同，只是方向不同而已（图4-70）。

如沪指，从2007年10月16日的最高点6124，下跌至2008年10月

图 4-70　2007 年 4 月 4 日至 2014 年 3 月 31 日沪指日线平地高楼

28 日的 1664 点，即可以通过向下的平地高楼法，完整地测算出来。因为它是提前画出来的，所以它可以对股价或股指，起到很好的预测效果。

沪指以 2007 年 10 月 16 日至 2007 年 10 月 26 日为基础，向下作"平地高楼"的扩展。画法如下，先选出这一段后，点画线工具栏，点 GA，对准 6124 点，按下鼠标不动，拖动到 5462 点，点一下鼠标，然后放手。鼠标右键点一下画出线的任何部位，编辑画线，点击定位点 1 后面的方向键，选择移动到最高价，前面的框内就会显示 6124.04，同样点击定位点 2，3 后面的方向键，选择移动到最低价，前面的框内就会显示当天的最低点 5462 点。需要注意的是，画线的时候，最高点与最低点的日期，必须要对准当天的日期，不能出现左右的偏差。

股指在 A 处，也就是 100% 线出现一波反弹，这也是此轮熊市中，最大的一波次级反弹。

第 4 章
利器神兵起狂澜："疯牛出栏"及平地高楼法

再以此为基础，向下继续作平地高楼法。此时在调整画线点时，可以记住 100% 线的点位，将更精确的点位放进去，会得到更精确的画线结果。

图中 B 处，没有起到很好的支撑或压力作用，但它在 C 处对股指的反弹，起到了重大的压力，股指无力突破此形态后向下大幅杀跌，股价大跳水。也就是说，它不在支撑端起作用，就会在之后的压力端起作用。尤其是当它第一次没起作用时，则第二次、第三次再考验到此处时，起作用的概率就极高。

更为神奇的是，一年以后的 1664 点开始的反弹，所到达的最高点 3478（D 处），正好回抽到 100% 线处，之后股价出现了暴跌，直到 N 年后才被向上突破。

最后再向下作一次平地高楼法，1802 点（E 处），以及 1664 启动后的次低点（F 处），以及 N 年后的 1849 点（G 处），都落在了"平地高楼"的各组线中。

股指见到 5178 的高点后，出现了多年难得一见的股灾式的暴跌，连续数天的千股跌停又千股涨停，国家动用全部力量在救市，大家普遍认为市场已经完全脱离了技术分析的范畴，已经完全不是技术分析可以预测的。但是阿荣却通过技术分析，通过 30 分钟向下的平地高楼法成功地测出了市场几乎所有的重要的拐点，以及极其精确的点位，包括双降后的走势，停止 IPO 后的走势等（见图 4-71）。

沪指三十分钟走势中，以 2015 年 6 月 12 日 14：00 的最高点 5178 至 2015 年 6 月 15 日 11：30 分的最低点 5064 为基础，向下作平地高楼法，100% 被跌破后，再向下作一次平地高楼法。图中 A 处在 80.9% 处受到支撑，第二天收阳，确立支撑有效，买点出现。一路反弹，受到压力位的压力，出现无力突破，可卖出。之后股价一路走低。

图4-71　2015年5月26日至2015年8月6日沪指三十分钟图平地高楼法

图中C处，股价以阴线直接跌破100%线处，即在该有反弹的位置，没有出现反弹，多头马上就会反击，还以颜色。很快在D处，股指出现反弹。但反弹到100%线，即无力突破，后向下，形成明显的卖点。之后，股指一路狂跌，最低跌至下一个100%线处。因为阿荣很早就画出了这幅图，所以，阿荣在第一时间告诉了学员们，4264是重要支撑，只要撑住，就是极好的抄底点。事实证明，我们真的利用平地高楼法，抄到了阶段性的最低点。

之后，股指展开猛烈的数日反弹。第二天，股指大涨百点以上。但主流板块创业板，却出现了滞涨。阿荣收盘后感觉到了不妙，于是先通过四段五点法，告诉了大家第二天的压力位为4712点，事实上第二天股指高开于4711.76点，正好是这个点位。阿荣一开始以为可以突破，但是股指稍稍过了几个点后，最高见到了4720点，而这个点位正好是平地高楼法的100%线处。从下午一点四十开始，阿荣开始发出减仓指令。一日之内

第 4 章
利器神兵起在澜："疯牛出栏"及平地高楼法

数次告诉大家卖出。因为它又一次完成了对于百分百线的回抽后即将下跌。图中 E 处，就是正好对于 100% 线的回抽，十分精准的卖出。通过技术分析，我们又一次提前做到了。

之后的几天，很多观点都让大家抄底，但是阿荣的态度很明确，坚决卖出，且不抄底。因为从此处下跌，目标位可以提前看到下一个百分之百位置处，它对应的点位是 4274 一线，距离我们卖出的 4700 点整整有 400 多点的下跌空间。

图中 G 处，股指没有在 4264 一线撑住，跌破后收于 4192 点。市场确实一片恐慌。周末，国家出台了降准降息的双降救市政策，很多投资者及市场人士，都在庆祝股指周一开盘暴涨，所有股票全线涨停，相互举杯庆贺。阿荣第一时间在博客中发表了观点，这次双降，极有可能是对 4274 的回抽。如果回抽不过，将再次出现暴跌。从收盘的 4192 到 4274，有 80 多点的上涨空间，够它来一个高开了。事实上，股指周一确实跳空高开，第一次冲到了 4297 点，之后回落。第二次再次冲击到 4274 点，再次回落。阿荣多次让大家卖出，规避了后期的大幅下跌。

此次之所以能提前作出判断，就是对"平地高楼"技术要点的熟练运用。因为 100% 线必将起作用。如果在下跌时没有起到支撑作用，必将在未来起到压制作用。而在弱势行情中，上涨是需要理由与刺激的。而双降正好提供了这样一个短线上涨的理由，于是一切就这样发生了。

在此基础上，再向下作一个平地高楼法。我们又可以提前预测出，下一个百分之百线的位置为 3368 点（事实上股指最低点见到了 3373 点），此测算点位方法，加上时间模型，测出那一天又是重要变盘点，所以阿荣又一次成功地测出了 3373 的最低点（图中 H 处）。

之后股指的走势，基本上也是沿着这些线在运行。如 I 处、K 处，都是打到支撑线后起来，J 处正好是 3537 的阶段性最低点。

营口港（600317），以 2010 年 3 月 5 日至 2010 年 3 月 15 日为基础，向下作平地高楼法。可以在很多位置找到很好的抄底点。更巧妙的是，我们能在图中 D 处成功地捕捉到该股价的历史最低点，之后股价整整翻了很多倍。这就是"平地高楼"的妙处，不但可以抄底，还可以卖顶，不但可以抄阶段性低点，也可以抄到历史性大底。

此方法适用于任何行情，当然也适用于上涨中的短暂调整时的抄底。

同花顺（300033），以 2014 年 12 月 5 日至 2014 年 12 月 10 日为基础，向下作平地高楼法，A 处下影线正好受到 38.2% 的支撑，且收阳，形成买点。之后股价结束短线调整，开始中期上涨，据此我们又一次抄到了上涨中调整结束点，也是上涨开始点（见图 4-72）。

赢时胜（300077），以 2014 年 12 月 1 日至 2014 年 12 月 11 日为基础，向下扩展，A 处受到平地高楼线的支撑，第二天收阳，满足了支撑有

图 4-72　2014 年 11 月 10 日至 2015 年 3 月 25 日同花顺日线平地高楼

第 4 章
利器神兵起狂澜："疯牛出栏"及平地高楼法

效，可以买入。之后股价结束调整，进入上升趋势，又一次抄底成功（见图 4-73）。

图 4-73　2014 年 11 月 5 日至 2015 年 3 月 25 日赢时胜日线平地高楼

作图方法：

以下跌第一波段的单波下跌为基础向下扩展，如图 4-74 中 A 至 B，小部分以 A 至 D 为基础扩展，如图中 A 至 D。

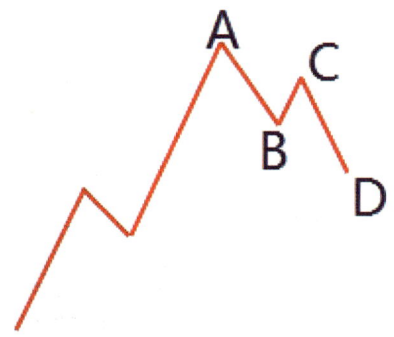

图 4-74　向下平地高楼取点示意图

155

有时，在日线中还没有形成完整的下跌的高点与低点时，可以将其放到更小一级别的周期中，如三十分钟图中去分析。

7. 分时图中找高低点的平地高楼法

以分时图中第一波上涨的最低到最高点为基础作黄金分割扩展线，每次打到线上并出现转折，就是良好的进出场机会。

在分时图中画线之前先做一下设置，在图形中只留下一根白色线，同时鼠标右键单击，选分时主图坐标，选中满占坐标，这样画起来会更方便、清晰一点。

CTRL＋D，设置4，将分时图中显示均线之前的勾去掉，那条黄色的线就去掉了，如果想再要回来，就将之前的勾打上就好了（见图4-75）。

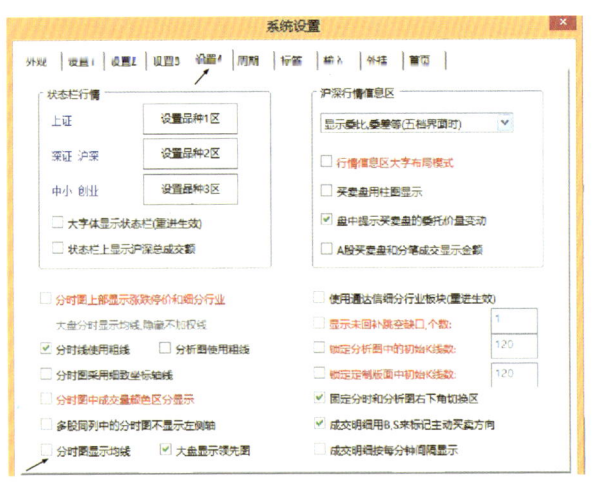

图4-75　分时图平地高楼画法设置

第 4 章

利器神兵起狂澜:"疯牛出栏"及平地高楼法

此方法对于把握盘中股票的买卖点效果极好,既精准,又及时,还方便操作,可以说是把握分时买卖点的利器;使用它的前提,是股价在分时图中要出现明显的一个波段,波段里要有高点与低点,有了画线的基础,才可以接着画出平地高楼法——既可以向上画,也可以向下画。

如 2015 年 8 月 5 日,深证成指分时走势中,以图 4-76 中 A 点、B 点为基础,向上作平地高楼法的扩展,C 处正好受到扩展线的支撑,在其拐头向上的时候,可以作为进场点,股指突破后,再向上作一次平地高楼法,股指的最高点 D,正好受到扩展线的压制,在其拐头向下的时候,可作为卖出点——成功地卖在盘中最高点附近。

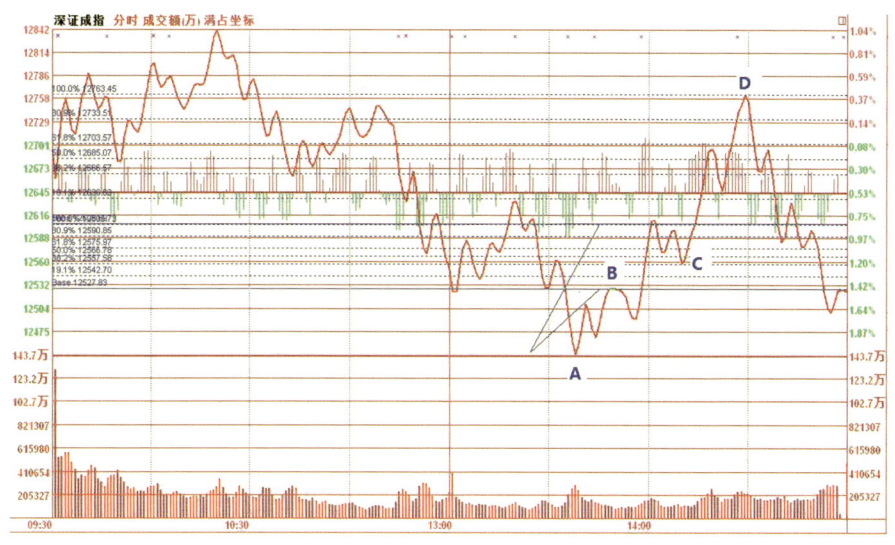

图 4-76 2015 年 8 月 5 日深证成指分时平地高楼

又如 2015 年 8 月 5 日,步森股份 (002569) 当时的股价,处于短线上升级趋势,且刚刚突破下降趋势线,是可以在当天分时图中寻找买点的(见图 4-77)。股价见到 A 点的高点后,向下调整到 B 后又反弹,可以以 A

至 B 为基础，向下作平地高楼法，正好股价在 C 处受到扩展线的支撑，之后转折向上，就是一个极好的盘中买入点，之后股价快速拉升。

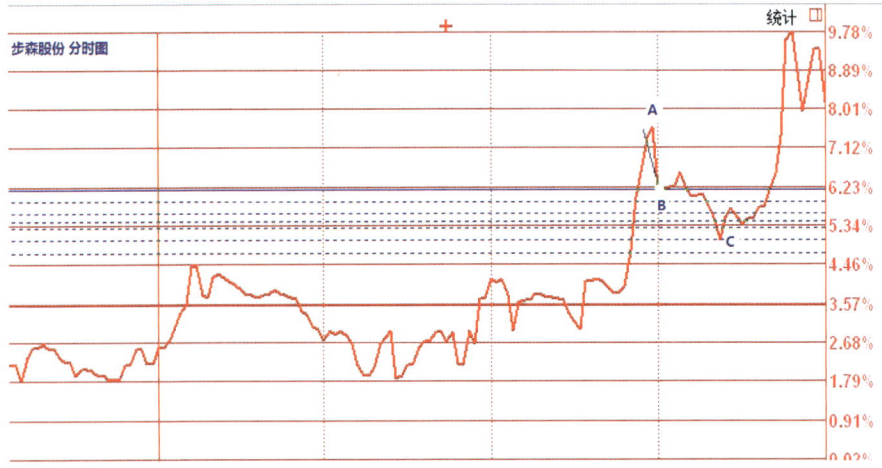

图 4-77 2015 年 8 月 5 日步森股份分时图平地高楼

需要引起注意的是，盘中分时买卖点的把握，一定要建立在对其中长期趋势的判断基础上。当中长期趋势向好，我们决定要在今天买入时，我们在画平地高楼法时，就以买点为主，反之，则以卖点为主；也就是说，一定要先长后短，不能"一叶障目，不见泰山"，过于沉溺于盘中价格波动，而忽略了股价的中长期趋势。

再如重庆啤酒（600132），2015 年 8 月 5 日分时走势（见图 4-78）中，以 A 点至 B 点为基础，画出平地高楼法，正好在 C 点处受到 100% 线的压制而向下，在其拐头向下的时候，就是合适的盘中卖点。事实证明，之后股价一路向下，出现了深幅的下跌。分时图中也是同理，百分之百线处，也是最重要的支撑或压力。

还是在重庆啤酒的 8 月 5 日分时图（见图 4-79）中，以下图中的 A

第 4 章

利器神兵起狂澜："疯牛出栏"及平地高楼法

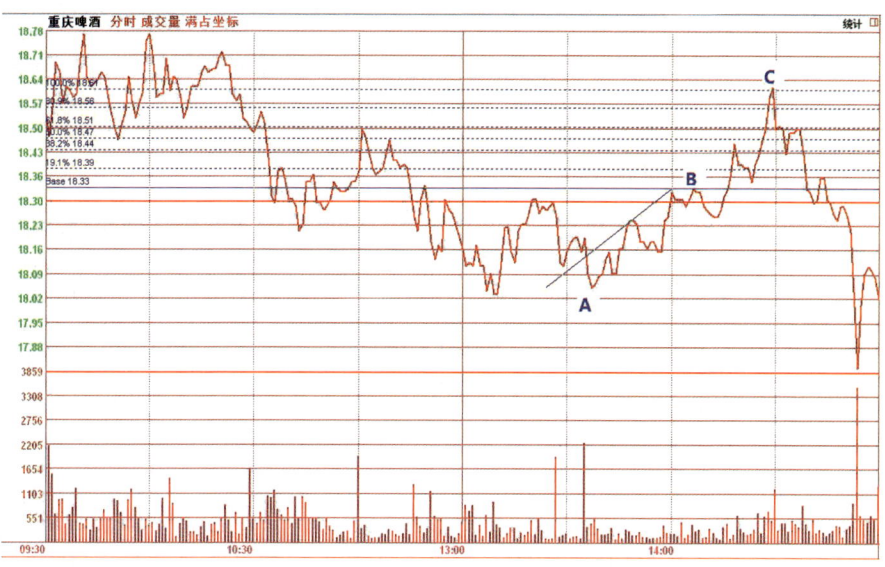

图 4-78 2015 年 8 月 5 日重庆啤酒分时平地高楼

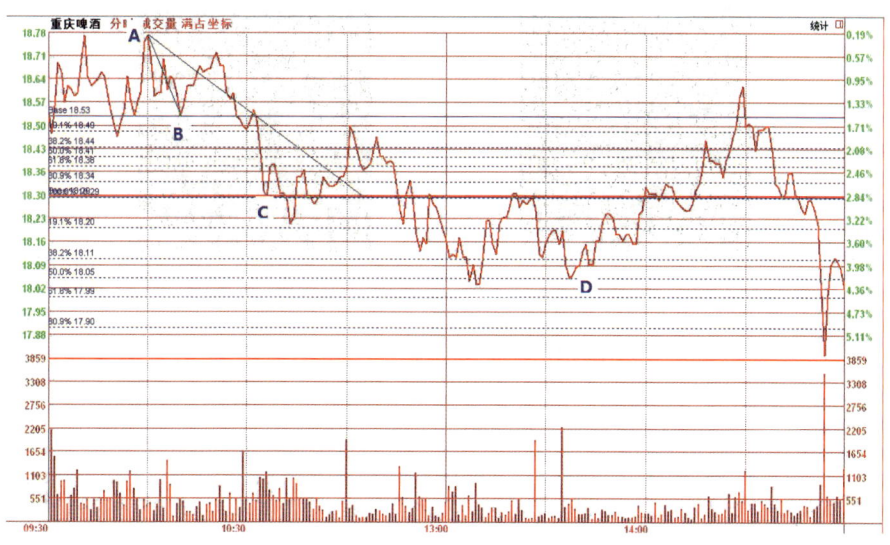

图 4-79 2015 年 8 月 5 日重庆啤酒分时从上向下平地高楼

159

点至 B 点为基础向下扩展，C 处受到扩展线的支撑，向上转折，是合适的盘中买点。股价跌破 100% 线后，再向下作一次平地高楼法，股价在 D 处再次受到支撑后，转折向上，就是极好的盘中买入点。事实上，D 点也确实是当天的盘中最低价。

"平地高楼"的优势很多，其中重要一点是，它适用的品种范围广泛，只要是交易的品种，不论是指数、个股，还是期货等多个品种，均可适用，同时，它也适用于任何的周期，既可以用在年线、季线、月线等大周期中，也可以用在日线、三十分钟图等小周期中。总而言之，适用范围极其广泛，上管天，下管地，中间还管空气。

想获得阿荣更多的实时指导，请扫描以下二维码并下载"财富指南"，让阿荣成为您贴身的"财富管家"！

第 5 章

山雨欲来一剑挡：
坦然对洗盘，沙去始到金

第 5 章
山雨欲来一剑挡：坦然对洗盘，沙去始剩金

1. 主力洗盘，"过后"赚钱

主力常规的运作模式有两种，第一种是底部建仓，之后在某一个时机持续拉涨停板（见图 5-1），市场中有很多这样的票。散户是可以把股票拿住的。天天涨停，太开心了，可以拿住。一旦涨停板打开，散户跑掉了，获利丰厚。散户全跑了，无人接盘，于是股票连续跌停，主力自己被套其中，所以这不是一个聪明的主力。

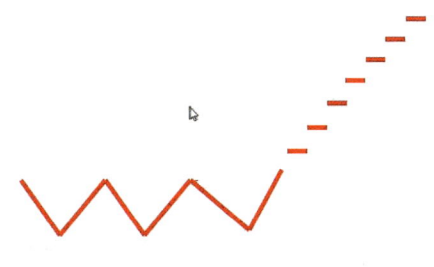

图 5-1　主力底部建仓后连续拉涨停

再如山东金泰（600385）也是如此，底部震荡后直接连续的涨停，二十多个涨停后，股价翻了几倍，但是无法出货，因为没有人接盘，而散户获利丰厚（见图5-2）。一旦涨停打开，所有的获利散户便疯狂出逃，导致股价狂跌，几乎跌回到起涨前。

看起来风光，但便宜了散户。像工大高新，散户很爽。一旦下跌，散户全跑，股票连续跌停。散户筹码少，可以很快跑。主力自己跑不掉。遇到这样的主力是您的运气（见图5-3），但是主力是笨的。

正常的主力是怎么运作的呢？这幅图价值连城（见图5-4），学好了，画在本子上了，您就至少赚到了5万元。

第一是底部建仓，第二是拉升期，第三是出货区，最后是下跌区。任何一个股票都会经历这四个阶段。正常的主力是这么做的。

假设主力成本是10元，您是散户甲，您也是10元的成本进去的，拉了一个平台以后，股价突破10元，拉到了15元，散户甲赚钱了，获利幅

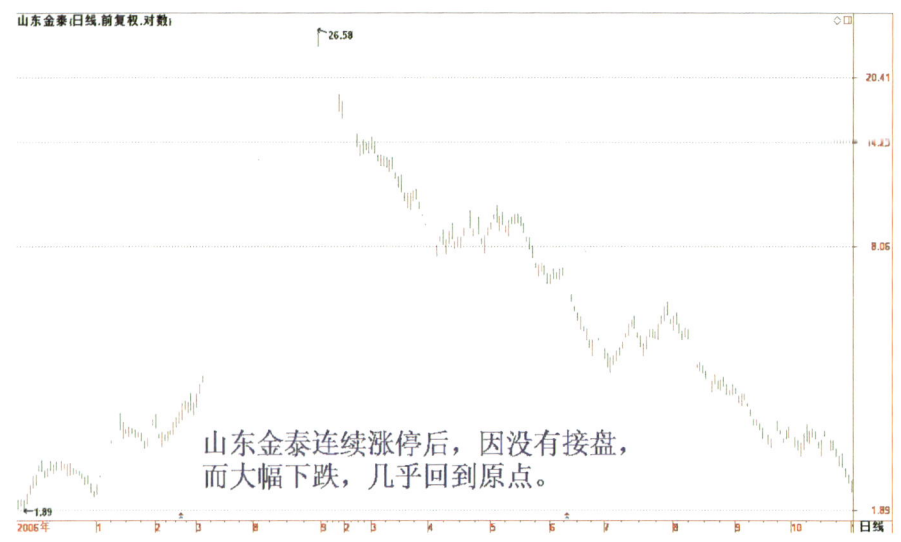

图5-2 山东金泰2005年12月20日至2006年11月10日日线图

第 5 章

山雨欲来一剑挡：坦然对洗盘，沙去始到金

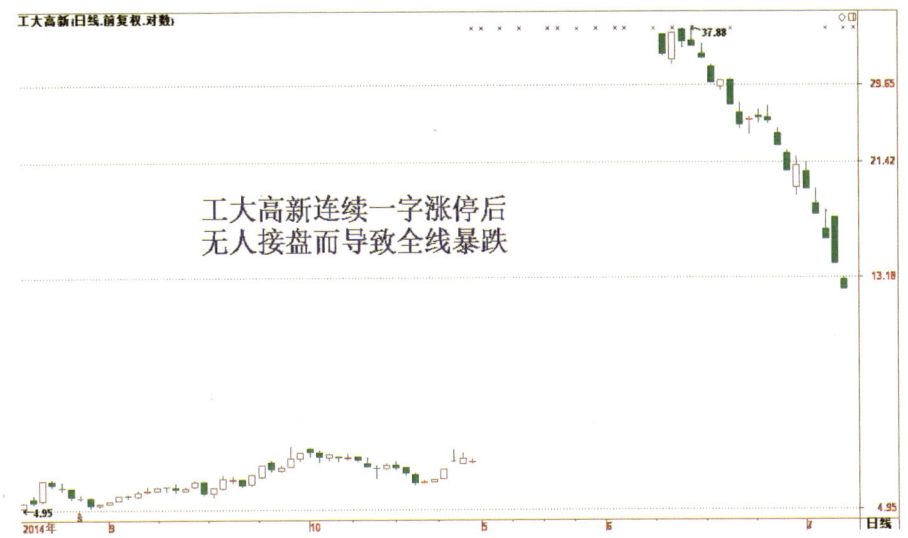

图 5-3　工大高新 2014 年 8 月 19 日至 2015 年 7 月 6 日日线图

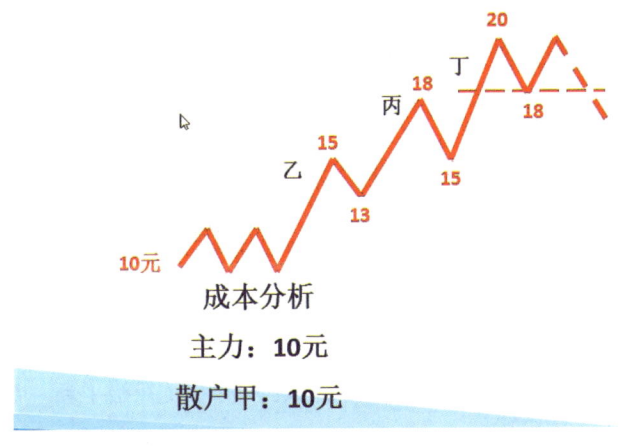

图 5-4　正常主力震仓示意图

度达 50%。散户赚钱了，会有什么心情？散户一赚钱，跑得比兔子还快，散户赔了钱，跑得比乌龟还慢。您自己体会一下，是不是这样？

165

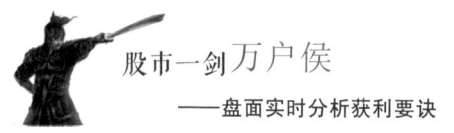

一赚钱,就会想,"煮熟的鸭子不能飞了";赔钱了,就想,"我不能卖,我不能赔钱,我又不是傻子,它早晚会上来的"。

散户一赚钱,主力不开心了,您什么都不懂的人还能赚钱。散户一赚钱,主力就生气。主力一生气,后果很严重。主力生气后,它就要洗盘,主力一洗盘,散户就很烦。从10到15,再从15到14,散户就想赶紧跑了吧,有的人还想再忍忍,兴许这是主力的洗盘,再跌到13.5,再跌到13元,算了算了,跑了吧。在它上涨后的下跌中,您咬着牙没卖,它还在下跌。您实在忍不住一卖掉,它哗哗涨了,好像很奇怪,就像是差我这几千股一样。这就是主力的洗盘:它不把您洗出去,就不会结束下跌。相信大家也出现过不卖不涨, 一卖就涨的情况。很多人都干过这样的事情,就好像主力能看到您的底牌一样。主力是看不到您的底牌的。因为您忍不住的时候,全国的散户也忍不住了。您忍不住的时候,别人也忍不住了。

主力可以通过成交量看出来,如成交量萎缩到地量了,就表明没有人愿意再卖出了,主力就会开始拉升了。所以,洗盘结束的一个重要的标准是地量。成交量缩到最小的时候,很多时候就是洗盘结束的时候。如何解决这样的问题呢?告诉大家一个秘诀,大家自己用就可以了,不要轻易透露给别人:以后当您实在忍无可忍,实在忍不住想卖的时候,您让您的朋友先卖,他一卖,股市就涨了。

主力洗盘过程中情况会怎样?洗盘一结束,股市又开始了新一波的快速拉升:花了这么大的力气把您洗出去,不大涨都对不起您。在此过程中,散户乙进去了,从13元到18元,然后再调整。散户乙会不会比散户甲更聪明呢?不会的,他也会在主力洗盘的时候忍不住卖掉。这时又换了一批散户丙进去了,也是一样的结果。但是股价最终总是要见顶的:当股价到了高位如20元时,成本很低的,如10元的散户已经很少了,剩下的大多

第 5 章

山雨欲来一剑挡：坦然对洗盘，沙去始到金

是一些高成本的散户。于是股价一跌，散户就套住了，套住了，就不卖了。股价只要见到高点做头，95%的散户一定会被套住。大部分散户的操作模式决定了，他们无法抵御住主力的洗盘，无法做到低成本，一旦下跌就被套住，套住了就跑得比乌龟还慢，这样一来您就能理解为什么只要大盘见到高点，散户中必然有95%以上的被套——这一规律从来不曾改变，将来也不会改变。您能做的，是让自己变成1%或10%的人，就算4987不是真正的最高点，就算您到6000点，8000点，10000点，散户还是会被套住的。

主力为什么频繁折腾？就是通过洗盘把散户的成本抬高，而在所有的上涨波段中，洗盘结束后的上涨是上涨速度最快的。在这所有区间中，在哪个地方买进效果最好呢？在底部建仓区买进，您不知它横多少时间——最佳买点就在洗盘结束点。

选股不如选时，选时不如选势。您选一个拉升期，一个上升趋势，您怎么做都赚钱。所以，炒股票有一个四部曲：

选时，选一个好的大盘时机；

选势，选一个好的上升趋势；

选股，选一个好的投资标的；

选点，选一个好的进、出场点。

今天讲的买在将涨时，就是主力洗盘结束的位置。

主力洗盘，"过后"赚钱，阿荣为此专门给大家总结了一首《洗盘歌》：

散户一赚钱，主力就生气；

主力一生气，后果很严重；

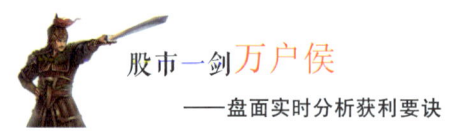

主力一洗盘,散户就很烦;

洗盘一结束,我们就买入;

买入就赚钱,赚钱买别墅。

把这首歌学会了,您就不得了了。

有人说"您说得那么轻巧,我怎么知道主力在干什么"。让我们回到个股的案例上来看一下。

以桐昆股份(601233)为例,从4.79元,到现在24元(见图5-5)。主力的建仓成本大约在6元,主力已经赚了很多钱了。散户在6元,8元,12元,15元的有多少,绝大多数的人成本集中在23元。为什么?每涨一段,就要洗一下。现在走完以后,您看得很清楚,在当时走的过程当中,对于下跌,您感觉到很难受。洗掉以后再涨,又换了一批新股民了。在底部,6元进场的,几乎已经绝迹了。一旦下跌,高成本的散户就被套住了。

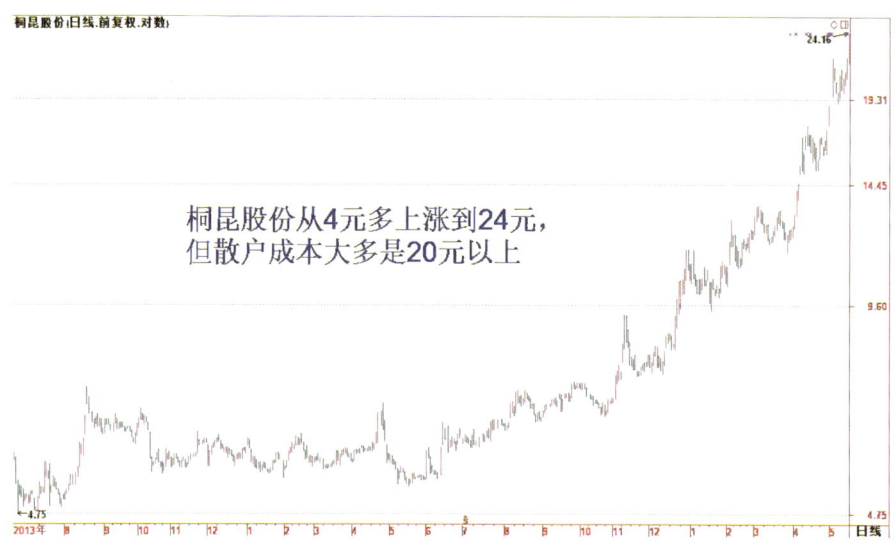

图5-5 桐昆股份2013年6月20日至2015年5月26日日线图

第 5 章
山雨欲来一剑挡：坦然对洗盘，沙去始到金

正常的主力，在上涨过程中是一定会有洗盘的，所以您不要老觉得下跌很烦。上涨中的洗盘，调整，就像男人的遗精与女人的月经一样，是正常现象，不要害怕；如果没有了，反而您要害怕了。试想，一个男人要是没了遗精，就证明您老了，雄风不再了；女人没有了月经，要么怀孕了，要么您已青春不再。同理，上涨行情中如果没有洗盘，那就不正常了，以后必然会有暴跌，让它回归正常。所以，有句话说新股民怕跌，老股民怕涨，就是此理。

主力洗盘，"过后"赚钱，洗盘结束就是我们的机会，新股民一看到下跌就害怕，甚至骂人，说明他还不成熟。

主力洗盘的目的，一是抬高散户的成本，一个股票如现在是 20 元，很多散户的成本都是 18 元。从 5 元到 20 元的股票，很多散户的成本都是 18 元左右，一旦下跌，肯定被套。

阿荣为什么告诉大家在上涨中一定要耐心耐心再耐心，就是为了让大家少折腾，以降低我们的成本。我们散户与主力决斗的最大的武器，就是我们低廉的成本，这是我们最锐利的武器，大家一定要记住。

您天天折腾，成本巨高。天天在成本价附近晃悠，而这时您的心态是最乱的。

主力洗盘的第二个目的，是清洗获利盘，以利于更好的拉升。作为成熟的散户，您应该坦然面对洗盘，而且应该欢迎洗盘，拥抱洗盘，因为一洗盘，您就有了迎接洗盘结束的机会，那时正是"吹尽狂沙始到金"的美妙时刻！

2. 观"军情"：牛熊线明辨主力意图

判断主力意图是炒股大赚的要诀之一，这也应了"知己知彼，百战不殆"的千年古训。那如何明辨主力意图呢？

用牛熊线。

牛熊线这个指标非常神奇，也是阿荣非常喜欢的指标。在介绍它之前，顺便介绍一下阿荣的交易系统：

先大后小，先长后短，做熟不做生，这是阿荣的投资理念，相当于三国里的仁厚君主刘备，胸怀天下，统率一切；

部队的战斗力的保证是军纪，三大纪律，八大注意；

平地高楼法相当于三国里无敌军师诸葛亮，神机妙算；

关键K线相当于三国里的忠勇军师庞统，未卜先知；

薛斯通道相当于五虎上将中的关羽，义薄云天；

新布林线相当于五虎上将中的张飞，粗中有细；

资金先锋相当于五虎上将中的马超，勇冠三军；

买卖先锋相当于五虎上将中的黄忠，老当益壮。

言归正传。观"军情"：牛熊线明辨主力意图。

下跌期，主力都套住了，还洗什么盘？

第一步先确认是拉升期。如何去判断是洗盘还是出货？当股价处在多头排列，并且股价在黄色线上方的时候，此时的下跌统统都属于洗盘。把

第 5 章

山雨欲来一剑挡：坦然对洗盘，沙去始到金

指标去掉，难以判断它是下跌还是出货：主力又不是您家亲戚，它又不会跟您说真话。但是您把牛熊线指标调出来一看，您就知道了——只要价格调整在牛熊线黄色线之上，统统都属于洗盘；如果收盘价跌破了黄色线的最后一根线之下，就告诉您中期趋势走坏了（见图5-6）。

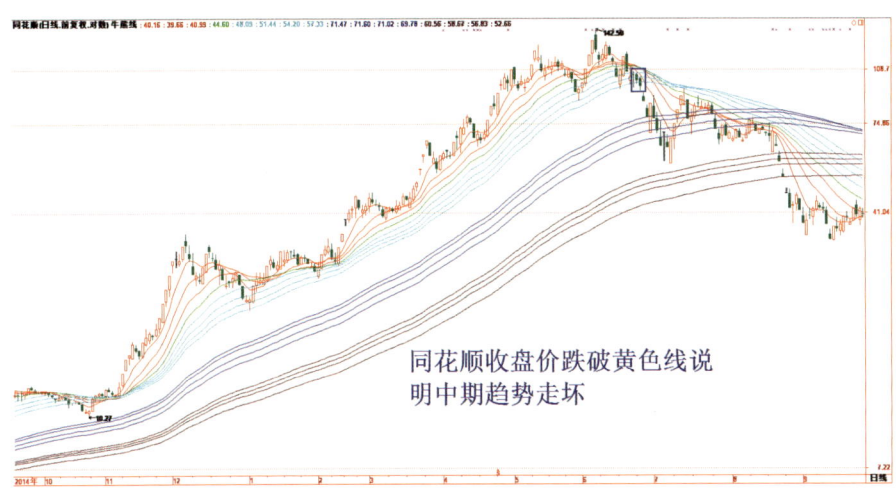

图5-6 同花顺日线叠加牛熊线指标

如果股价在洗盘的话，您可以在主力要洗盘的时候先卖掉一部分，如在高位卖掉一半，等它跌到洗盘结束的时候，再补回来，中间就会有一个差价。散户一赚钱，主力又生气了，又要洗盘了，可以在高位先卖掉一部分，等洗盘结束的时候，再补进去。

长线怎么做，特别简单，您在任何一个地方买进，只要它不跌破牛熊线的黄色线，就持股，就不卖，特别简单。这是做中长线最笨但最简单的方法。此方法的前提是，您要在合适的地方进去，如果进去的价格太高，等到它跌破所有黄色线的时候，就亏得太多了。

现在我来告诉您，判断洗盘结束的标准是什么？

主力洗盘结束的标志：

第一，牛熊线白线、蓝线、黄线多头排列，股价调整到黄色线附近受到支撑，收出阳线。

第二，KDJ 的 J 线在低位向上拐头。

这绝对是一个价值连城的方法，它可以让您的操作如虎添翼。

没有了这个指标您就糊涂了，您把它一调出来，就清楚了。您把它调出来后，再打开二窗口，副图里打上 KDJ 指标。这时我们就知道主力在干什么，随便取出来看，都知道它在干什么。

如图 5-7 所示，同花顺（300033）图中 A 处，股价一直处在上涨中，牛熊线中期、中长期、长期资金线 [红色代表短期，黄色（图中显示为绿色）代表中期，蓝色代表中长期，白色（图中显示为黑色）代表长线，绿色代表生命线] 处于多头排列，股价调整受到中期线的支撑收出涨停，下方的 KDJ 指标中的 J 线向上转折，加之该股又是之前的龙头个股，又满足了洗盘结束形态，阿荣第一时间为学员们捕捉到了这一战机，之后该股一路上涨，从当时的 32 元一路上涨到最高 142 元。

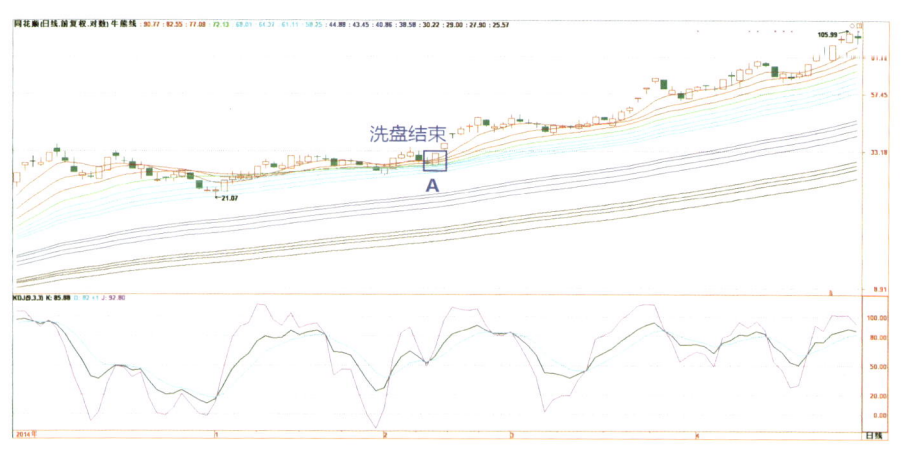

图 5-7　同花顺 2014 年 11 月 28 日至 2015 年 4 月 30 日日线叠加牛熊线指标

第 5 章
山雨欲来一剑挡：坦然对洗盘，沙去始到金

再如图 5-8 所示，乐视网（300104）图中 A 处受到牛熊线中期线的支撑收出阳线，下方 KDJ 中的 J 线向上转折，满足了洗盘结束形态，之后股价出现了持续上攻。

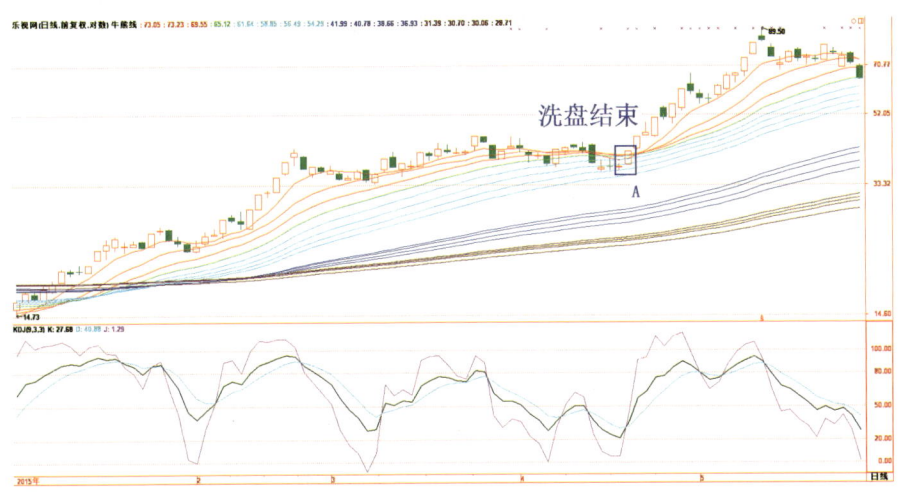

图 5-8　乐视网 2015 年 1 月 5 日至 2015 年 5 月 13 日日线叠加牛熊线指标

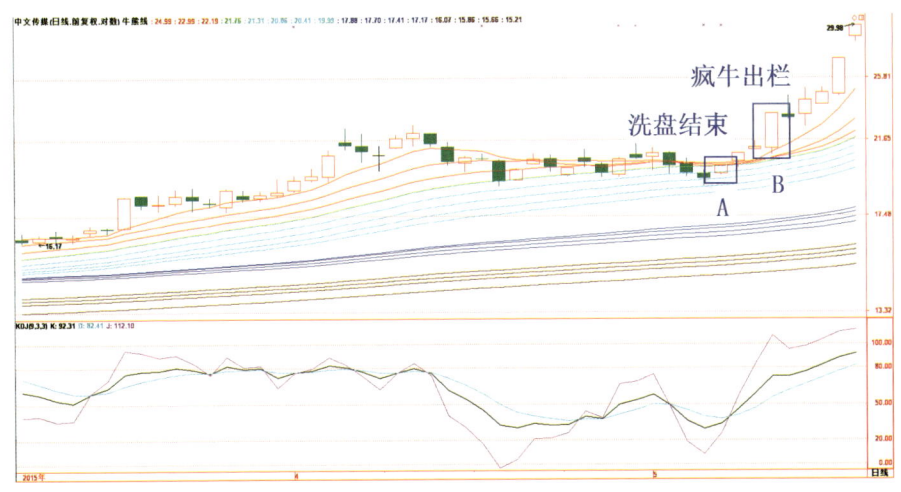

图 5-9　中文传媒 2015 年 3 月 10 日至 2015 年 5 月 21 日日线叠加牛熊线指标

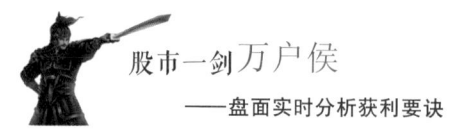

再如图 5-9 所示，中文传媒（600373）图中 A 处出现了洗盘结束形态，B 处又出现了"疯牛出栏"形态，当时阿荣在 B 处与大家分享了该股，还将她比作了巩俐，后来该股出现了很好的中期上涨。

有时候洗盘结束后也不马上上涨，而是继续横盘，甚至下跌。

有人就会问，洗盘结束了怎么不涨呢？只要不跌破黄色线（本文画图中显示为绿色线），就是洗盘。国家没有规定只能洗一次盘，洗两次盘也是合理合法的。洗盘结束后的拉升是速度最快，也是赚钱最快，最舒服的，主力好不容易把您洗掉了，它要是涨得不快，对不起您啊。

我们说过，主力一洗盘，散户就很烦，散户可不可以在主力刚开始洗盘的时候出来一部分？可以。所以阿荣在给大家策略的时候，一直讲短线客可以以 10 日乖离率跌破 10 作为卖点，这是规避股价短线调整的风险。长线客的目标位是多少钱，您如果不在乎短线调整，而只需要长线持有到一个目标位就可以了。

您可以在主力洗盘开始的时候减出一部分，虽然下跌很厉害，但您要知道它是在洗盘。

还有一部分的股票是调整到生命线后开始上涨，对应它的洗盘结束标志如下：

第一，牛熊线白线（褐色线）、蓝线、黄线（绿色线）多头排列，股价调整到绿色线附近受到支撑，收出阳线。

第二，KDJ 的 J 线在低位向上拐头。

它们的意义与上文中洗到黄色线后收阳上攻是一个道理，如宝胜股份（600973）（见图 5-10）、北方国际（000065）（见图 5-11）、东方财富（300059）（见图 5-12）等都是如此。

第 5 章

山雨欲来一剑挡：坦然对洗盘，沙去始到金

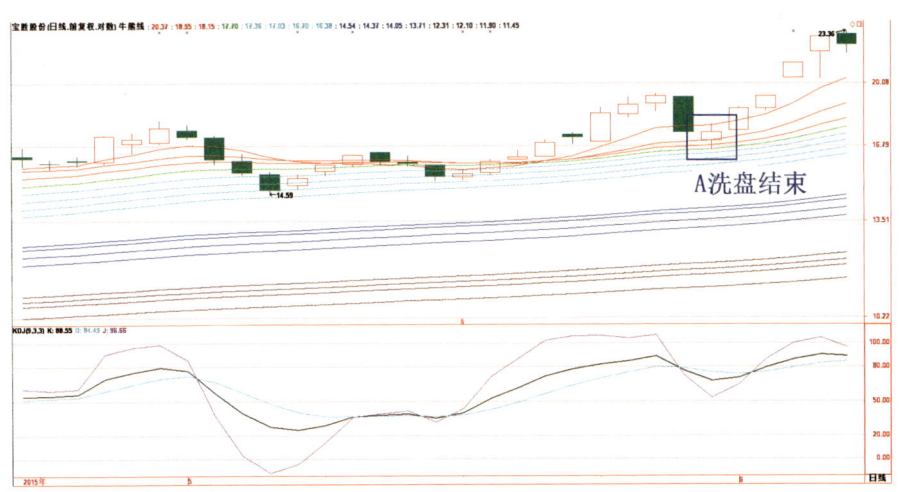

图 5-10　宝胜股份 2015 年 4 月 23 日至 2015 年 6 月 8 日日线叠加牛熊线、KDJ

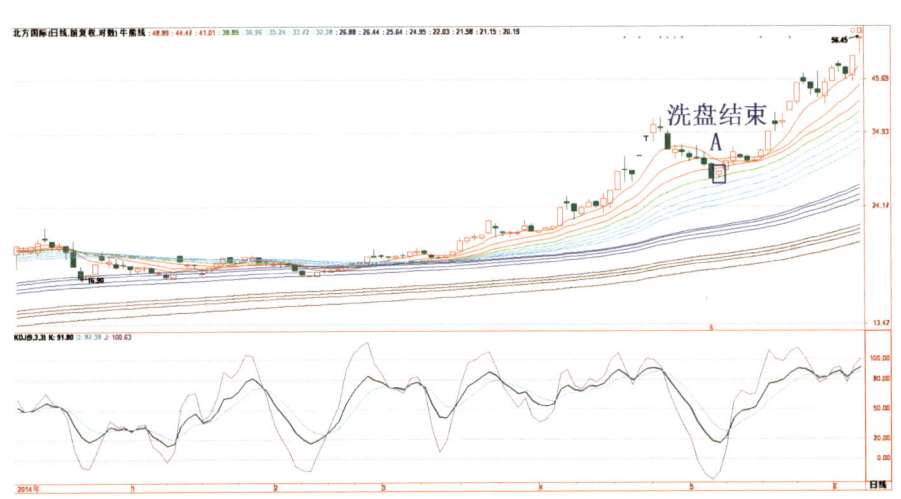

图 5-11　北方国际 2014 年 12 月 10 日至 2015 年 6 月 8 日日线叠加牛熊线、KDJ

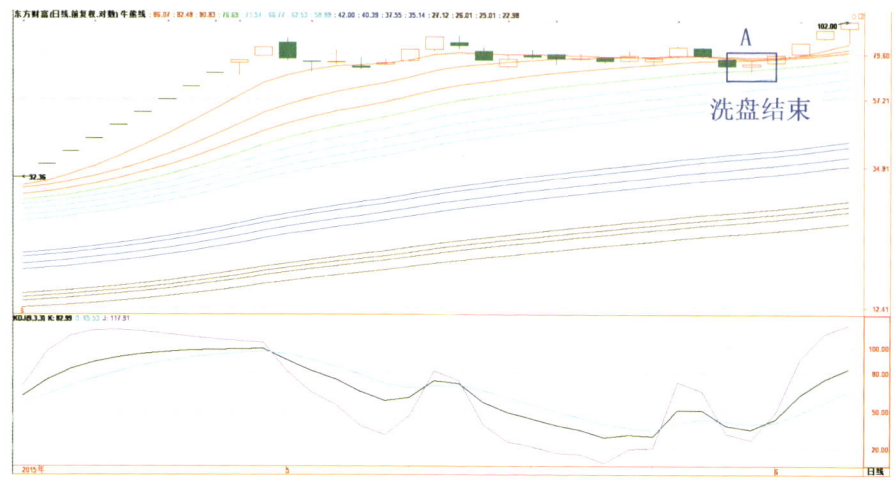

图 5-12　东方财富 2015 年 4 月 16 日至 2015 年 6 月 4 日日线叠加牛熊线、KDJ

3. 见于未萌：地量预示洗盘结束

上文我们讲了洗盘结束的标志，还有一个标志洗盘结束的重要指标，那就是地量。

成交量是验证价格趋势的重要标准，它是属于价格之后的第二位的指标，它在以下四种极端的情况下会起作用：

第一种就是股价上涨中的调整即将结束时的洗盘时，成交量会出现地量。地量，是指成交量缩小到了近期最小的成交量，而且成交量明显缩小，之后又开始放大。成交量最小的部分与两边放大的成交量，看起来就像一个缺了牙齿的人一样。

第 5 章

山雨欲来一剑挡：坦然对洗盘，沙去始到金

操盘手都知道一个说法，地量见地价，这是有一定道理的：在上涨中的调整，也就是主力洗盘的时候，意志不坚定的人先被洗出去，而意志相对较坚定的人较晚被洗出去；到了最后，该洗出去的人都被洗出去了，也就是该卖的人都卖了，这时剩下的都是意志坚定的死扛派了，主力再怎么努力也洗不出什么东西来了。于是主力便不再洗盘了——毕竟洗盘也是需要花费力气的，不是用洗衣粉洗的，也是需要掏出真金白银的。所以，当洗盘中成交量出现地量时，我们就要意识到，主力的洗盘快要结束了，而不是一般的所认为的成交量太清淡了，愿意买入的人少了，后续股价还会继续下跌。

很多人都有过这样的经历，在主力上涨后的洗盘中自己不卖就不涨，一卖就上涨，觉得很奇怪。这不是因为主力能够看透您的底牌，而是主力看的是成交量，当成交量缩到地量的时候，表明大部分的人都已经卖掉了，您作为散户中的典型代表，大概率也已经卖掉了，所以您才会觉得是您一卖掉，股价就涨起来了。

当股价满足了前述的两个洗盘结束条件，同时再配合地量的时候，我们就可以预知洗盘结束。

如图 5-13 所示，摩恩电气（002451）图中 A 处股价向着黄色线进行调整，受到支撑时，股价仍为阴线，但下方的成交量持续出现地量，满足了洗盘结束的条件，为接下来的洗盘结束创造了很好的条件。

再如图 5-14 所示，佳讯飞鸿（300213）图中 A 处，洗盘结束前出现了持续的地量，为接下来的洗盘结束创造了条件。

成交量起作用的第二种情况，是股价在高位出现巨量，再配合出现一些明显的见顶 K 线如大阴棒，长上影线，三根小阴线等 K 线时，股价见顶概率极高。如图 5-15 所示，工大高新（600701）图中 A 处，出现高位巨量长阴，出现危险，之后股价出现大幅下跌。

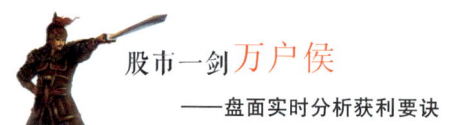

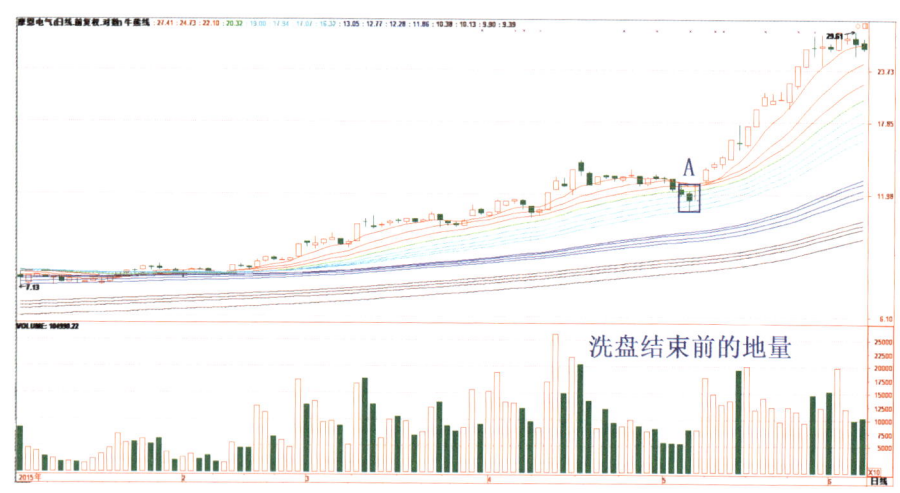

图5-13 摩恩电气2015年1月5日至2015年6月5日日线叠加牛熊线、成交量

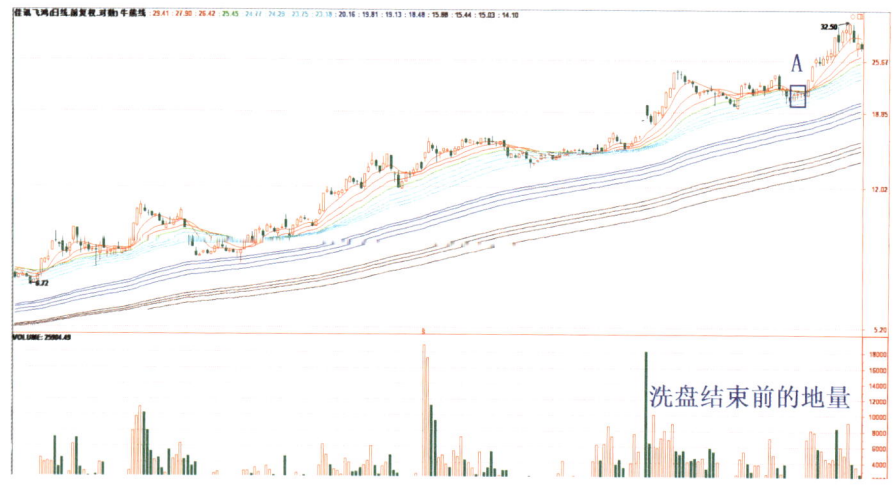

图5-14 佳讯飞鸿2013年9月18日至2014年12月11日日线图
叠加牛熊线、成交量指标

第 5 章

山雨欲来一剑挡：坦然对洗盘，沙去始到金

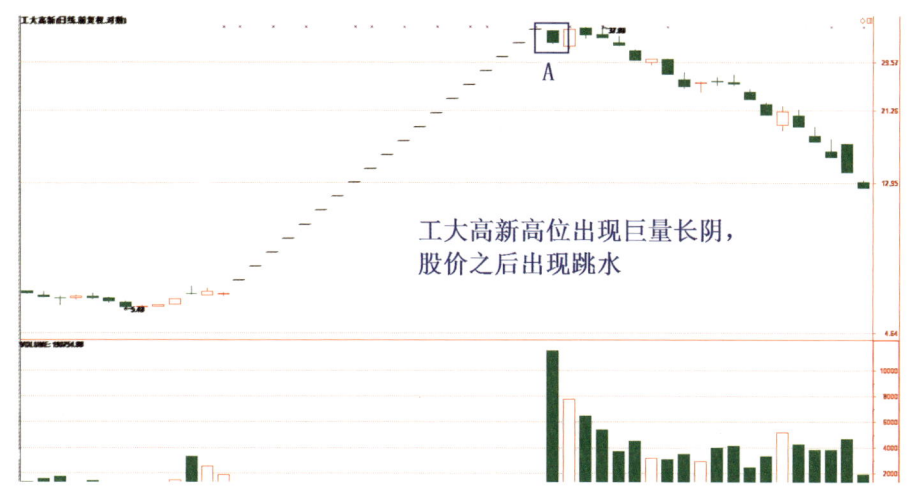

图 5-15　工大高新 2014 年 10 月 15 日至 2015 年 7 月 7 日日线图叠加成交量

再如图 5-16 所示，北方国际（000065）图中 A 处，股价涨停后出现长上影线，下方的成交量巨大，满足了巨量长上影的悲情绝杀线，之后股价出现了腰斩级别的下跌。

图 5-16　北方国际 2004 年 2 月 2 日至 2004 年 7 月 6 日日线叠加成交量

成交量起作用的第三种情况，是股价创新高，成交量不创新高，反而萎缩，预示股价有见顶可能。

如图5-17所示，沪指在2007年的牛市行情中，2007年上涨时，股指在创新高，而成交量已经不创新高了，与股指走势形成了明显的顶背离，虽然不是一背离就会见顶，但是背离久了，一定会出现同步。

再如图5-18所示，康芝药业（300086）图中股价持续上涨，而成交量却不断萎缩，显示量能已经无法继续支撑股价上涨，形成了明显的顶背离，之后股价出现了大幅下跌。

成交量起作用的第三种情况，是在向上突破平台时需要放出较大的成交量配合（不能是天量）。

如图5-19、5-20所示，生意宝（002095）、证通电子（002197）股价突破平台时，成交量出现温和放大，是配合良好的表现。

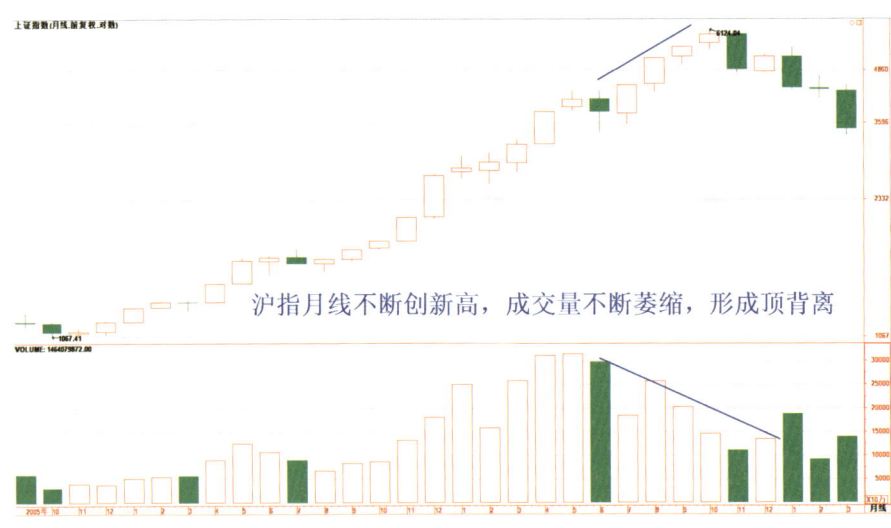

图5-17　上证指数2005年9月至2008年8月月线图叠加成交量指标

第 5 章

山雨欲来一剑挡：坦然对洗盘，沙去始到金

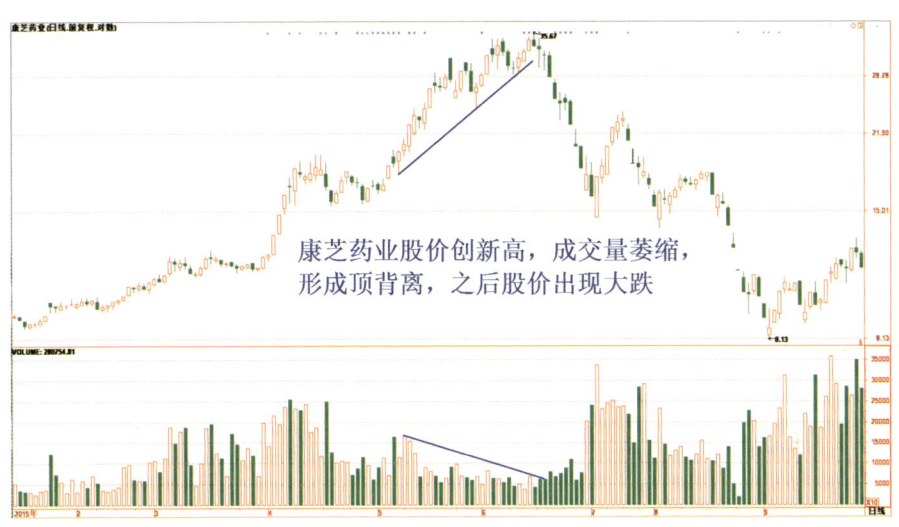

图 5-18　康芝药业 2015 年 1 月 8 日至 2015 年 9 月 30 日日线、成交量

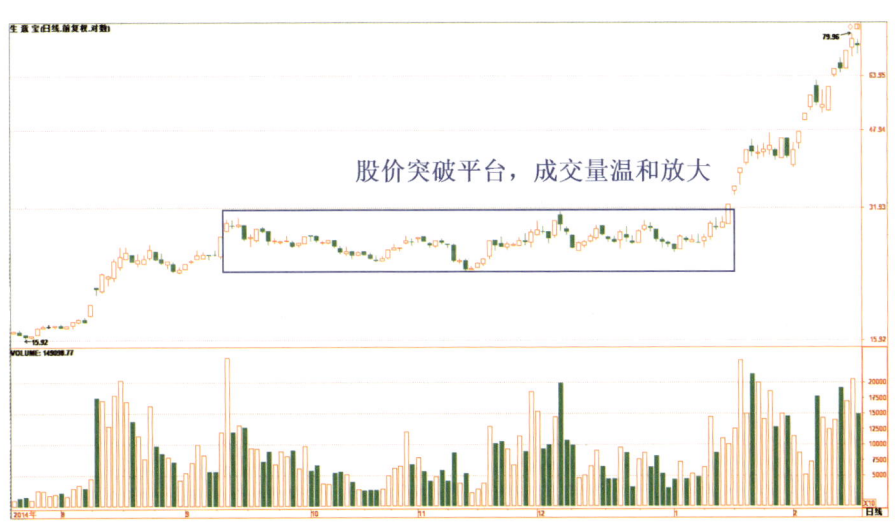

图 5-19　生意宝 2014 年 7 月 22 日至 2015 年 2 月 17 日日线、成交量

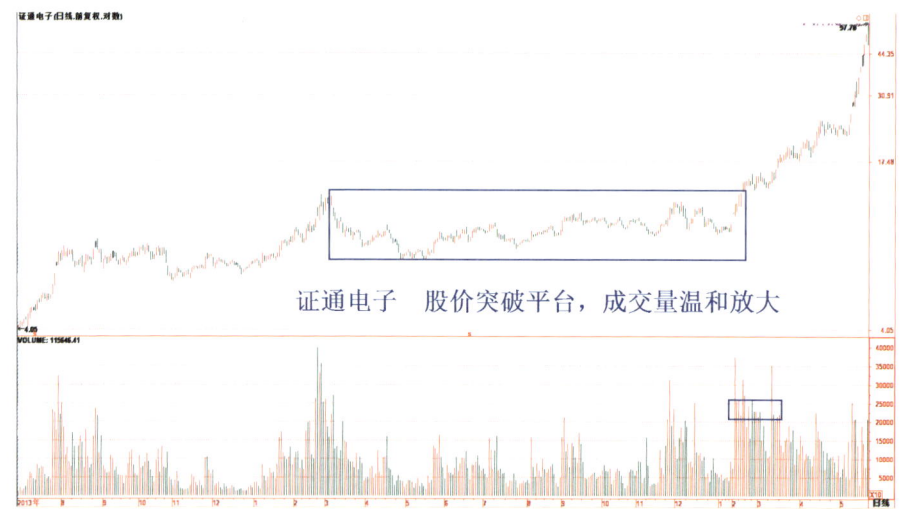

图 5-20　证通电子 2013 年 7 月 1 日至 2015 年 5 月 22 日日线、成交量

综上，地量预示洗盘结束，我们要做见于未萌的智者，相机而动，实现财富增值。

4. 机不可失：把握上涨个股的卖点

在社会中我们要学会察言观色，在股市中也要学会"察言观色"；也就是说，股票卖出讲究时机、时点。

第 5 章
山雨欲来一剑挡：坦然对洗盘，沙去始到金

🔍 利用乖离率卖出

乖离率 BIAS，表明股价与均线偏离程度指标。

计算公式，如 10 日均线，

BIAS（10）=（收盘价 –10 日均线值）/10 日均线值 × 100%

10 日乖离率跌破 10 是短线调整的开始，也是主力洗盘的开始，可作为短线卖出的重要依据。

散户一赚钱，主力就生气，就是说当散户赚到钱的时候，就累积了部分获利筹码，如果不清洗，任它再涨高，散户获利就越来越多，未来一旦下跌，散户就会获利了结，是不利于主力的继续拉高的，所以主力就会适时地把握节奏洗下盘，而主力洗盘开始的重要标志之一，就是 10 日乖离率跌破 10。

我们要看主力的脸色，不能赚了点钱就忘乎所以，要随时看主力的脸色。当 10 日乖离率上了 10 以后就要关注了，随时要关注它跌破 10，一旦跌破 10 就是主力洗盘的开始，要及时卖出以规避洗盘风险；而对于成本很低、获利丰厚的中长线投资者则可以不用考虑短线的洗盘，继续持有即可。

在实际操作过程中，也会出现有些股票乖离率到不了 10 就下跌或者跌破 10 了已经跌停板了等状况，但我们仍旧要坚持这个方法，从长期来说，一定可以最大限度地保住利润，又可以规避风险。

对于到不了 10 就下跌的，我们就要结合另外的方法一起来卖出。

如图 5–21 所示，中文传媒（600373）在满足疯牛出栏形态时买入，在图中 A 处 10 日乖离率跌破 10，出现短线卖点，之后股价出现较深幅度调整。

再如图 5–22 所示，四维图新（002405）图中 A 处 10 日乖离率指标跌破 10，出现短线卖点，之后股价出现深幅调整。

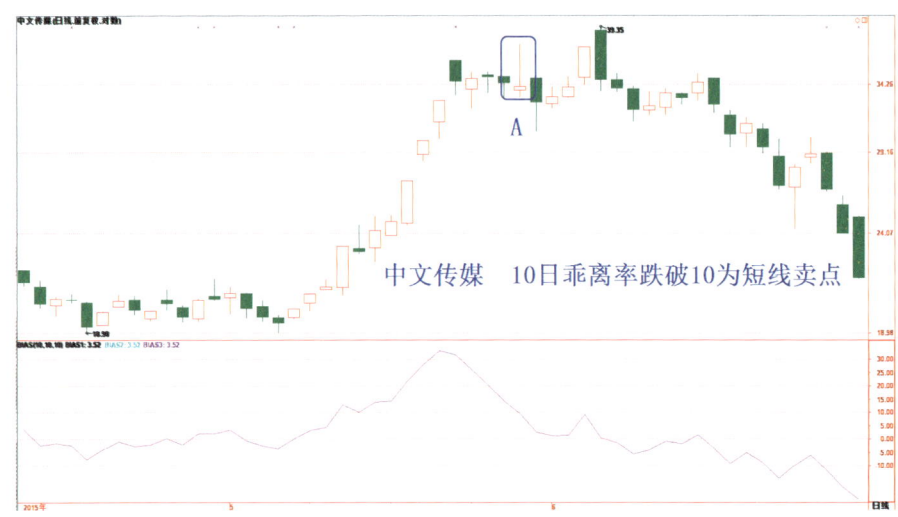

图 5-21　中文传媒 2015 年 4 月 14 日至 2015 年 6 月 29 日日线、BIAS

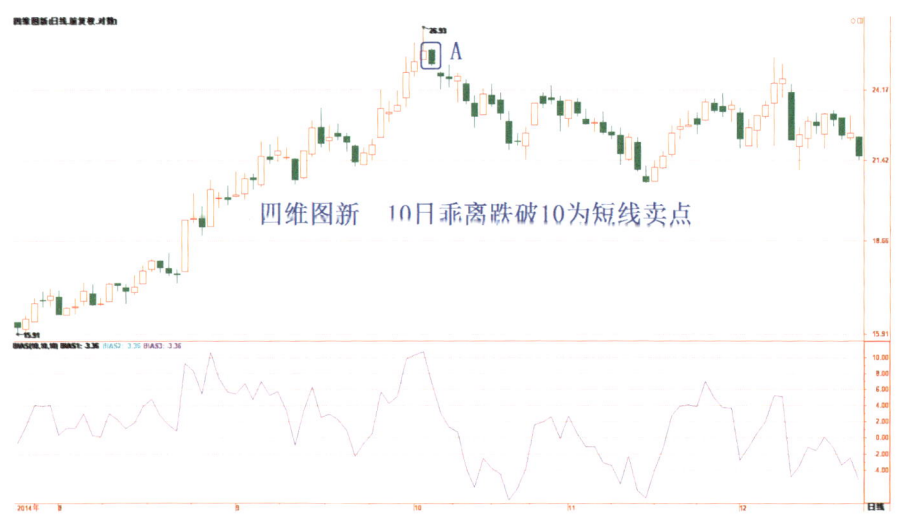

图 5-22　四维图新 2014 年 7 月 25 日至 2014 年 12 月 19 日日线、BIAS

第5章
山雨欲来一剑挡：坦然对洗盘，沙去始到金

🔍 利用牛熊线的主力成本来卖出

炒股票就是做生意。我们都希望低价进货，高价卖出，以实现获利。生活中这样的道理我们大抵都懂，但到了股市就变了味了，经常出现高买低卖的现象。先来听一个故事吧。

有位老人是做二手图书生意的，他在街头的摊位上摆的广告说，高价回收二手图书，另一边摆着低价出售二手图书。边上有位中年人看了半天终于忍不住问他，"您唬谁呢？高价回收，低价出售，高买低卖，您赚什么钱，傻子才会这么干呢"。老人正有点尴尬，边上有一个人说话了，"我就是这么干的"。中年人问，"您是做什么的"，那人答，"我是股民"。

是的，生活中还真的只有股民才会出现这么大范围的高买低卖。

做生意最重要的核心就是成本。有句话说从南走到北，从北走到南，买的不如卖的精。为什么呢？因为卖家掌握着一个核心机密，就是进货成本。他清楚自己的进货成本，只要买家的开价低于了自己的成本，他就不卖了，如果觉得有利可图，他就会卖。因为买家不知道卖家的成本，所以还价总是有点碰运气的。

股票也是一样，主力的成本也是天字第一号的核心机密。如果从消息的角度来说，就是操控这只股票的主力是平均多少钱进的场。这样的核心机密只有操盘手、上市公司董事长等少数几人知道，作为普通散户的我们一般是没有机会知晓的，而通过牛熊线指标我们就可以清楚地知道主力的平均进场成本。当牛熊线的白色线方向向上，且高度粘合成一条线的时候，这个时候粘合处的价格就是主力的平均进场成本。

知道了主力的进场成本后，我们就可以据此算出股价上涨的目标位。如主力的成本是5元，也就是说它是5元进的货，那主力最起码要减掉成

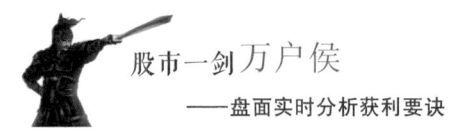

本后还有利润他才会卖出。那主力做盘会有什么成本呢？成本当然是有的。如股价最低点是4元，则主力不可能所有的筹码都在4元进完，会有10%左右的建仓成本。同样，主力也不可能在最高点卖出，也会有10%左右的卖出成本。主力的资金也大多不会是自己的自有资金，一年的拆借成本也至少在15%以上，甚至更高。还有如宣传成本，调研成本，做盘失败的成本，等等。操作成本，如洗盘的时候，也不是用洗衣粉来洗的，而是需要真金白银来洗的，拉升也不是用绳子而是用金钱来拉的。主力也绝对不像我们想象的有多么高的水准，他们也经常犯些低级的错误，一来一去，成本也就居高不下了。

总体来说，如果主力的真实进场成本在5元，则主力的真实成本会在8元左右，也就是高于它的进场成本30%，而主力要想获利则会需要更高的空间，所以，通常我们就以主力进场成本乘以2作为股价上涨的目标位，基本上与实际走势相差不多。

有时候股价刚刚脱离主力成本不远时，直接乘以2会经过较长的时间，对当前的股价没有特别大的指导意义，我们可以先以主力的成本乘以1.5，也可以作为股价上涨的目标位；而对于主力进场成本第一次乘以系数时，通常就直接乘以2。如果乘的次数多了，可以乘以先1.5，如果突破了再乘以2，以此类推。

参考"同数魔咒"

在讲解股票卖点的时候，顺便介绍一个较有实战意义的股价形态，"同数魔咒"：当股价在高位出现小数点后面两位数都相同（如5.99，10.88，11.00等）时，股价见到阶段性顶部的概率很高。

这是一个不成文的规律，不是所有的高点都会出现小数点后面两位相

第 5 章
山雨欲来一剑挡：坦然对洗盘，沙去始剩金

同的同数魔咒的状况，但是我们回头去看很多个股头部的时候，都会发现这一现象。

如图 5-23 所示，黑牛食品（002387）日线图中 A 处，股价最高点为 27.99 元，因为股价是短期高位，且出现"同数魔咒"，且收出阴线，加大了股价见顶的可能性，之后股价确实紧跟着出现了调整。

再如图 5-24 所示，ST 广厦（000557）日线图中 A 处，股价最高点为 12.88 元，出现"同数魔咒"，因为股价已经涨到了很高的高位，且收出阴线，又收出此形态，股价见顶的概率就很高。

再如图 5-25 所示，莱茵体育（000558）日线图中 A 处，股价最高点为 38.88 元，满足"同数魔咒"，且出现大阴棒，可以作为卖出的标准，之后股价出现了深幅的下跌。

图 5-23　黑牛食品 2015 年 4 月 17 日至 2015 年 9 月 25 日日线图

图 5-24　ST 广厦 2015 年 5 月 29 日至 2015 年 9 月 30 日日线图

图 5-25　莱茵体育 2015 年 5 月 6 日至 2015 年 9 月 30 日日线图

我们可以结合其他方法，在出现"同数魔咒"的时候卖出股票。

第 5 章

山雨欲来一剑挡：坦然对洗盘，沙去始到金

5. 一招制敌：股票买卖的成功战法

根据股价与主力成本位之间的关系，阿荣为大家总结出了几种特殊的有实战意义的形态，以方便大家买卖股票的实战。

🔍 "脚底抹油"

当股价上涨到牛熊线的目标位时，出现无力突破的特征时，可以阶段性地卖出，称为"脚底抹油"。

有时可以适当地打个提前量，如涨到主力成本位的 1.9 倍时，出现无力突破的特征也可卖出。

如中国石油（601857）经过上市后的暴跌以及底部横盘后，也有主力逐步进场，逐步形成了上攻态势。通过牛熊线的白色线粘合且方向向上处的价格可以看出，主力的平均进场成本为 7.35 元，根据目标位的计算公式 7.35 乘以 2 等于 14.7 元。

实际上股价最高点到达了 15.2 元，便旋即出现盘中跳水，收于 14.17 元，收出了长长的上影线，十分标准地满足了上影线突破，收盘价跌破，股价收阴的无力突破的标准。满足了"脚底抹油"的特征，因为是在股价的目标位处出现，而且是早就有心理预期的，所以完全有可能做到及时卖出。

之后股价一路狂跌，最低跌到 7.97 元，跌幅达 40% 以上（见图 5-26）。

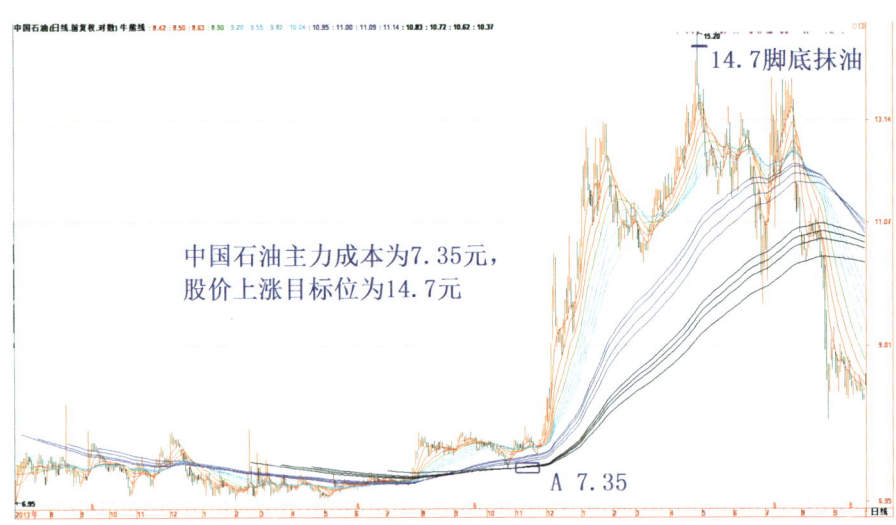

图 5-26　中国石油 2013 年 7 月 1 日至 2015 年 9 月 30 日日线叠加牛熊线指标

再如图 5-27 所示,诺普信(002215)图中 A 处牛熊线的白色线粘合,且方向向上,一是表明已经有主力进场了,二是主力的成本显示为 3.1 元,

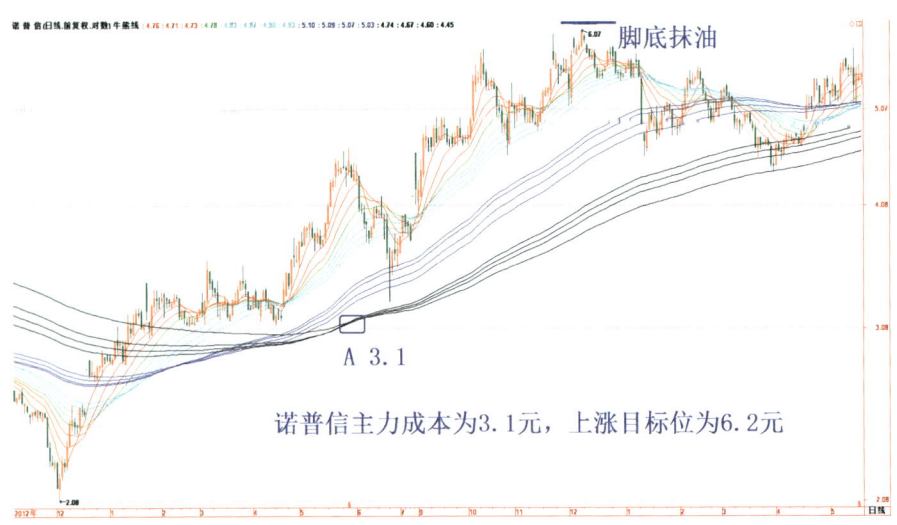

图 5-27　诺普信 2012 年 11 月 8 日至 2014 年 5 月 21 日日线叠加牛熊线指标

第 5 章

山雨欲来一剑挡：坦然对洗盘，沙去始到金

则主力的目标位为 6.2 元，实际上股价最高点到了 6.07 元，之后股价连续收出阴线，我们预期股价在见到第一目标位后要产生调整，所以可以先卖出，规避一大波下跌风险。之后股价最低跌到 4.39 元，在受到白色线的支撑后又产生了第二波的上攻。

再如图 5-28 所示，海通证券（600837）当时它是突破长期下降趋势线后的回抽确认，属于回马枪走势，我第一次买入。之后股价出现快速上涨，对于此类股票可以用收盘价跌破 5 日均线卖出，我当时就是在收盘价跌破 5 日均线的时候卖出，获利 50% 以上。之后股价又一次突破短期下降趋势线，满足了快马加鞭形态，我再次买入。买入后股价震荡中上行，通过牛熊线看出主力的进场成本为 10.5 元，则股价的上涨目标位为 10.5 乘以 2 等于 21 元，21 元再乘以 1.5 等于 31.5 元。第二次买入时价格大约在 23 元，到了 2015 年 5 月 5 日那一天，股价已经接近了 31.5 元的目标位，我一开盘就给大家提醒了股价的目标位。当日盘中股价最高点上冲到了 31.41 元，

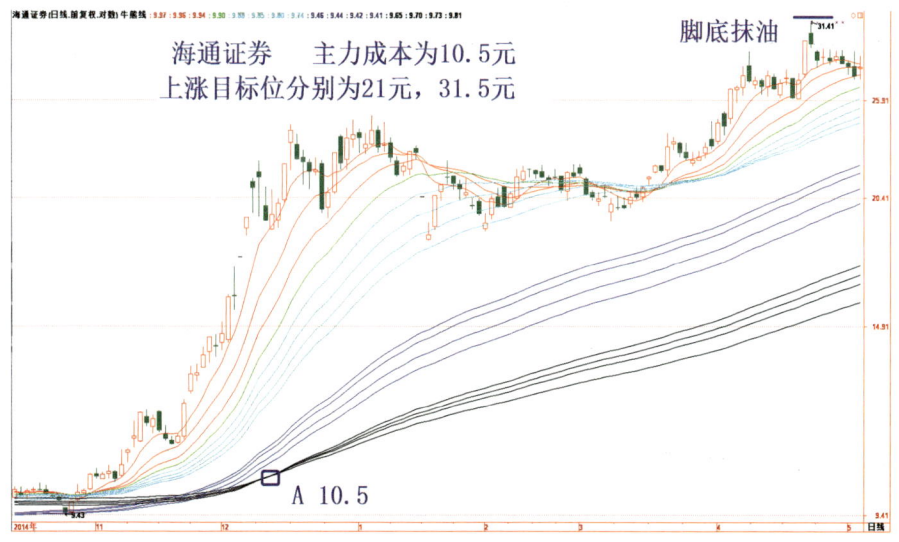

图 5-28　海通证券 2014 年 10 月 15 日至 2015 年 5 月 6 日日线叠加牛熊线指标

无限接近 31.5 元的股价目标位，同时见到高点后冲高回落，明显的无力突破态势，满足了"脚底抹油"的特征，我开始卖出股票，也提醒学员们一起卖出。最终股价从 31.4 元一路下跌到了 10.9 元，下跌幅度达 60% 以上——据此卖出的投资者规避了极大的下跌风险。

"鱼跃龙门"

当股价以涨停板突破牛熊线的目标位（含 2 倍或 1.5 倍）时，表明股价加速概率高，股价将向着下一个目标位迈进，称为"鱼跃龙门"。

注：出现"鱼跃龙门"后不一定马上就暴涨，也可能调整后再涨。

如图 5-29 所示，摩恩电气（002451）图中 A 处牛熊线白色线方向向上，且粘合成一条线，显示主力进场，且主力的平均进场成本为 3.7 元，则主力的目标位为 7.4 元，7.4 再乘以 2 等于 14.8 元，实际上股价在 B 处以涨停板突破了 14.8 元，满足了"鱼跃龙门"形态，可以买进。买入之后它的上涨目标位为 14.8 元乘以 2 等于 29.6 元，实际上股价最高点在 C 处

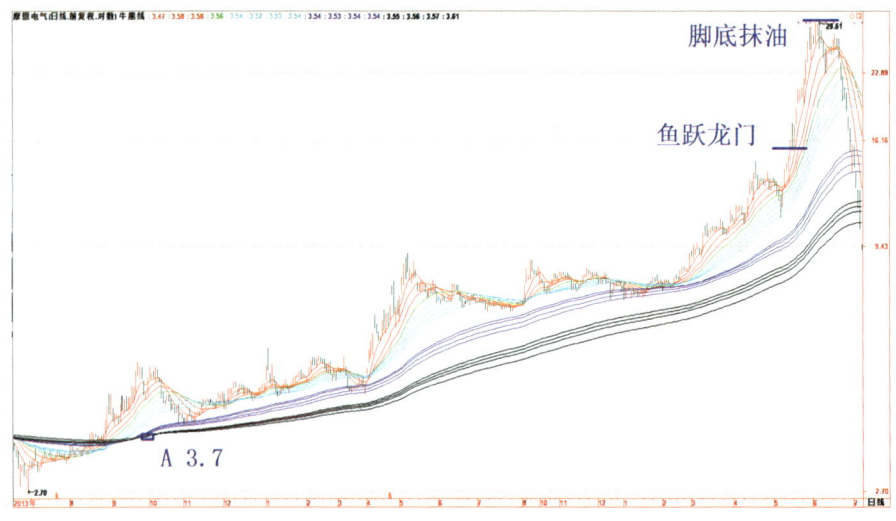

图 5-29 摩恩电气 2013 年 6 月 20 日至 2015 年月 7 月 7 日线叠加牛熊线

第5章
山雨欲来一剑挡：坦然对洗盘，沙去始到金

正好见到了 29.61 元，并且出现上影线突破，收盘价跌破，股价收阴的无力突破态势，完全满足了"脚底抹油"形态，可以据此卖出。阿荣当时也指导学员们及时在此处卖出，很好地保住了上涨利润。之后股价一路狂跌至 7.55 元，跌幅巨大。

再如图 5-30 所示，中文传媒（600373）图中 A 处牛熊线白色线方向向上，且粘合成一条线，显示主力已经进场，且主力的平均进场成本为 8.45 元，则股价上涨目标位为 16.9 元。股价在图中 B 处以 9.62% 的涨幅突破了 16.9 元，满足了"鱼跃龙门"形态，可以买入。之后股价并没有很快上涨，而是短暂上涨后又出现了一波洗盘，之后受到黄色线的支撑收阳，下方的 KDJ 的 J 线也配合地向上拐头，满足了买点，之后股价开始拉升。阿荣在图中 C 处买入，之后股价也展开了一波最快速的迅猛拉升。

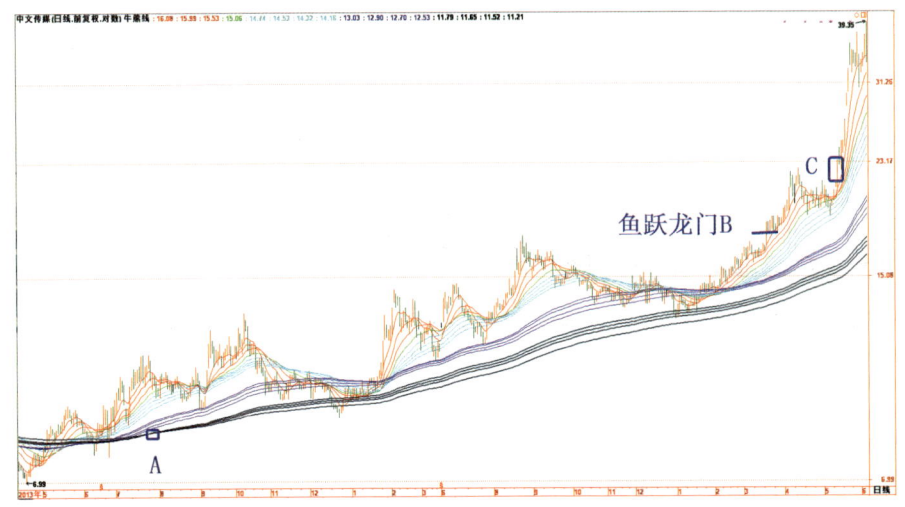

图 5-30　中文传媒 2013 年 12 月 20 日 2015 年 6 月 4 日日线叠加牛熊线

按主力进场成本算，股价上涨的目标位为 8.45 乘 2 等于 16.9，16.9 乘以 2 等于 33.8 元。股价最高 33.8 元附近一度产生了很大的调整。之后又

短暂地上冲到39元后展开了深幅的下跌。

再如图5-31所示,金字火腿(002515)图中A处牛熊线白色线方向向上,且粘合成一条线,显示主力已经进场,且主力的平均进场成本为6.7元,则股价上涨目标位为13.4元。股价在图中B处以10%的涨幅突破了13.4元,满足了"鱼跃龙门"形态,可以买入。买入后股价并没有出现马上上涨,而是出现了回调。如果此时买入的人就经受了考验。此时我们的标准就是以计算出来的上涨目标位13.4元设置为止损位,只要收盘价还在此之上,就可以继续持股。如果收盘价跌破此价位,就只能止损出局。

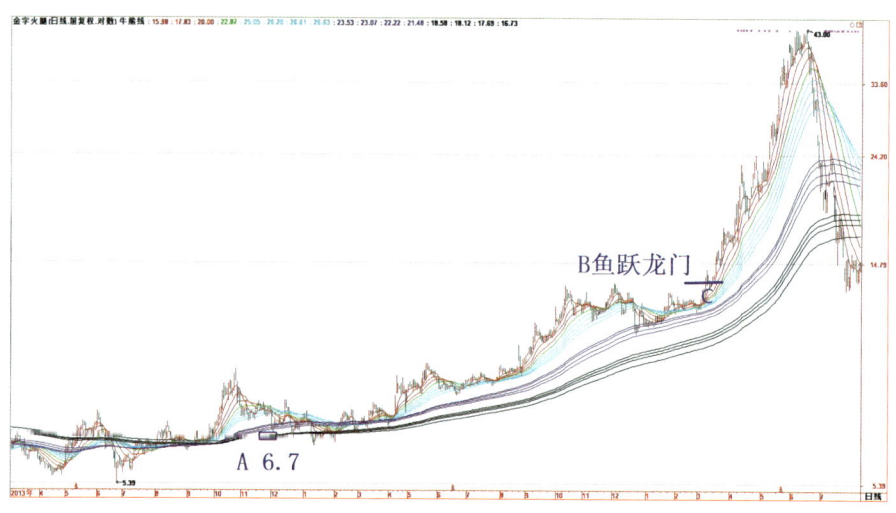

图5-31　金字火腿2013年3月4日至2015年9月30日日线叠加牛熊线指标

实际上在C处股价收于13.32元,看起来是跌破了13.4元的止损价了。此时我们需要根据实际的行情走势来确认。如果是很好的中长期上涨行情中,我们就可以把卖出的条件放得稍微宽一些,而如果是中长期的下跌行情,我们就可以把条件放得稍微严一些。当时是处于明显的中长期行情,收盘价也只跌破了一点点,我们可以适当地放宽一些,再看一天。第二天,

第 5 章

山雨欲来一剑挡：坦然对洗盘，沙去始到金

股价稳稳地收阳，且收上了 13.4 元，符合了我们之后要讲的"回眸一笑"形态，我们就可以继续持有，之后股价展开了大幅的猛攻行情，最高涨到了 43 元，获利幅度近 300%。

此案例带给我们的启发是："鱼跃龙门"形态出现后，经常出现加速上涨，但不一定全部都加速上涨，回抽目标位也是经常出现的走势，我们的做法是出现"鱼跃龙门"后买进，并以上涨目标位设置为止损位。

🔍 "回眸一笑"

当股价突破牛熊线的目标位后，又回抽到此目标位，受到支撑收出阳线，如果此时正好受到牛熊线黄线支撑，则效果更好，称为"回眸一笑"。

股价运行的规律有时让人叹为观止，比如它的上涨目标位，比如它突破以后的回抽位，而股价回踩到股价上涨目标位处，就是一个非常奇特的股价现象。有太多的股票回踩到此位置后再度发力向上，即便我们只掌握这一种买入方法，长期坚持下去也一定能获得极好的收获。

如图 5-32 所示，2015 年 1 月 19 日，三星电气（601657）股价跳空低开，出现"一剑封喉"形态的时候，阿荣买入并分享过它，当时它的股价只有 7 元多，之后最高上涨到 24 元。通过牛熊线可以看出白色线方向向上且高度粘合，代表主力已经进场，且平均进场成本为 3 元，根据股价上涨目标位计算公式，得出股价上涨的目标位为 6 元，而在图中 A 处，股价最低点见到 5.97 元，但当天没有收出阳线，所以还不满足"回眸一笑"的要求，第二天股价收出阳线，满足了"回眸一笑"形态，可以买入，之后股价震荡上行。

股价再次上涨的目标位为 6 乘以 2 等于 12 元，这个价格一方面有可能成为股价未来上涨的压力位，如果压力位没有起到效果，那就会反过来起到支撑作用。这也是趋势理论中支撑与压力的作用会互相转换的具体运用之一。

事实上，股价在12元没有成为高点，而是被阳线突破了，但是之后在图中C处，股价最低点正好回落到了12元，一分不多，一分不少。当天也是没有收阳，没有满足"回眸一笑"形态，第二天股价收阳，形成了"回眸一笑"形态，可以买入。之后我们就可以预期股价再来一倍的上涨幅度，12元乘以2等于24元，事实上，股价最高点就是见到了24.3元，并且出现明显的长上影线，是很好的股价卖点。之后股价一路狂跌到8元多的境地。

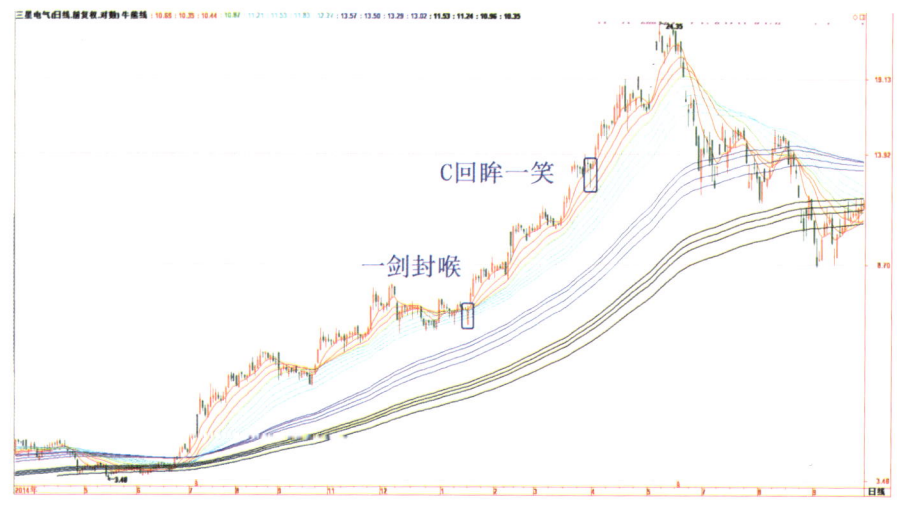

图5-32　三星电气2014年3月24日至2015年9月30日日线叠加牛熊线指标

这就是股价运动的神奇规律，完全按照主力的成本在运行，我们掌握了主力进场的成本价，就相当于打到了蛇的七寸，必然是"一招制敌"。试想，若是没有上述的方法，我们如何知道在合适的价位买进，合适的价位卖出？

再如图5-33所示，桐昆股份（601223）也是一只非常神奇的个股。通过牛熊线的白色线方向向上且高度粘合可以明显地看出，主力的平均进

第 5 章
山雨欲来一剑挡：坦然对洗盘，沙去始到金

场成本正好为6元，根据股价上涨目标位的计算公式，股价的上涨目标位为6乘以2等于12元，所以12元要么成为重要的压力，要么成为重要的支撑。实际上，股价在12元处没有出现明显的调整，也就是没有形成明显的压力，那它反过来就会以支撑的形式出现。

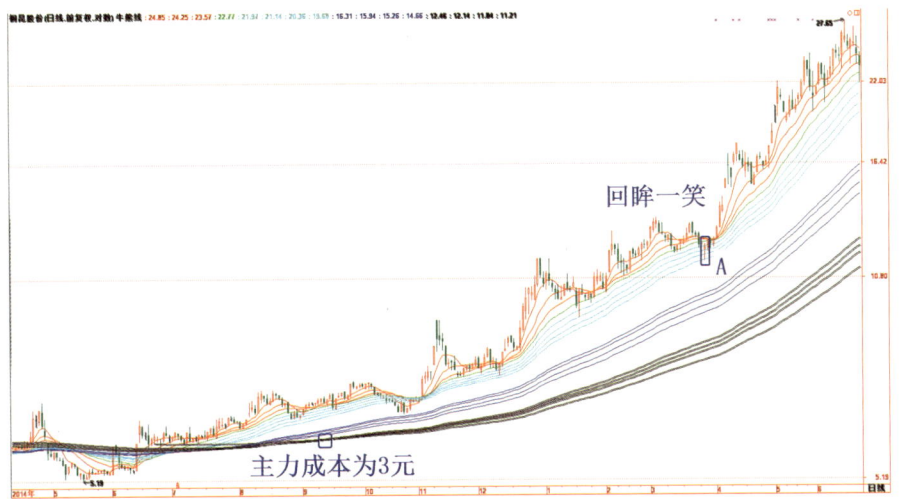

图 5-33　桐昆股份 2014 年 4 月 11 日至 2015 年 6 月 23 日日线叠加牛熊线指标

在图中A处，阿荣有一位朋友正好来问我这只股票，他最早的底仓1元左右就进场了，自己进的仓位比较重，身边还有一帮朋友也跟着他一起买入，当时来问我时，股价已经到了12元附近，A处正好是回抽到60天均线后继续向上，所以我说股价还会继续上涨。

第二天阿荣自己也打开软件认真地分析了一番，发现12元正好是重要位置，于是在论坛里写了一篇文章，重点谈到了只要股价回踩到12元的位置就是很好的买入点。2015年3月30日股价又一次神奇地落在了12元的位置上，当天也没有收阳。转过天的时候，股价收阳，完全满足了"回眸一笑"的形态，是极好的买入点。阿荣的很多学员根据此提示买入了此

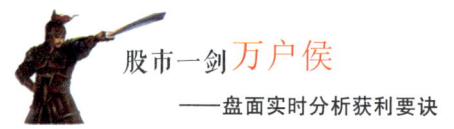

个股,后期获利丰厚。

买入后,股价出现了持续上攻,按照计算公式,12元乘以1.5等于18元,也是一个压力位。实际股价最高见到了17.64元后出现了一波回调。下一个目标位就是24元。在此期间,阿荣一直让朋友牢牢地持住。后来股价突破了24元,最高见到了27元。结合各方面的情况,阿荣告诉朋友说,下一个目标位是30元,但是如果不能上攻到30元,而是向下跌破24元的话,一定要至少卖出一半,将大部分的利润提现,因为到那个时候,获利已经十分丰厚了,可以先部分地落袋为安(这也是我们实际操作中应该十分关注的一个问题,就是当我们的获利较大,通常到了一倍以上时,就可以部分地落袋为安了,这不是从技术的角度上考虑卖出,而是考虑一个是提现,一个是市值涨了一倍后,风险也在随之增大,高点再跌10%,就相当于跌了20%)。

正是基于这一想法,阿荣让他卖出,但是因为种种原因,更多的是由于贪婪,由于散户的劣根性,他们依旧没有卖出。之后股价一路狂跌,从最高的27元一路下跌到最低9.5元,损失惨重,不但之前所有的利润全部烟消云散,本金也大大地受损了。这就是不能很好地执行交易纪律的结果。

🔍 "梅开二度"

当股价突破主力第一目标位(首开纪录)后,继续向上(调整后继续向上)攻击到第二目标位,称为"梅开二度"。攻击到第三目标位称为"帽子戏法",第四目标位称为"大四喜",第五目标称为"五星连珠",第六目标称为"六六大顺",第七目标称为"七星连珠"。

"梅开二度"是指所有的突破目标位后还继续向上突破的形态。如果

第 5 章

山雨欲来一剑挡：坦然对洗盘，沙去始到金

我们找到一只或数只此种走势的个股，根据"做熟不做生"的理念反复地做，一定可以在实战中获得极高的回报。

如图 5-34 所示，同花顺（300033）是阿荣在 2015 年 2 月 10 日通过洗盘结束形态选出来的，当时的股价是 32 元，之后股价最高上涨到 142 元，累计获利达 343%。这只股票也是严格按照主力进场成本的标准在运行，据此操作，一定可以获得极好的收益。

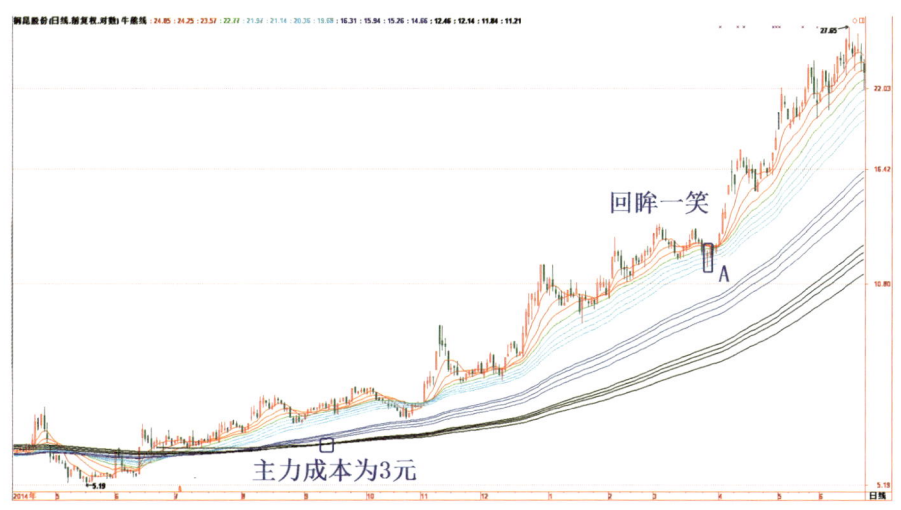

图 5-34　同花顺日线叠加牛熊线、牛熊线各形态示意图

通过牛熊线白线向上且高度粘合看出，主力的平均进场成本为 4.1 元，根据计算，股价的第一上涨目标位为 8.2 元，实际上，股价在 A 处见到了 8.28 元，且出现上影线突破，收盘价跌破，股价收阴的无力突破状态，形成"脚底抹油"形态，之后股价一路狂跌至 5.00 元，受到白色线支撑后展开反攻行情。

图中 B 处，股价以涨停板突破 8.2 元，形成"梅开二度"形态，可以买入，买入后股价出现了向着 8.2 元回抽的"回眸一笑"形态，甚至一度微微跌破了 8.2 元，但因为当时市场强劲，同花顺也是市场的主流品种，我们可以适当放宽条件，只到 C 处，股价再次以涨停突破 8.2 元，宣告回抽结束，又一轮上攻开始，是可靠的买入点。

之后股价的上涨目标位为 16.4 元，我们在持股的同时应密切关注股价在 16.4 元处的表现。图中 D 处股价第一次以 7.21% 的涨幅突破了 16.4 元，但因为没有以涨停板突破，所以不满足"鱼跃龙门"形态，之后股价调整了两天后，E 处股价以涨停板突破了 16.4 元，满足了"鱼跃龙门"形态，可以买入。因为是突破第三倍的价格，称之为"帽子戏法"。

买入后股价的下一上涨目标位为 32.8 元，我们在持股的同时，可以密切关注股价在 32.8 元处的表现。图中 F 处，股价最高点见到了 35.43 元，收于 32.7，明显的上影线突破 32.8 元，收盘价跌破 32.8 元，股价收阴，属于无力突破状态，满足"脚底抹油"形态，可以卖出。之后股价狂跌到 21 元，受到黄色线支撑收阳，且 KDJ 的 J 线向上转折，是标准的洗盘结束形态，可以买入。

之后股价一路展开上攻，在 32.8 元，股价在 G 处是以涨停板突破，满足"鱼跃龙门"形态，突破第四倍的价格，称之为"大四喜"，可以加仓买入。

之后股价的下一上涨目标位为 32.8 元乘以 2 等于 65.6 元，股价最高点见到了 66.93 元，在差不多的价格处产生了回调，可以卖出。之后股价又一次以涨停板突破了 65.6 元，在 H 处产生了"五星连珠"形态，可以买入。

股价的下一上涨目标位为 65.6 乘以 2 等于 131.2 元。实际上，股价在 I 处又一次神奇地以涨停板突破了 131.2 元，满足了"六六大顺"形态，可以买入，并且可以预期股价的下一目标位可以到达 262.4 元。虽然有点疯狂，但是技术上就是这么计算的。

第 5 章
山雨欲来一剑挡：坦然对洗盘，沙去始到金

但是任何大树也不可能长到天上去，任何股票也不可能涨到天上去，再青春的萝莉也有变成大妈的时候，再强的股票也会有见顶的时候。我们买入后还是要按照131.2元的标准设置好止损位，如果之后收盘价跌破此价，还是要及时卖出的。事实上，第二天股价最高点冲到了142元，但是好景不长，股价冲高回落，当天收于123元，已经明显地跌破了131元，满足了止损条件，可以卖出。之后股价还对131.2元出现了明显的回抽走势，又是一个极好的卖出时机。

之后股价从142元一路下跌到最低33元，损失惨重，而按照我们的交易规则进行操作的投资者，则躲过了此轮巨大的下跌。

通过该股的复盘分析，可以带给我们一些有用的启示：

一是主力的成本是何其之低，4元的平均进货成本，却把股价推到了142元，后面跌下来，即便是腰斩主力还是有十倍以上的利润。那些想着主力也被套了，我们也跟着主力一起死扛吧。问题的关键是主力的成本是4元，而我们的成本可能是30元、60元，甚至100多元，股价从142元跌到60元，我们已经套得半身不遂了，而主力还有15倍的收益，我们怎么跟着主力一起扛。

二是股价的上涨完全不是随机漫步、杂乱无章的，而是有着极强的规律性的。如果不能洞悉其中的规律，而随意操作，结果肯定是可想而知的。如果我们洞悉了这个规律，并且按照我们事先制定的规则去操作，我们是可以从长期获得极好的收益的。这就是股性，学习很多技术分析方法的目的就在于寻找股票的股性，它是按照股价运动的哪一个规律在运行，是牛熊线的规律，还是趋势线、管道线的规律，还是均线规律，或是指标规律。找准规律，并长期坚持"做熟不做生"的理念长期操作，一定会有意想不到的回报。

再如图 5-35 所示，5178 之前的第一大牛股银之杰（300085）自 2011 年上市后跟随大势一起下跌，并在底部横盘后被主力相中，主力开始陆续进场。这种上市后就一直下跌的次新股，是最容易被主力相中的，因为它们身上有新的炒作概念，而且次新股因为刚刚获准上市，往往公司业绩也是较有保障的，同时跟随大势一上市就下跌，股价也会更有吸引力。

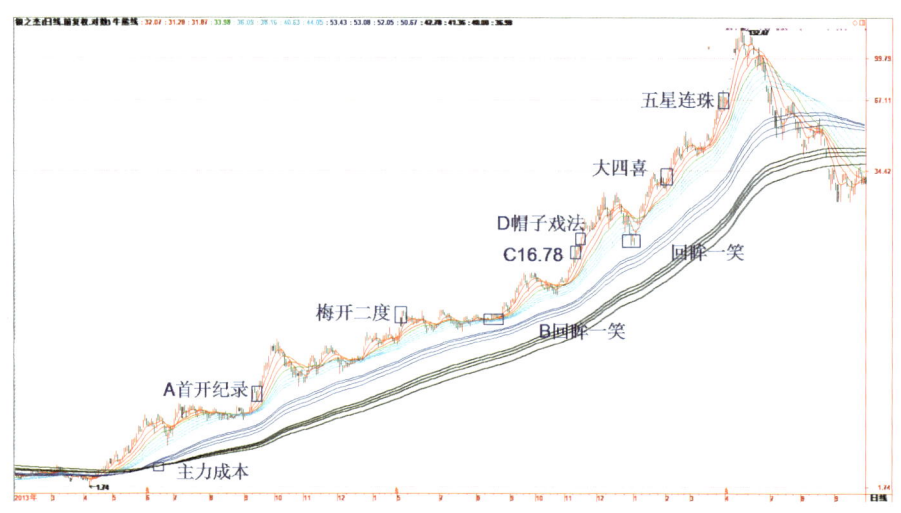

图 5-35　银之杰日线叠加牛熊线、牛熊线各形态示意图

主力进场后，通过牛熊线指标看出，牛熊线白色线方向向上，且高度粘合，显示主力资金已经进场，且主力平均进场成本为 2.1 元，根据公式计算出其第一上涨目标位为 4.2 元，股价在 A 处以涨停板突破 4.2 元，是为首开纪录，可以买入，同时以 4.2 元设置好止损位。第二天股价调整，股价收盘于 4.27 元，仍旧是回抽范围内。第二天股价继续下跌，一举跌破了 4.2 元的价格，按照止损规矩，我们可以卖出股票。不过，如果我们是看收盘以后的价格跌破 4.2 元，要卖要等到第二天，第二天股价再次以涨停突破 4.2 元，又满足了首开纪录，可以买入。不管前一天有没有卖出，

第5章
山雨欲来一剑挡：坦然对洗盘，沙去始到金

再度出现这样的情况都要去买入。

在实际操作中，有时候按规矩操作也会出现短暂的拉锯现象，也就是短时间内出现吃亏的情况，但是这不能成为我们不守操作纪律的借口：您不守纪律得到了好处，那只是甜蜜的毒药。现在不发作，未来一定会发作，一定会让您连本带利地还回去；而如果您长期坚持自己既定的交易纪律，短时间也可能出现吃亏现象，但是长久下来，您一定是得到好处最多的（股市与生活是何其相似）！

股价突破4.2元后，它的下一上涨目标位为8.4元，我们在持股的同时，密切关注股价到8.4元处的表现。股价以涨停板突破了8.4元处，满足了"梅开二度形态"，可以买进，同时以8.4元设置为止损位。买入后股价出现了上下震荡，最终股价跌破了8.4元可以止损，或者中长线投资者也可以选择股价收在黄色线之上就持股的原则。之后在图中B处最低点回抽到8.34元收阳，满足了"回眸一笑"形态，可以继续买入，之后股价继续上涨。

股价的下一上涨目标位为16.8元，实际上股价在C处见到了最高点16.78元，并出现了冲高回落的长上影线，所以谨慎的人可以部分卖出，收获一倍的利润再说。稳健的人可以再观望一下，之后三天连收阳线股价继续上涨。图中D处股价再以涨停板突破了16.8元，满足了"帽子戏法"的形态要求，可以继续买入，并预期它的上涨目标位为33.6元。

实际上，在33.6元附近确实产生了一波短线调整，可以先部分地落袋为安。短暂的调整后，股价又选择了继续涨停板突破33.6元，满足了"大四喜"形态，可以买入，并预期它的下一上涨目标位为67.2元，实际上股价又一次以涨停板突破了67.2元处，满足了"大四喜"形态，可以买入，并以67.2元设置为止损位。股价第二天曾短暂地跌破67.2元，但很快第二天又收出阳线，所以可以继续持股，并预期它的下一上涨目标位为134.4元，

实际上股价的最高点见到了 132.47 元，第二天收出阴线往下调整，这就告诉我们股价差不多到了极致了，可以卖出股票。之后股价出现了大幅调整，最低见到了 25.68 元，跌幅高达 80% 以上，实在令人恐怖。

回顾沪深股市第一大牛股，从最低的 1.56 元上涨到最高的 132.47 元，上涨了近 83 倍，但每一个台阶的向上攻击都严格按照主力进场成本来运作。如果我们能提前揣摩出主力的意图，主力的攻击方式，我们就可以很好地把握股价上涨的利润；否则只能乱做一气，涨幅 80 多倍的股票可以获利幅度连一倍都不到，甚至还会亏损的，真是创造了股市的奇迹。

6. 勇追穷寇：抄底于"高台跳水"时

"宜将剩勇追穷寇"是毛主席《七律·人民解放军占领南京》里的一句诗，这句话同样适用于股市征战：要在股市中博一个"万户侯"，就要"勇追穷寇"，抄底于"高台跳水"时。

先来看看"高台跳水"是怎么回事？

相信大家都看过奥运会的跳水项目，跳水运动员在跳板上准备入水之前，会在跳板上做一些准备入水之前的准备动作：他们会在跳板上持续地踮起脚尖，用身体的重量压着跳板，带动跳板也跟着动起来。看到这样的动作的时候，您就要清楚地知道这些运动员要开始跳水了。

股价也是一样，它在开始跳水之前也会有一些跳水之前的前奏曲。当

第 5 章

山雨欲来一剑挡：坦然对洗盘，沙去始到金

股价遇到压力位时出现大阴棒、长上影线、三根小阴线的 K 线形态时都是股价即将跳水的前奏。在这儿特指牛熊线白色、蓝色、黄色空头排列，股价受这些线的压制出现如上的三种 K 线形态时，就是典型的要跳水的前奏。

当牛熊线的白色线粘合成一条线，且方向向下时，表明主力被套，股价会长期下跌，粘合处就是主力的成本位，股价调整目标位至少达到成本位除以 1.5 处，正常会调整到 2 倍，此股市形态称为"高台跳水"。

上文我们讲述的都是牛熊线白线、蓝线、黄线多头排列，股价处于上升趋势的形态，"高台跳水"形态讲述的则是牛熊线白线、蓝线、黄线处于空头排列，股价处于下降趋势的股票。

如图 5-36 所示，宝胜股份（600973）日线图中 A 处为"高台跳水"形态，之后股价下跌后反弹到 B 处，受到白色线的压制出现大阴棒，是为"跳水前奏曲"。图中 C 处受到压制后产生长上影线，也是"跳水前奏曲"，图中 D 处受到压制后出现三根小阴线，也是"跳水前奏曲"，之后股价都出现了相应的下跌。

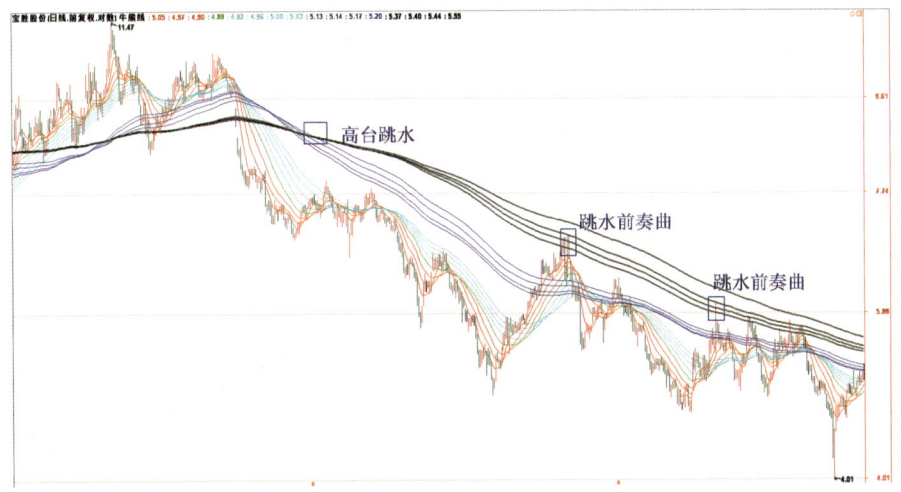

图 5-36　宝胜股份 2010 年 9 月 7 日至 2013 年 1 月 14 日日线叠加牛熊线

同上涨时一样，当股价开始进入下降或刚开始下降时，牛熊线白线方向向下，且白色线高度粘合时也代表主力的成本，股价未来运行的目标位不是乘以1.5，乘以2，而是除以1.5，除以2。股价没有到达我们计算出来的第一目标位前，不要轻易抄底；到目标位后如果出现支撑有效的情形，则可以买入抄底，并以目标位为标准设置好止损位。

如图5-37所示，同力水泥（000885）日线走势中，图中A处牛熊线白色线方向向下，且白色线高度粘合，是为"高台跳水"形态。白、蓝、黄线处于空头排列，股价处于牛熊线下方，表明股价处于下降趋势。

白线粘合处的价格为7.73元，则其下跌的第一目标位为7.73除以1.5等于5.15元，股价在下跌到5.15元附近时不要轻易去抄底；事实上，股价最低跌到了5.21元后展开了反弹行情，我们可以在事先预测的基础上，结合到达此价位附近的表现买进抄底，之后股价展开了反弹，最高见到了22元，5.21元事后被证明是历史最低点。

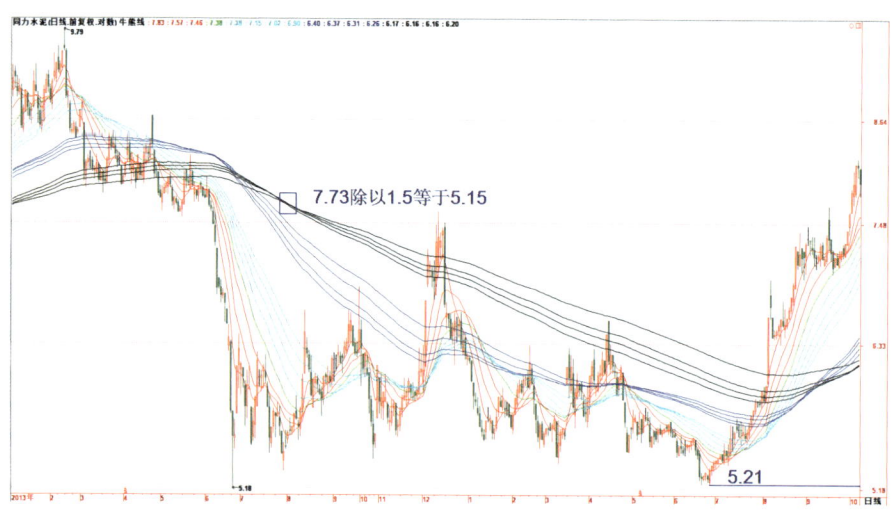

图5-37 同力水泥2013年1月7日至2014年10月14日日线叠加牛熊线指标

第 5 章
山雨欲来一剑挡：坦然对洗盘，沙去始到金

再如图 5-38 所示，三五互联（300051）在图中 A 处出现"高台跳水"形态，主力成本为 5.75 元，按照目标位计算应先是 5.75 除以 1.5 等于 3.83 元，事实上，股价在 B 处在这一价格水平附近产生了反弹，反弹直到受到白色线的压制而产生另一轮的下跌。之后股价再度下跌，此时下跌的目标位为 5.75 元除以 2 等于 2.75 元，股价见到最低点 2.74 元后产生了反弹，一路暴涨，直至最高的 37.18 元，我们又一次据此结结实实地抄到了一个巨大的历史底部。

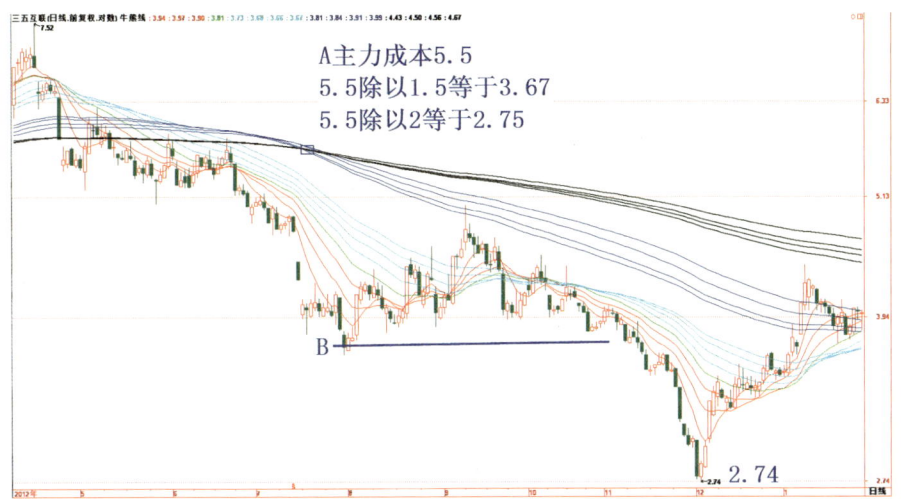

图 5-38　三五互联 2012 年 4 月 6 日至 2013 年 1 月 31 日日线叠加牛熊线指标

再如图 5-39 所示，沪指三十分钟图中，股指自 5178 见到最高点后，股价进入下降趋势，图中 A 处牛熊线白色线高度粘合，且方向向下，是为"高台跳水"形态，主力的成本为 4600 点，按照公式计算出股价未来的下跌目标位为 4600 除以 1.5 等于 3066 点，也就是说，它的下跌第一目标位就可以看到 3066 点，在此之前的抄底行为都是鲁莽的。事实上，股指在这一价格水平附近确实也产生了一波不是很猛烈的反弹。但如果之后的股指

207

明确跌破3066点，则股指还将向着"高台跳水"形态的下一目标位迈进，那就是4600除以2等于2300点，在此点位到来之前的抄底行为，才是比较理想的。

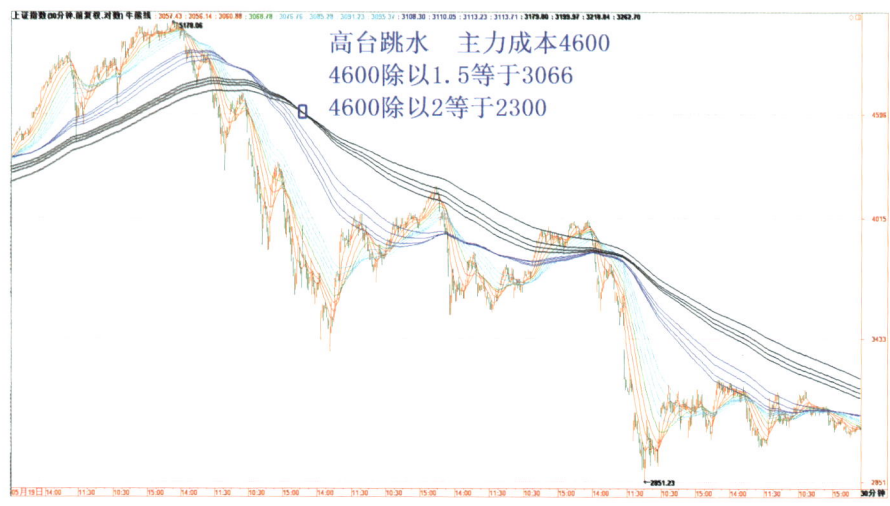

图5-39　上证指数2015年5月20日至2015年9月30日三十分钟图叠加牛熊线指标

第 6 章

新将夺旗屡建功：黑马个股实战技法

第 6 章
新将夺旗屡建功：黑马个股实战技法

1. 激战海通证券

2015 年 7 月 29 日

海通证券（600837），是在 2014 年 11 月 24 日买进的，选中它的理由，首先是它属于券商板块，而券商历来是牛市中的主流品种，2005 年至 2007 年的牛市行情中，位列涨幅榜前两名。所以，在当时股指攻势凌厉，11 月 23 日券商板块集体表现惊艳的时候，阿荣第一时间就把目光瞄在了券商板块。

收盘以后选股中，该如何从板块中选股呢？首先，要寻找板块中的龙头。中信与海通是基本面方面当之无愧的龙头，这是街头大妈也认可的共识。从技术上讲，海通证券在当天晚上，正好属于突破长期下降趋势线后回抽确认，是经典的回马枪形态，属于最稳健的长线买点之一（见图 6-1）。

当天晚上，做好计划后，第二天该股高开两三个点，恰好是强势的表现，开盘以后我就买进了。通过牛熊线的白色线（图中显示为黑线）可看到主力成本位为8.4元，则其目标位为16.8元，而当时买入的价格为13元，所以在买入的时候，就大概有了一个心理预期（见图6-2）。

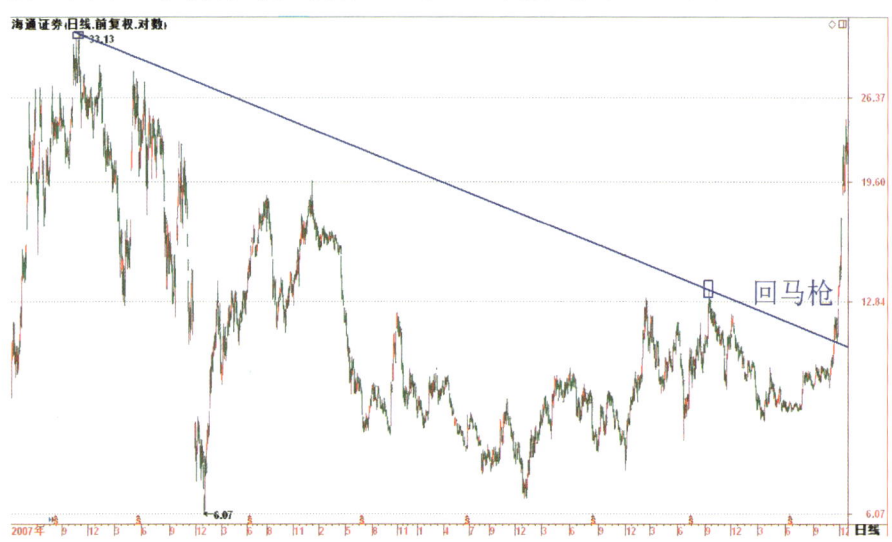

图6-1 2007年3月13日至2014年12月13日海通证券日线回马枪形态

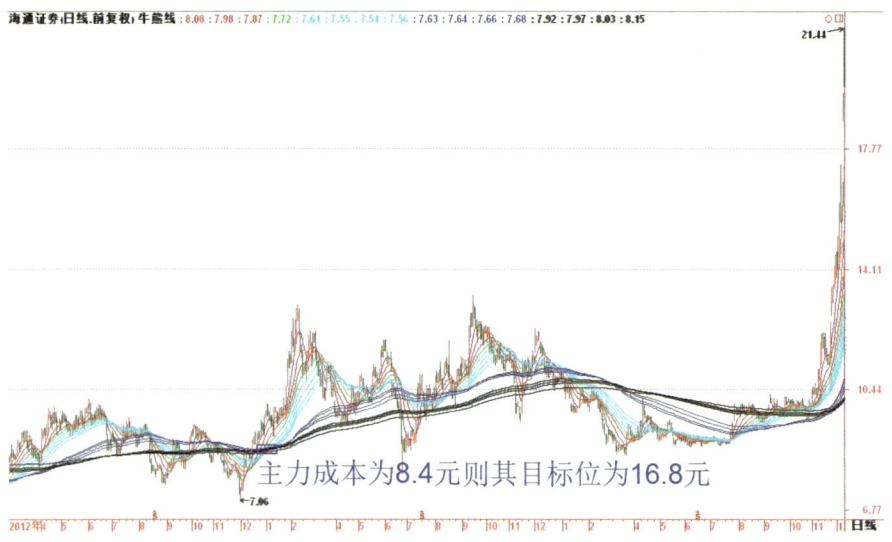

图6-2 2012年2月15日至2014年12月17日海通证券日线牛熊线

第 6 章
斩将夺旗屡建功：黑马个股实战技法

当天收涨 7.5%，第二天横盘，但都在心理预期之内，继续持股。之后股价一路上涨，直到 B 处出现一根 2 点多的小阴线，根据 10 日乖离率跌破 10 卖出的原则，10 日乖离率还在 10 以上，可以继续持股。

直到 C 处出现了一根带长上影线的小十字星，从最高的七个多点，到收盘的 0 涨幅，加之当时获利也不少，照理说也应该卖出了。但是那天正好因为有事在外面，手机操作也不太方便，所以就没有卖出，当时心里还很悔恨，还对那天叫我出去的人有了一点怨恨，"都怪您"，哈。

第二天还停牌了。当天券商板块集体涨停，唯有海通停牌，心里又是恨恨的。再过一天，复牌了，涨停，第二天，还是涨停，连吃了两个涨停，最终在股价跌破 5 日均线时卖出股票了结，累计获利在 50% 以上。之后股价虽然再度向上创了新高，但对于后期的利润，我们已不再感到可惜，因为我们只赚我们交易系统范围内的钱。阿荣的投资理念是"掐头去尾，吃鱼吃中段"（见图 6-3）。

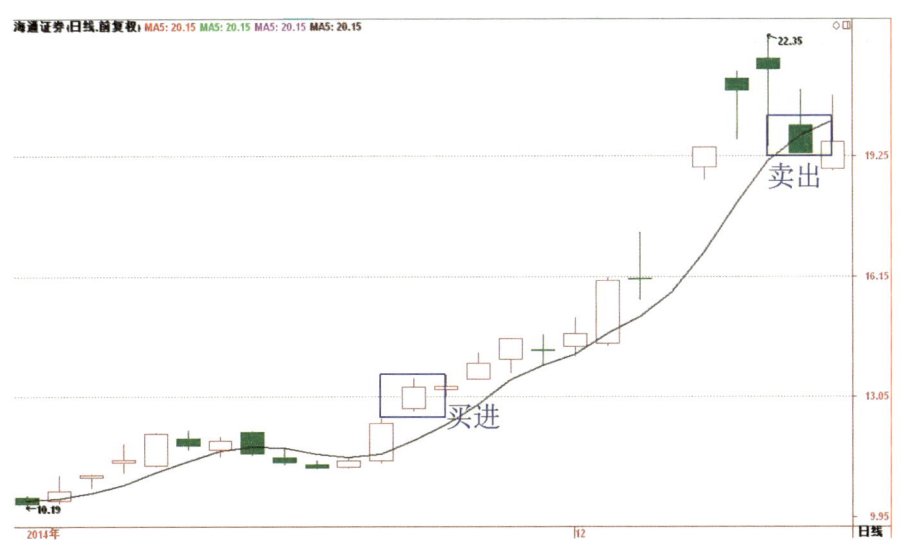

图 6-3 2014 年 11 月 6 日至 2014 年 12 月 11 日海通证券操作示意图

之后，股价在高位震荡了三个月后，出现了下降趋势，并跌破牛熊线的黄色线。此时画出一个下降趋势线，同时也正好突破牛熊线的黄色线，满足了快马加鞭的上涨形态。因为对该股比较熟悉，且从它身上赚过钱，所以保持较高关注度，一旦出现买点，就能及时杀进。这就是"做熟不做生"理念的体现（见图6-4）。

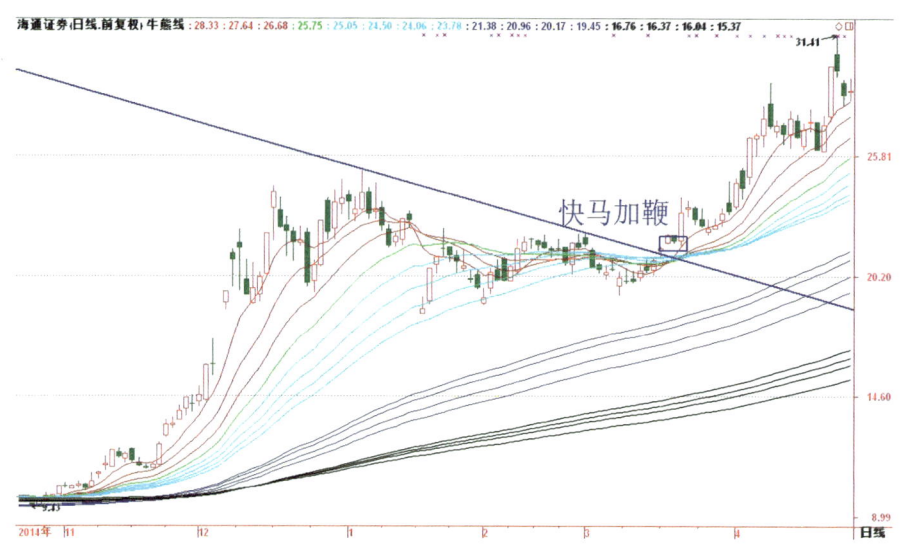

图6-4　2014年10月22日至2015年5月4日海通证券日线快马加鞭

杀进的同时，我也通知我的嫂子买进了，并且告诉她，一路持有，到30元再卖。我们计算的方法是牛熊线的白色线，相比于之前的8.4元的成本，到现在股指已经是第二次白色线粘合，且方向向上了，属于主力已经换了一拨了。主力的成本已经变成了10.5元，则其目标位为21元，31.5元，我打了个提前量，告诉我嫂子说"拿到30元"，而我们当时买进的时候，是20元出点头，百分之四十的利润是看得见的。

2015年4月23日，海通证券最高见到了31.43元，接近了31.5元的目标位，阿荣在当天又一次在论坛上发文，31.5元将是阶段性高点，并让大家卖出，我自己当然也卖出了。卖出后，股价开始出现长时间的调整，直到现在，股价仍旧处在下跌中，最低跌到15.8元，又一次获利50%左右，并成功地躲避了下跌（见图6-5）。

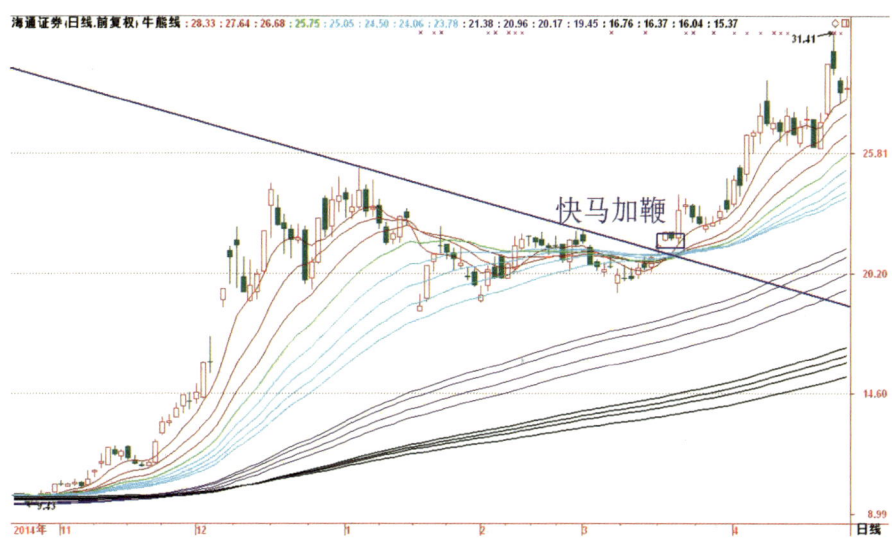

图6-5　2015年1月6日至2015年8月6日海通证券日线牛熊线

2. 看好佳讯飞鸿的八大理由

2015年1月7日

看好佳讯飞鸿，准备在其收盘价能站在22.4元以上时买进，止损位21.4元。站不上则不买，买了跌破止损价，则坚决止损。

第一，公司属于创业板，刚好属于创业板发飙的时候，可谓生逢其时。

更重要的是，它是具备多重热门概念的个股，它是铁路基建板块中，唯一具备航天军工以及基建重仓概念的个股。全国铁路建设、电力、石油等的建设调度系统，60%以上份额都是它的。一个公司占据了创业板、小盘、铁路基建、航天军工、基金重仓等这么多牛概念，流通市值不到30亿，哪个主力不爱它爱得死去活来啊。

第二，短线经过了严重超跌，自2014年12月15日至2015年1月6日，以27%的跌幅名列跌幅榜第11，极佳的抄底机会。

第三，正好满足薛斯通道的长线底部特征，正好受到外下轨支撑后收阳，只要明天收盘能站在22.4元以上，就是绝佳买点，止损位在21.4元（见图6-6）。

第四，牛熊线指标，正好满足黑马卧槽特征，即回调受到蓝色线支撑，收出阳线，是极好的上涨抄底的机会。按牛熊线计算，它的中长线目标位在39.2元，现在买入，至少有80%的上涨空间（见图6-7）。

图6-6 2014年7月7日至2015年1月7日佳讯飞鸿日线薛斯通道

第 6 章
斩将夺旗屡建功：黑马个股实战技法

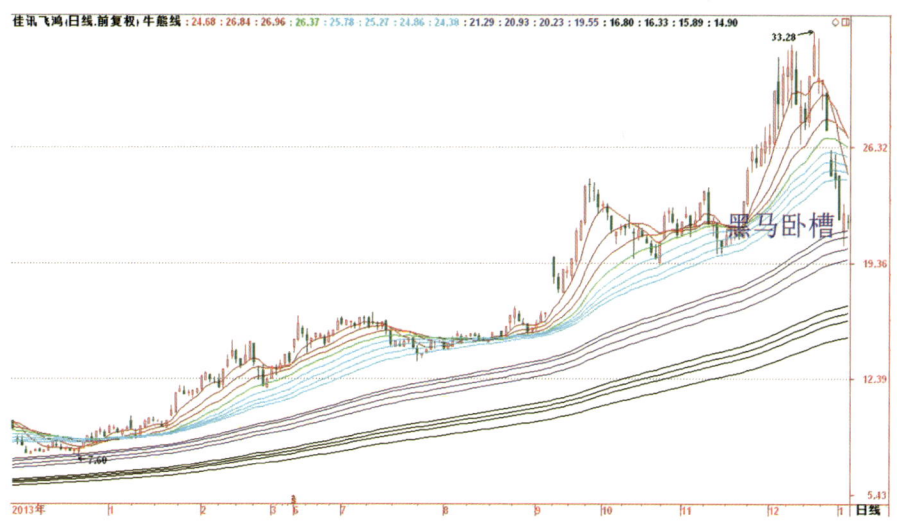

图 6-7 2013 年 8 月 22 日至 2015 年 1 月 7 日佳讯飞鸿日线牛熊线

第五，按照平地高楼法，正好回抽 100% 的支撑位，前两波行情，都是回抽到 100% 线后上涨，涨幅目标一倍。这一点特别重要，历史极有可能重演（见图 6-8）。

图 6-8 2013 年 10 月 21 日至 2015 年 8 月 6 日佳讯飞鸿日线平地高楼

第六，股价回调，受到120天均线附近支撑收阳，上次也是受到该线支撑后大涨（见图6-9）。

第七，指标走势十分完美。KDJ指标的J线在低位向上拐头。9日RSI指标画线正好打到通道线的下轨，绝佳的买入机会（见图6-10）。

图6-9 2013年4月2日至2015年1月7日佳讯飞鸿日线

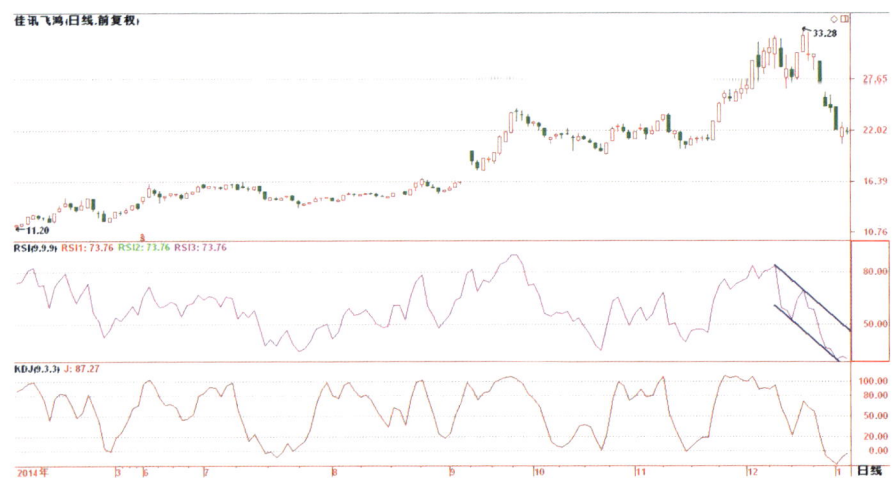

图6-10 2013年11月11日至2015年1月7日佳讯飞鸿日线

第 6 章
斩将夺旗屡建功：黑马个股实战技法

第八，短期趋势线受到支撑收阳。

以上就是看好佳讯飞鸿的八大理由。

3."平地高楼"解析佳讯飞鸿
2015 年 2 月 24 日

股价的运行绝不是杂乱无章的，而是有序中的无序，无序中的有序。这个有序，就是股价运行的模型。股价总是按照一个或数个模型在运行，只要找到这个模型，您就扼住了主力的咽喉。平地高楼法，就是主力运行的重要模型，掌握了它，您就可以在股市中赚取数不清的财富（见图 6-11、6-12、6-13）。

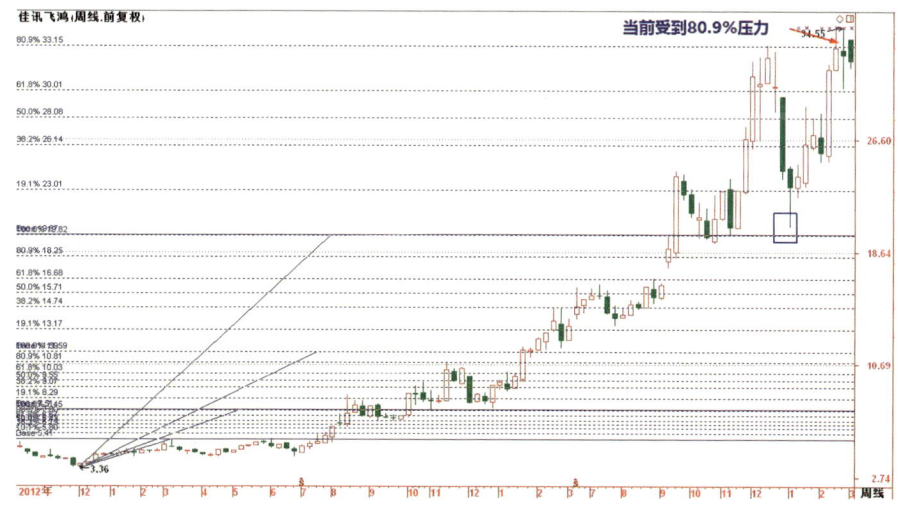

图 6-11　2012 年 12 月 4 日至 2015 年 3 月 2 日佳讯飞鸿总日线平地高楼

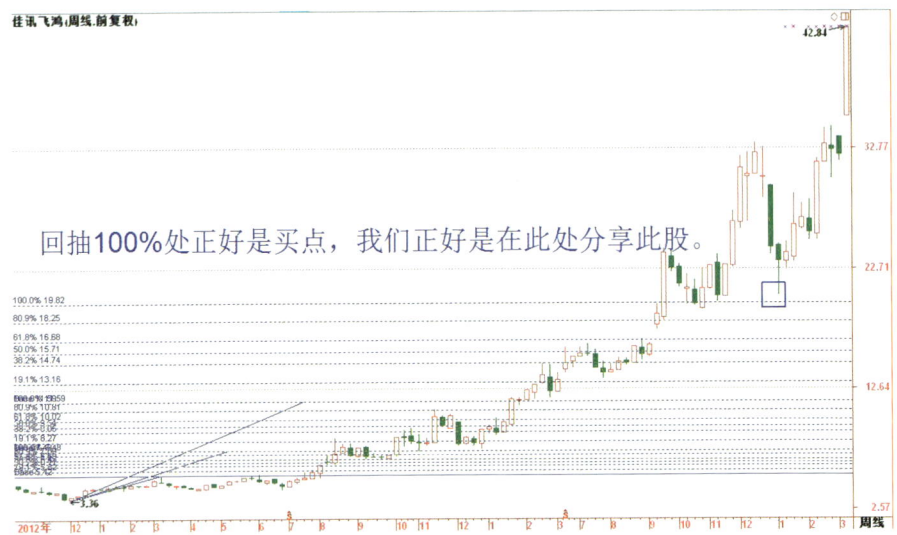

图6-12 2012年12月4日至2015年3月2日佳讯飞鸿总日线平地高楼

图6-13 2013年1月4日至2014年月17日佳讯飞鸿总日线平地高楼

第 6 章

斩将夺旗屡建功：黑马个股实战技法

以佳讯飞鸿为例。图一周线，以第一波上涨的最低、最高点 A、B 为基础，向上作黄金分割扩展，回抽到 100% 的位置处，就是最好的买点，股价从 7 元涨到 12 元。再以 A 到 100% 为基础，再向上作扩展，回抽到 100% 位置处，就是最好的买点，股价从 12 元涨到 20 元。再以 A 到 100% 为基础，向上作扩展，回抽到 100% 位置处，就是最好的买点。正是在此时的 1 月 7 日，我非常正式、隆重地谈到了看好"佳讯飞鸿"的八大理由，其中第一条就是回抽到 100% 处受到支撑。

按照规律，20 元上涨 80%，至少会到 36 元，而 100% 的压力位在 37.24 元。而当前股价受到了 80.9% 的压力，并收出长上影线，不排除短线调整。但是中线肯定没完，至少会到 37 元，所以我劝大家不要着急，稳稳地拿着，至少到 37 元。害怕风险的，想入袋为安的，也可以撤退。您只要掌握了这个模型，在任何一个回抽 100% 位置处买入，至少可以获得 80% 的收益，多的则百分之几百。

4. 佳讯飞鸿，喜讯将至

2015 年 5 月 2 日

尘世间最痛苦的事莫过于板块暴涨，而您的股票却无限期停牌。自阿荣 1 月 7 日重磅推荐佳讯飞鸿后，阿荣也买进了。目前累计获利 40% 以上，但 3 月 3 日起幸福结束了，突然停牌。

近期将复牌，保守估计，四个涨停板会有的。

3 月 3 日停牌以来，创业板指累计上涨 43%，我不要求多，就补上这

个平均涨幅就行了。

主力成本在 4.8 元，则上涨目标位为 9.6，19.2，38.4。现在 32，差不多一个板就到了。所以 38.4 肯定不是最终的目标，还会被突破，则它的下一个目标是 38.4 乘以 1.5，等于 57.6 元。

到了复牌的时候，能追进的可以继续追，这才叫真正的滞涨品种。那种没停牌却不涨的，多少是有问题的。

5 月 2 日听说要复牌，后来一看没有复牌，一直等到 6 月 10 日才复牌。复牌后，涨停板是当然的，一共出现了五个涨停，图中 A 处出现了八个多点的下跌。对于此种类型的个股，第一个卖点是涨停打开，且出现巨量长阴时，可第一次卖出。当收盘价跌破 5 日均线时，可第二次卖出。因为此时已经有一倍以上的利润，所以我采取了后一种卖法，直到收盘价跌破 5 日均线处才卖出。加之第二天股价最高见到 52.46 元，接近了我们之前测算的 57.6 元的目标位，所以在第二天股价跌破 5 日均线的时候，虽然股价最终接近跌停，阿荣还是在盘中卖出了，最终获利在一倍以上（见图 6-14）。

图 6-14 2014 年 12 月 12 日至 2015 年 6 月 25 日佳讯飞鸿操作示意图

第 6 章

斩将夺旗屡建功：黑马个股实战技法

5. 捕捉涨停的秘密

2014 年 12 月 22 日

昨日做完操作计划后，晚上做梦的时候，还隐隐有感应说，太原重工会继续涨停，因为形态如此。同时早盘的消息说，中泰高铁项目又有新的进展。然后计划跌破 5 日均线卖出。另外的账户上，准备买进农业板块中的亚盛集团、海南橡胶。

开盘以后，太原重工果然直接封死在一字涨停上。看着账户的资金马上增值，心里很美。对于有巨大获利并且全仓的股票涨停，那是一种十分美好的享受。同时看好的亚盛集团高开几个点，然后在盘中窄幅震荡，因暂时腾不出仓位来，所以没有买进，只能通知身边几个关系比较亲近的朋友买进。某些人注定有好运气，我的一个亲戚，自上次听从我的建议重仓买进太原重工，一天获利十几万后，今天又重仓买进了亚盛集团，尾盘强势封板，又一次获利丰厚。另外两三个好朋友也买进了，收益也不错。

好景不长。太原重工居然打开了涨停，然后大幅震荡。与此同时，很多个股大幅下跌，跌停个数不断增加，银行股却在拼命护盘。此时的我，有点举棋不定，不知道该不该卖掉。此时违反了一贯的纪律，即不在盘中做决策。因为今天市场波动过大，所以我不得不盯着盘面，果然感觉到盯盘好痛苦，纠结。

于是，我实在忍无可忍，爬到楼顶上，让自己的心态静下来。最终我告诉自己，现在是牛市，行情还在上涨，个股还在 5 日均线以上，应

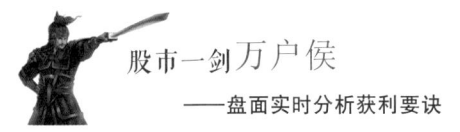

　　该持股。但考虑到跌破5日线还有一定的距离，所以我决定如果跌得有点狠的话，先出来一半，先降低一下仓位，然后剩下的一半，以跌破5日均线为止损。

　　定下操作建议后，重新回来盯盘，最终在涨到3%点多、4%点多的时候，分两批减仓，将仓位剩到一半。毕竟几百只股跌停，这种系统性风险很集中的时候，是很难做到淡定从容的。卖掉一半后，我在耐心等待农业股的机会。果不其然，亚盛集团开始了上拉表演，我果断在涨到6点半的时候杀进，尾盘收获了一个涨停板。

　　虽然重工今天让我损失了不少（少赚了不少），但是堤外损失堤内补，亚盛让我逐步又回来了。更重要的是，通过这样的操作，我又一次换到了热点品种上来。现在的热门品种，实在是太重要了，就像汉朝姓刘、唐朝姓李一样，只要沾上，就会鸡犬升天。所以市场的热点，实在是太重要了，而这个热点，真的是需要您在盘后付出时间、精力并且配上您的能力去梳理的——不梳理的结果，就是痛苦加无助，分析计划的结果，就是轻松加愉快。

　　明天计划将最后的太原重工继续卖掉，再度转移到亚盛上来。因为已经有底仓获利了，所以即便涨停，俺也不怕。从海通到太原，再到亚盛，至少到目前为止，我感觉到这个节奏还是踏得可以的。但是千万不能骄傲，一旦您开始有了这样的想法，市场一定会让您狠狠地摔一跤，因为在万能的市场面前，任何人都是那么渺小。

　　还有一点，就是在操作的时候，当您想买的时候，挂买单一定要高于最高的买价，还要高一两分钱，卖出相反，千万不要在此时抠抠搜搜，最终一定会让您得不偿失。不要小气，小气赔大钱。每次我想卖，务必一挂就成，因为我挂的价格，是比所有的低价还要低得多。

第 6 章
斩将夺旗屡建功：黑马个股实战技法

6. 看好太原重工的七大理由

2015 年 1 月 12 日

本人看好太原重工，只要在 7.9 元处受到支撑，并收出阳线，就是一个很好的介入机会。大盘出现系统性风险，则放弃买入！

看好的理由如下：

第一，公司属于工程机械板块，又有铁路基建概念。公司主流业务是做铁路配件生产的。是属于当前大热的一带一路受益品种。公司多年来获得了 400 多项的行业第一。这样的行业，这样的品种，是我们在整个牛市里面，都可以长期操作和持有的品种，甚至有人把它比作新时代下的中国船舶。

第二，股票走势十分稳健，典型的强庄控盘态势。所谓"股不在精，有庄则灵"。每一波上攻，涨上十来天，且至少有一到两个涨停，涨停过后，马上出现大阴线洗盘或是调整，然后到了 20 天均线就再度发力。主力的影子十分清晰。现在股价又一次回打到了 20 天均线，上周五收出了阳线，虽然带着个长上影，但是盘中的价格形态，不影响它长期的方向。

第三，短期趋势线受到了支撑，收出了小阳线，只要今天继续能够收阳，则是进场的良机。按照它的波动规律，只要受到 20 天线支撑后的上攻，至少会有一个涨停（见图 6-15）。

第四，平地高楼法，测算出的价格 200% 处，正好是 9.16 元，而实际最高点为 9.38 元，然后配合一个特大利好，完成一波下跌。现在的价格正

225

图 6-15 2014 年 9 月 5 日至 2015 年 1 月 9 日太原重工日线

好回调到 1.618 元位置处,只要在此位置处受到支撑,并收出阳线,则后续至少的上涨空间将创出前期新高,也就是最少会上涨过 9.38 元的位置。我们前期一直谈到的,该股的第一目标位是 9.6 元,不排除股价短暂地创出 9.38 元的新高,触及 9.6 元的价格后,再出现短暂的调整,然后再向着下一波 12 元的目标迈进。如果主力的意图不幸被咱言中,不知主力会不会因此而改变作战计划(见图 6-16)?

第五,从指标看,该股的 KDJ 的 J 线值,还处于下降状态,还没有出现向上拐头,如果今天收阳,则将是出现向上拐头的第一时机。9 日 RSI 数值正好打到趋势线处受到支撑,如果今天发力向上,则同样会拐头向上,给出买点(见图 6-17)。

第六,该股出现了缩量特征。上升趋势中的调整,其调整结束最明显的特征,就是出现地量整理,一旦再度放量,收阳就是它启动的标志。

第 6 章
斩将夺旗屡建功：黑马个股实战技法

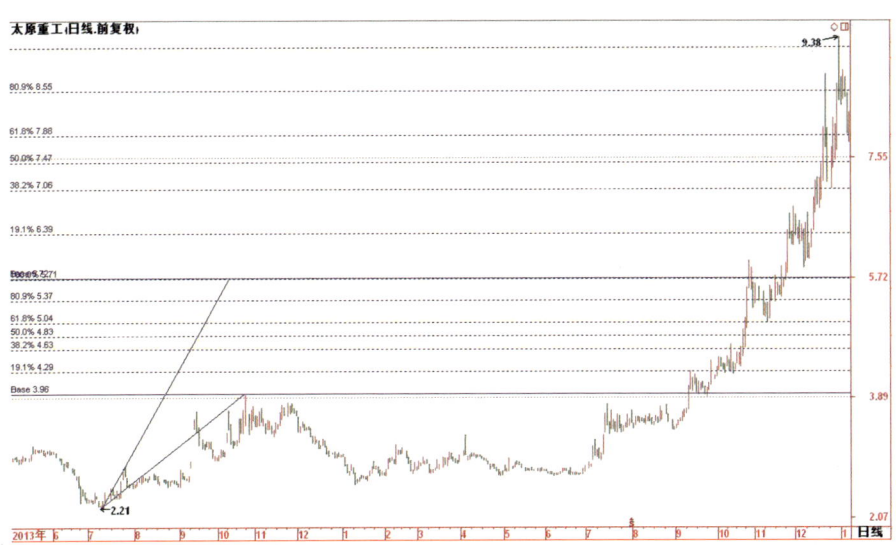

图 6-16　2013 年 6 月 17 日至 2015 年 1 月 9 日太原重工日线

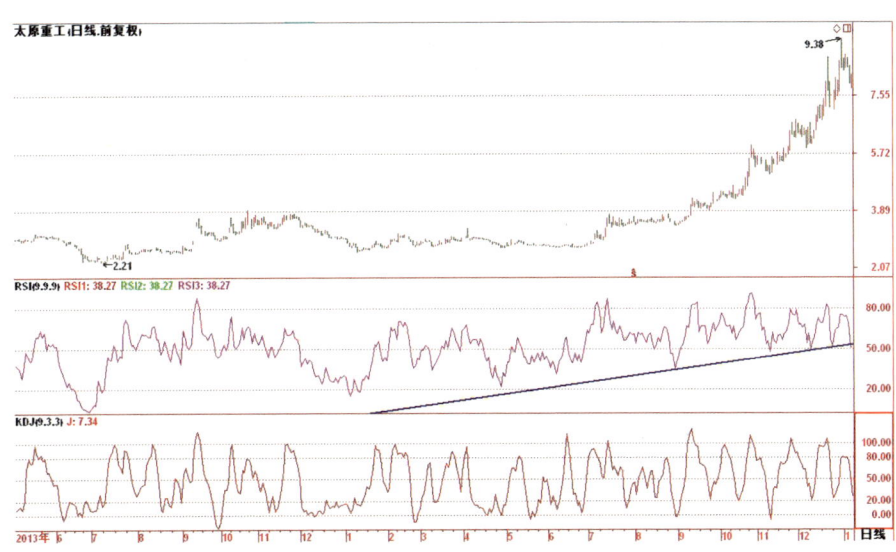

图 6-17　2013 年 6 月 17 日至 2015 年 1 月 9 日太原重工日线

227

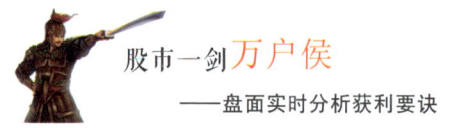

第七，最重要的理由是本人持有该股，并且还准备再加仓。

止损无比重要！任何时候都不要忘记止损位。一个好的买点，就是极好的止损点，该股的止损点就是1.618的位置处，7.8元，只要收盘价跌破该位置，就表明我们所有的预期，至少在阶段内落空，就要先行出局避祸为先。

以上都是我们的预期，但能不能买进，一切都还要看它实际的走势，能否如愿地收出阳线；更重要的是，当前的股指正受到了3992的压力，仍旧出现上影线突破，收盘价跌破的无力突破的态势，如果股指继续下探，或者出现大幅的杀跌行情，则我们的买入先行暂停。骑着毛驴看唱本，走着瞧吧！

7. 股市黑马炼成之太原重工

太原重工，是阿荣着墨较多，也是自己参与操作的个股。几乎阿荣的所有战法都有体现，是学习的好教材。现在回过头来，专门写出来给学员分享操作中的心得，认真看几遍，必有大成！一定要认真看！

最早买进是在A处，理由是它属于一带一路。既有铁路概念，又有基建概念，属于符合了机构选股法要求的个股。

技术上，首先满足了洗盘结束特征。受到牛熊线黄色线支撑，收出阳线（距离黄线稍有点距离，下方的KDJ指标正好拐头向上），同时通过牛熊线的白色线看出，其主力成本为3元，则其上涨的第一目标位为6元。

而 A 处，股价最低点为 5.99 元，正好是回抽目标位（与当时的桐昆股份的 12.1 元回抽，如出一辙）确认，所以阿荣出手了（见图 6-18）。

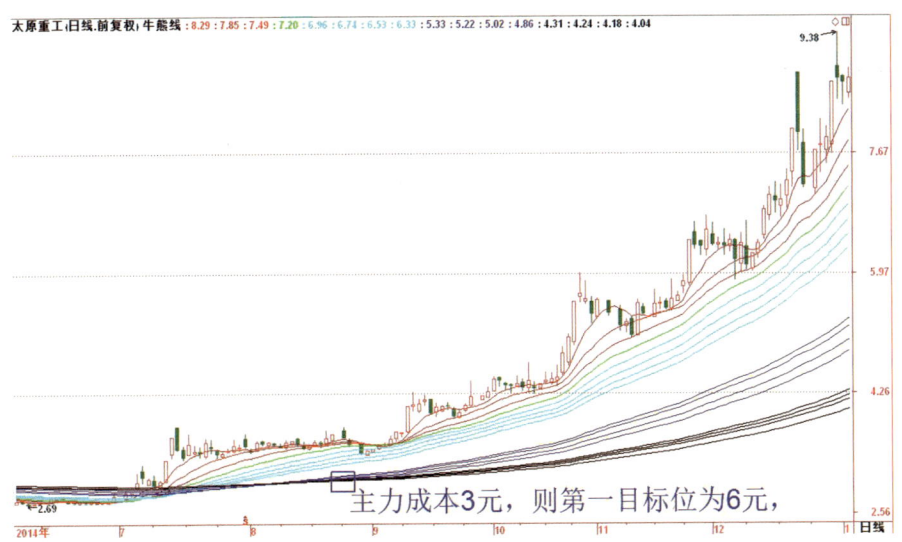

图 6-18 2013 年 6 月 17 日至 2015 年 1 月 9 日太原重工日线牛熊线

买入后，股价一直上涨。买入前就应确认好股价上涨的目标位，过了 6 元以后，其上涨目标位分别为 6 乘以 1.5 为 9 元，6 乘以 2 为 12 元。所以心理预期就是 9 元。

事实上，12 月 22 日最高点到达了 8.81 元（测算目标位时，可以把算出来的价格，往下移个 10% 至 5%，打个提前量，留些鱼骨头给别人，自己吃肉就好了），其实是可以减仓的，但是阿荣当时也忘记什么原因了，没有跑。短线下跌后，又向上发力。

B 处卖提了一半，理由是平地高楼法。以下图中 A 点与 B 点为基础，向上作黄金分割扩展，打到 C 处，以 A 点与 C 点为基础，向上作黄金分割扩展，D 处为 100% 压力位处，当时股价盘中是大阳线的，存在继续大阳突破的可能，同时最高价达到 9.38 元，到达第一目标位。

所以，阿荣本来想全卖，但是还是希望会突破，所以在 100% 稍下边一点的价格卖掉了一半。第二天阴线下跌，卖掉了另一半（见图 6-19）。

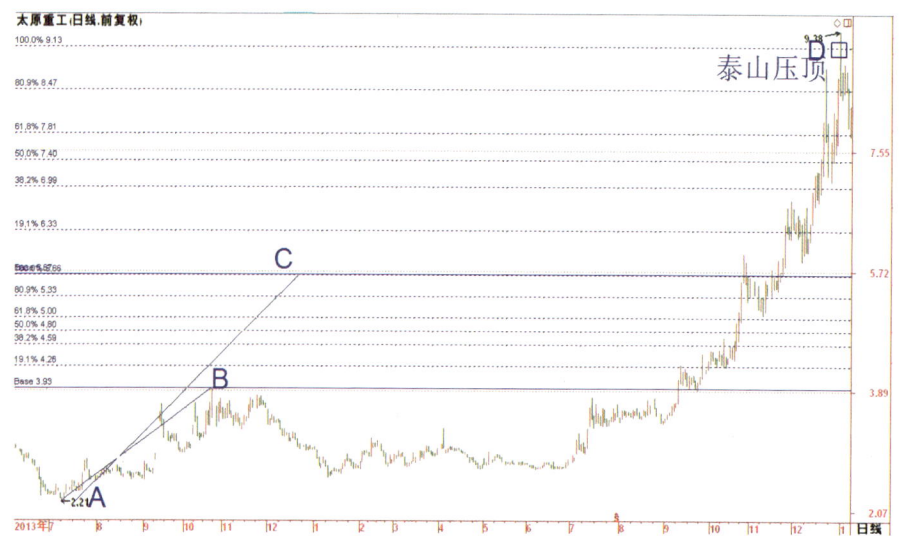

图 6-19 2013 年 6 月 17 日至 2015 年 1 月 9 日太原重工日线平地高楼

要点，当股价以上影线突破（压力位），收盘价跌破，股价收阴时，代表无力突破，可以卖出。当天如果是阳线，则可以结合第二天的阴线卖出。

在图 6-20 中 A 处，看到股价受到五日均线支撑又收阳了，所以又冲进去了。这就是对自己曾经操作过的股票的喜爱，尤其是曾经让自己赚过钱的股票，更是如此。

买入后第二天是阴线，并跌破了五日均线，证明我们搏 5 日线受支撑的想法不成立了，所以就决定要卖出了。这叫试错。试了，错了，马上改正。一定要记住，止损是炒股的常态，一定要学会适应并享受它。

只有舍得赔小钱的人，才有可能赚到大钱。赔了钱就不卖的人，不可

第 6 章
斩将夺旗屡建功：黑马个股实战技法

能享受大行情上涨的收益。

在 B 处，出现了较大的阴线下跌，此处割肉出局，产生了亏损。

接下来的一段时间，该股走势较弱，就坚决地把它扔在一边，把精力都放到创业板上去了（见图 6-21）。

图 6-20　2014 年 12 月 8 日至 2015 年 1 月 13 日太原重工日线

图 6-21　2013 年 6 月 17 日至 2015 年 3 月 12 日太原重工日线

在上图中 E 处，太原重工调整后，出现长下影线打到平地高楼法的 19.1% 的位置处，受到支撑，这也是平地高楼法中调整的极限。打到此位出现上涨，也会有很好的表现。阿荣在此处买入，并在收费区进行了分享。

之后，可能是嫌其上涨速度太慢，在 F 处进行了减仓操作，没有特别明显的技术理由。

之后，图中 A 处受以四段五点的支撑，且收出阳线，是个很好的买点。正好有学员在论坛中问太原重工，阿荣就发出了买入的指示，当天上涨 7.22%。之前通过牛熊线，测算出主力成本为 3 元，其目标位为 9 元，12 元，而当天大阳线突破了 9 元，接下来，它的上涨目标位会继续到 12 元，所以可以暂时持股。第二天股价涨停，也满足了"疯牛出栏"形态，之后一路震荡攻击到 12 元一线（见图 6-22）。

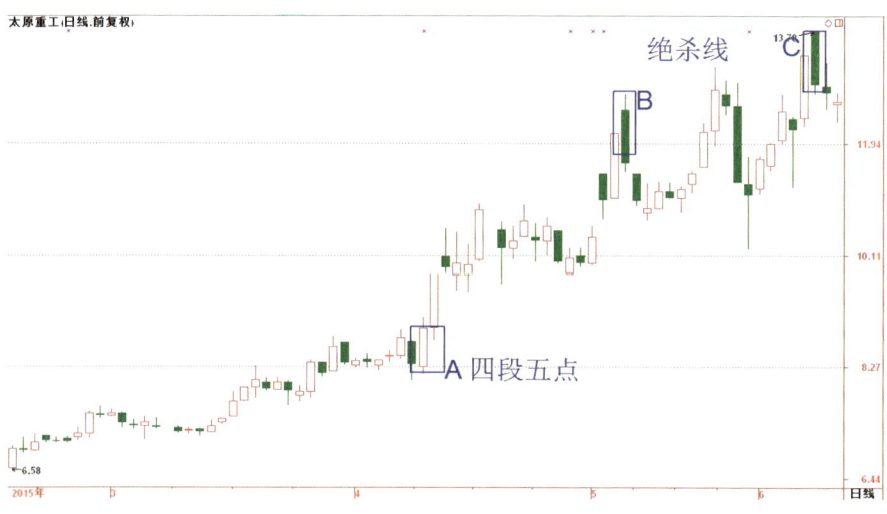

图 6-22 2015 年 2 月 10 日至 2015 年 6 月 10 日太原重工日线

在图中 B 处、C 处多次出现高开低走中大阴线的绝杀线形态，加之已经达到了股价的目标位 12 元，所以可以逐步分批减仓出局。

8. 放权简政，事后监管

2015 年 3 月 30 日

有个哥们儿买了桐昆股份，非让我诊断一下。我正好想介绍一些战术思路，所以正好以此个股为案例来解析一下。

桐昆股份是在桐乡一个镇里的化工企业，业绩一般，对于它的基本面也就了解了这些。

从技术面看，该股近期正好完成了洗盘，正要开始进入拉升期了。因为股价受到了牛熊线黄色线的支撑，并且收出阳线，下方的 KDJ 指标的 J 线值，也正好向上拐头，活脱脱一个洗盘结束的架势。3 月 26 号那一天，也正好是股价受到 60 天均线支撑，要向上发力呢。从牛熊线可以看出，主力成本位在 6 元钱，也就是说这个股票的主力，是 6 元附近进场的，现在价格已经翻了一倍了。但是主力都是很贪婪的，没有说涨到一倍就不涨了，谁会嫌钱多呢（见图 6-23）？

所以，股价过了第一目标位 12 元以后，下一个目标位就是 18 元，再下一个目标位就是 24 元，这是看得见的。只要牛市在，就一定是闭着眼睛都看得到的价格。今天最低点，是 12.1 元，摆明了是对 12 元的回抽嘛！现在也正收阳呢，怕什么呢？

这哥们儿昨天一看下跌了，就着急问要不要卖出呢？不是说洗盘结束了吗？怎么还跌？国家法律有规定只能洗一次盘吗？对于这样的股票，我们需要的是什么？是耐心。在守住止损位 12 元的情况下，牢牢地耐心地

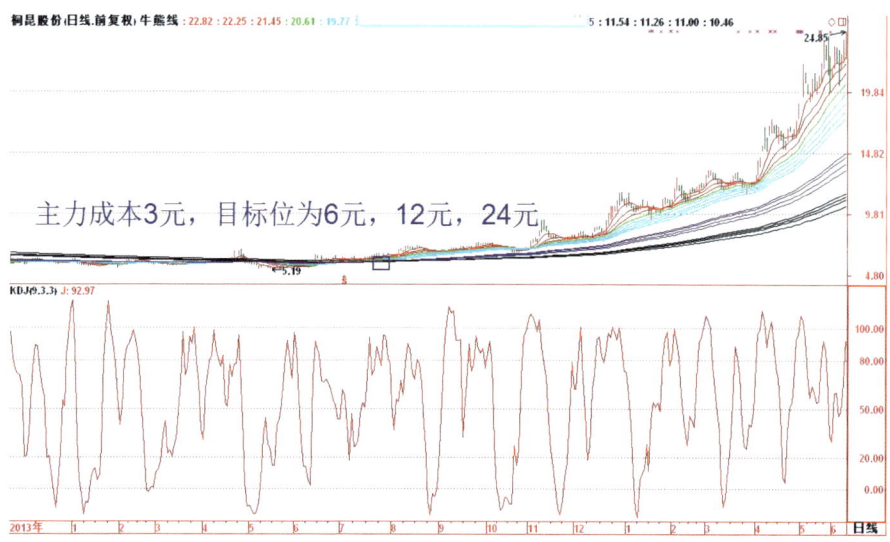

图6-23 2014年1月13日至2015年6月11日桐昆股份日线牛熊线

持住就好了。

就这么简单的事情,绝大多数的人却做不到。为什么?因为您要人为地干预。就像"文革"时一样,连农民怎么种地都要管,最后结果是一塌糊涂!现在我们要学政府,明确目标,放权简政,减少人为干预,事后监管(跌破止损位了再出手)!

3月31日,股价再次回探到12.07元,再次完成了对12元的回抽,收出阳线,满足了"回眸一笑"形态。阿荣又一次发出了加仓的指示。当天收阳,之后股价一路上涨,可以耐心持股,预期心理目标位为18元,同时,以10日乖离率指标数值跌破10为卖点。B处、C处出现大幅震荡,从接近涨停往下跌,第二天又出现四个多点的下跌,正常的盯盘的投资者,都会卖出股票。

首先,投资者认为自己赚钱了,现在又跌下来,害怕煮熟的鸭子飞走了。

第6章
斩将夺旗屡建功：黑马个股实战技法

因为当投资者赚钱的时候，跑得比兔子还快。还有就是因为盯盘看着它下跌，会产生莫名的害怕而跑掉。当投资者套住或赔钱的时候，就会跑得比乌龟还慢。但这显然不是正确的投资方式。正确的投资方式是计划您的操作，操作您的计划，事先制定好相应的应对策略，然后再根据实际情况去执行。

实际上 B 处、C 处虽然盘中出现了大幅震荡，但是一没有到达 18 元的目标位，二是 10 日乖离率数值还在 10 以上，还可以继续持股。D 处股价最高见到 17.64 元，接近 18 元的目标位，但还没有到，同时股价也还在上涨中。第二天股价收阴，同时 10 日乖离率跌破了 10，满足了卖点，可以卖出（见图 6-24）。

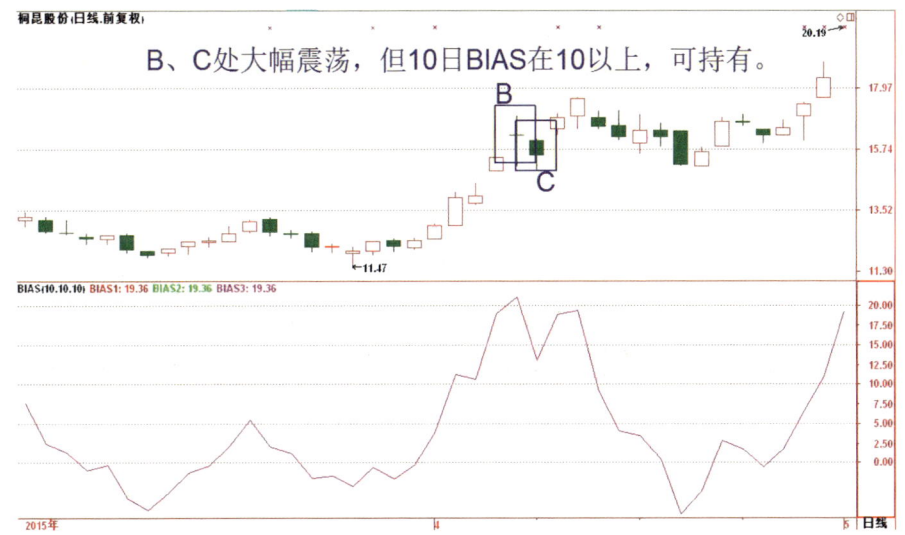

图 6-24 2015 年 3 月 4 日至 2015 年 5 月 12 日桐昆股份日线牛熊线

之后，股价出现了洗盘调整，E 处最低点，调到了 15.11 元，同时 KDJ 的 J 线值向上转折，满足了不太标准的洗盘结束形态，（距离黄色线

还有一定的距离）也是一个买点，之后股价晃晃悠悠地上攻到了最高 24.43 元。因为已经到了 4 倍了，也出现了上影线突破，收盘价跌破，股价收阴的无力突破形态，所以，可以卖出。

　　阿荣也多次提示卖出。阿荣有一个朋友一直长期持有，本来也计划到了 24 元就全部卖出，换房换车改善生活的，但是真到了 24 元他又舍不得了，他又有了更远大的目标了，他想的是到了 30 元再说吧。之后，股价最高见到 27 元后，向下跌落，阿荣也一直提示大家，包括那位朋友，股价跌破 24 元一定要卖出，但是当股价真跌破了 24 元的时候，他又不舍得卖出了。

　　最后股价一路暴跌到 11 元，他是 12 元进的场，曾经有超过一倍的利润，最终光着屁股出来的。这就是桐昆股份的股价涨跌的完整轮回。技术形态十分清晰，买卖点也很清晰，但是实际操作中，很多投资者却赔了钱，实在让人唏嘘不已。

9. 黑马是这样炼成的——赢时胜操作全揭示

2015 年 3 月 21 日

　　赢时胜，是 3 月 8 日阿荣在收费区分享的个股。13 天出现了 95% 的上涨！今天，阿荣来揭示一下操作它的奥秘！

　　选出的逻辑是，板块叠加。我在讲解板块轮动规律时，总结了五个阶段市场的领涨、领跌品种，送转潜力出现三次，为最多，互联网出现两次

第 6 章
斩将夺旗屡建功：黑马个股实战技法

为第二。它们就是过去、现在，以及未来市场的热门板块。

2012 年 12 月 4 日至 2014 年 5 月 21 日

涨幅前五：互联网、医疗保健、送转潜力、软件服务、文教休闲

跌幅前五：煤炭、黄金概念、稀缺资源、酿酒、在线教育

2014 年 5 月 21 日至 2014 年 11 月 20 日

涨幅前五：次新股、送转潜力、摘帽概念、铁路基建、军工航天

跌幅前五：赛马概念、钛金属、海上丝路、阿里概念、石油

2014 年 11 月 20 日至 2014 年 12 月 31 日

涨幅前五：证券、保险、建筑、破净资产、珠三角

跌幅前五：充电桩、送转潜力、全息概念、医疗保健、蓝宝石

2015 年 1 月 5 日至 2015 年 3 月 6 日

涨幅前五：互联网、互联金融、运输设备、博彩概念、电商概念

跌幅前五：银行、证券、海外工程、被举牌、价值发现

然后，我把这两个相关板块进行叠加，赢时胜是唯一一个同时具备两大热门概念的个股（此方法为阿荣独创的机构选股法）。也就是说，赢时胜这只个股，是唯一同时具备了两大市场最为热门概念的品种。

炒股就是两步，一是"好股"——选股，第二步是"好价"——买卖点。打开技术图形一看，3 月 6 日，正好满足短线买点，正好回调到买卖先锋指标的白色线，绝佳买点，于是我在收费区唯一分享了这只股票（见图 6-25）。

3 月 9 日，大盘大跌，该股直接涨停。9 日晚上，阿荣一分析，它正好又满足了精品"疯牛出栏"形态，于是，又在收费区分享了它。第二天盘中一度涨停，后打开，涨 8% 左右（见图 6-26）。

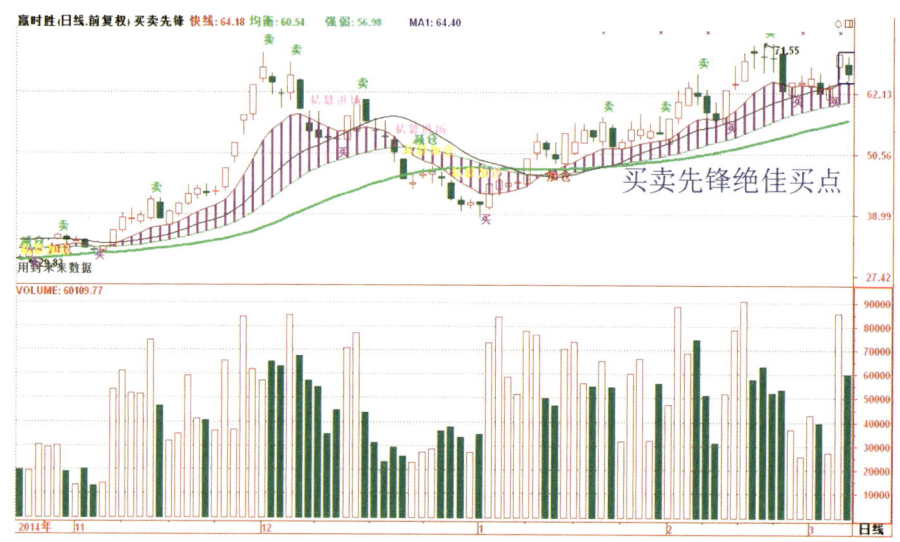

图6-25 2014年9月22日至2015年2月27日赢时胜日线

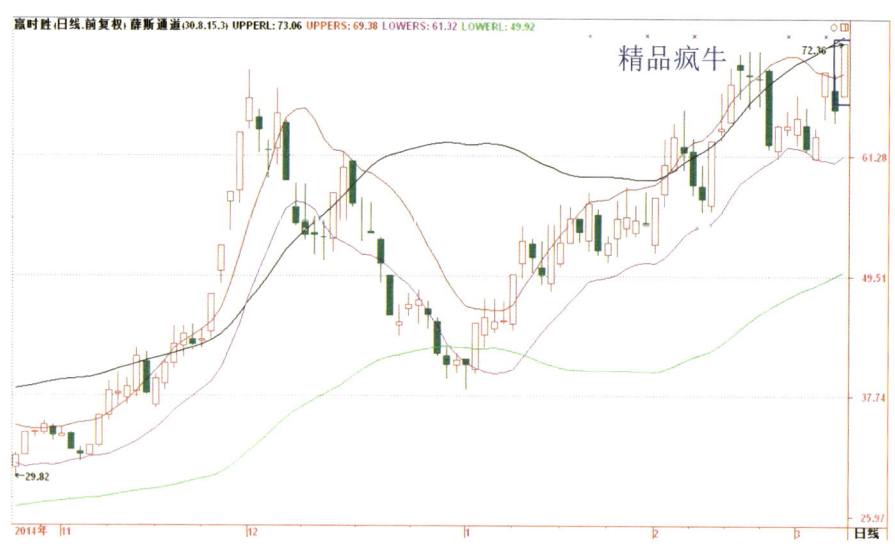

图6-26 2014年9月22日至2015年3月9日赢时胜日线

3月11日，股价继续上涨5.79%，继续持股。

3月12日，股价出现大跌，创业板集体大跌，该股一度大跌至8%，但是阿荣给大家的指导是，以10日乖离跌破10卖出，收盘的时候，乖离率仍为12，所以仍旧是持股（见图6-27）。

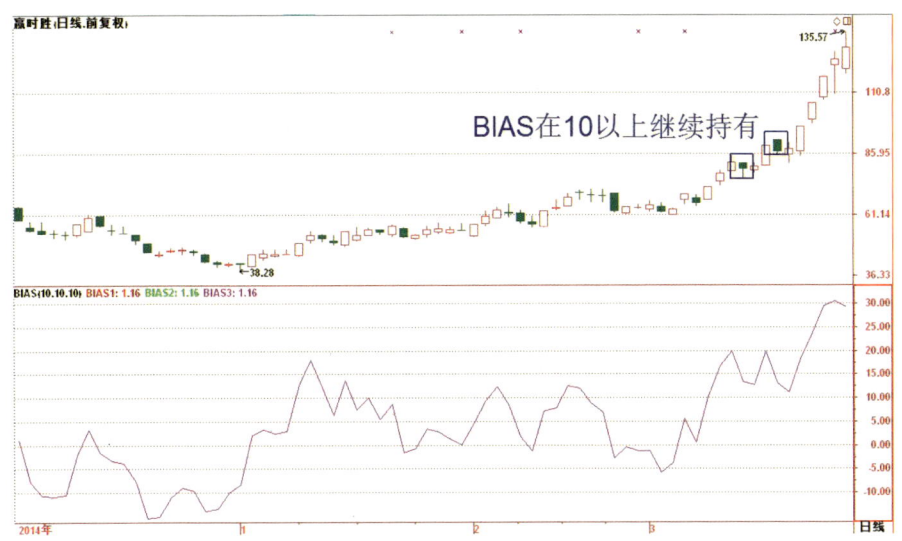

图6-27 2014年12月5日至2015年3月25日赢时胜日线

3月13日涨1.75%指标仍在10以上，持股。

3月14日涨停，持股。3月15日，跌2.6%，但指标数值在12，仍旧可以持股。什么时候跌破10就卖出。就是这么简单，只要收盘后看结果就可以！

3月19日，该股先是下跌，后来拉起。阿荣在11点14分在收费区指导大家，赢时胜第一目标95元，第二目标105元，第三目标115元。当时股价是90元，涨幅1.4%，发完文章后，该股一路飙升，当天强势涨停，涨到97元，第二天又强势涨停，收于106元。再往下，该奔着115元的目标去了。

为什么阿荣会在这个时间点来指出这只股票呢?两千多只股票不说,偏来说这只,因为它满足了阿荣的"双剑合璧"了!那为什么阿荣又告诉大家,它会涨到 95、105、115 呢,那是阿荣的平地高楼法测算出来的。

后来,股价果然涨停,突破了 115 元,也突破了平地高楼 100% 的位置,再从底部开始向上,做黄金分割扩展,向上的第一个压力位在 129 元,股价在最高点那天,正好满足了上影线突破,收盘价跌破,第二天股价收阴,就是短线卖点了。

当前,股价又回调到 80.9% 的位置,下影线跌破,收盘价站上。后期只要出现股价收阳,就是买入的机会。如果跌破此支撑,则会向着 61.8% 的位置上去,价格为 101 元。这两个位置中的任何一个位置,受到支撑并收阳,股价就会向上创出 135 元的新高。撑不住,那就只有继续向下了(见图 6-28)。

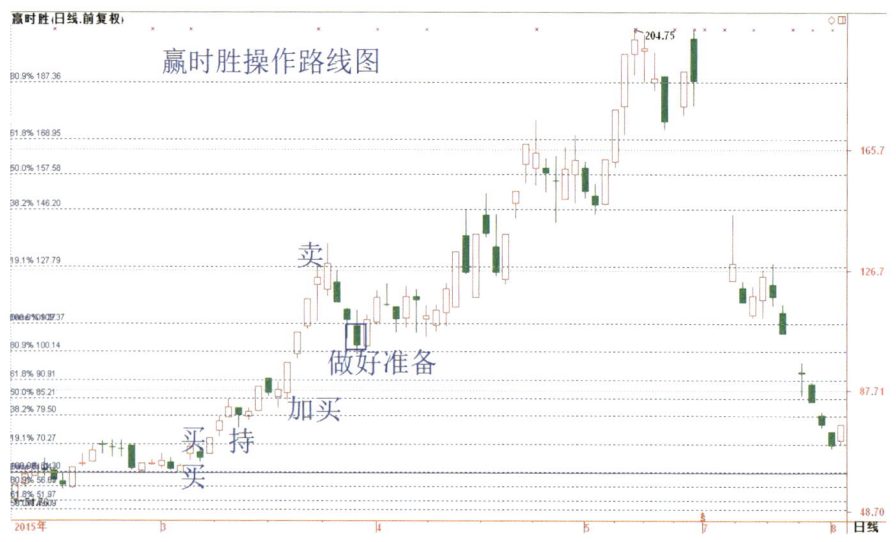

图 6-28 2015 年 1 月 21 日至 2015 年 8 月 4 赢时胜日线操作路线图

第6章
斩将夺旗屡建功：黑马个股实战技法

10. 中文传媒

中文传媒，是阿荣在点股成金的视频课讲到的一只个股。

2015年5月13日，该股收出涨停。以2012年12月4日至2013年2月22日为基础，向上作平地高楼法，经过两次扩展后，13日当天，股价以下影线正好回抽到100%处，且收出涨停，满足了"猛龙回首"形态。

通过薛斯通道看，内上轨上穿外上轨后，外上轨继续向上，股价向着内下轨调整，受到内下轨支撑后，发力向上，当天以涨停板突破前期平台，满足了"疯牛出栏"形态。按照几个精选标准，一是传媒板块，是当时市场炒作的热门品种，二是创出了历史新高，创了新高天地宽，就有了加速上涨的可能，三是满足了平地高楼法的"猛龙回首"，光这一项就可以大大地加分，四是资金先锋获利盘达88，满足了极品突破的要求，五是流通盘为11亿，稍稍有点大，但还不属于特大号的。所以，阿荣当时在分享的时候就说是"巩俐来了"——它的身材与巩俐差不多，不胖不瘦。

可以在第二天开盘买进，并以前期平台高点设为止损位，只要收盘价在此之上，就可以一路持股。第二天股价大幅震荡，最终收出一根小阴线，只要在我们的止损位之上，就可持股。所以，炒股票一定不能心急，心急吃不了热豆腐，千万不能因为当天没涨而轻易卖出，更不能因为买入一会儿没表现，就心生卖意。

第二天仍旧是上下震荡，且最低价回抽到了前期平台高点，且收出阳线，是合适的买点。只要在止损价之上的上下震荡，都可以看成是主力的调情，我们一定要有情趣，能挺得住。

那个周末，正好去杭州踢足球，好多高中同学也炒股票，他们非得问我有什么股票可以买，我就顺口说了买中文传媒，同时告诉了他们股价的目标位为 33.6 元，因为主力成本为 8.4 元，则目标位为 16.8 元，33.6 元，而当时买进的价格在 23 元附近，还有接近 50% 的空间。

第二天，股价再小幅上涨后，第三天股价开始拉出涨停，同学们开始给我发来贺电，什么股神名不虚传，等等。之后又是连续两个涨停，恰逢当时要买房子，加之股票又打到了平地高楼法的 100% 位置处，所以就把股票在涨停附近卖掉了，累计获利百分之四十。最后实际的走势表明，股价第二天来了一个冲高，打到百分之百线后，开始震荡。再出最后一个涨停，突破百分之百线，成为引诱散户入场的最后一个骗局。很多散户不明就里，稀里糊涂在涨停后杀进，成功地攻占了历史高点，被高高地关在高位。当天收出高开低走的大阳线，之后股价一路下跌，由最高的 39 元一路下跌到 18 元，跌幅在 50% 以上（见图 6-29）。

图 6-29　2015 年 2 月 12 日至 2015 年 5 月 21 日中文传媒日线

第 7 章

股市"封侯"有章法：操盘高手之"铁血军规"

第7章
股市"封侯"有章法：操盘高手之"铁血军规"

1. 先大后小

大指大盘，小指个股。它告诉我们要先看大盘，再决定个股的操作。后来阿荣又加进了先大盘，再板块，后个股。

首先，大盘不同状况下应有不同的操作战略。大盘处于中长期上升趋势，也就是牛市时，我们的战略是，买进及持有为主，卖出为辅。仓位在可控的前提下，一定要偏重，要让资金发挥出最大的效用。

在历次的牛市上涨中，总有两种人：一种人总是在为泡沫累积而忧国忧民，并不断为之找论据，另一种人在泡沫中尽情地遨游；前一种人变得越来越聪明，后一种人变得越来越有钱。

阿荣参与市场十几年，总结出了炒股票最大的本质就是三个字："抓牛市"。因为唯有牛市是可以让大部分的投资者，甚至一些不太专业的投资者都可以赚钱的环境。剩下的次级反弹，只能让10%的专业投资者赚钱，熊市就不用说了，简直就是一个散户屠宰场，血淋淋的。

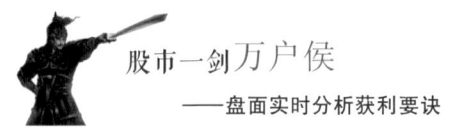
股市一剑万户侯
——盘面实时分析获利要诀

在牛市中干一天，相当于在熊市中干一个月，甚至干一年，所以，牛市应该好好珍惜。牛市最大的操作战略，就是持股，详细点说，就是耐心持有主流板块中的龙头个股，直到行情结束。把这句话做好，做到位了，您就是股市大赢家。不赚钱或少赚钱，就是您违背了其中的一条或全部：要么没有耐心持股，频繁换股；要么没有抓到主流板块，要么没有买到板块中的龙头；要么行情没有结束就卖掉了，要么行情结束了还没有卖掉。

阿荣严格遵守这个理念。在行情的上涨中，一直告诉大家，持股，持股，再持股，不要轻易卖出。我们主推的就是两个板块，一个是创业板，一个是券商，它们就是市场的主流板块。阿荣主打的方法"疯牛出栏"，就是市场中最强的龙头个股，涨停不断！即便买进获利后，阿荣也告诉大家一直持股。

即便市场大跌，阿荣依旧让大家持股，因为上涨行情中需要关注的支撑，而不是压力。如在上涨趋势出现大跌时，不要关心压力，因为指数的大顶没有到的时候，应该关注支撑，因为支撑一旦起效，就是绝佳的买入机会。

所以，阿荣把精力都放在了支撑上。结合模型理论，精确地预测了支撑，把握住了进场机会。有些老师的理念是风险第一，看似聪明，其实最笨！您听了他的，那您就大错特错了。市场稍有风吹草动，您便第一个溜号，您一定是市场中赚得最少、做得最累、心情最差的，因为您一卖就涨，涨了又得重新选股，重新买入，一买又追高。

风险第一，有没有错？在哪里都不会错，但是放到牛市中就错了，而且是大错特错。"先大后小"告诉我们，牛市中我们应重点关注的是利润，而不是风险。不是风险不重要，而是风险在牛市中处于次要地位。把"风险第一"的理念放到熊市中是很正确的，因为熊市中风险是主要的，利润

第7章
股市"封侯"有章法：操盘高手之"铁血军规"

是次要的，保命是第一的，赚钱是第二的。

上文谈到了牛市的操作战略是买进及持有为主，关注支撑而不是压力。熊市中操作战略是卖出及等待为主，关注压力而不是支撑。熊市中任何一个小小的风吹草动，都会被放大到影响股价暴跌的程度，而任何看起来牢不可破的支撑、铁底，都像块破门板一样，轻轻一踹便轰然倒塌。

抄底者的残骸，连绵不绝。当熊市来临的时候，我们需要的是顺应市场，以卖出为主，买进为辅，以逃命为主，利润为辅。空仓是熊市的必修课。股市中有两门课是必须学会的，一是止损，二是空仓。如果一个人没有养成止损的习惯，深度被套只是个时间问题。如果一个人没有养成空仓的习惯，没日没夜地在市场中厮杀，您的士兵（资金）总会有疲惫的那一天，被俘虏（被套）也只是时间问题。

除掉特别大的牛市中，通常投资者一年的空仓时间，最少也要有3～6个月。不要在熊市的时候，强调抛开大盘做个股。这种机率是很低的。逆水行舟，压力山大。在熊市中，依然是能够赚大钱的，往往会被当成英雄去称颂，其实这是一种误导。即便您能在熊市中碰巧赚大钱了，但是您的这种经验，绝难复制到普通投资者身上，却被普通投资者当成了精神偶像来膜拜，成为误导他们不断厮杀的动力。抢银行没有被抓住的，往往会被称颂为英雄，而勤劳致富，往往为人不屑一顾。

很多投资者之所以被动地全程参与熊市，是因为他们从高处一直被套，无奈地持有到底。要想避开熊市，前提是学会止损，不让自己从高位被套；而不让高位被套，又得在牛市中少折腾，让自己的成本位远离股价，才会在股价初始下跌的最好时机夺路而逃。如果频繁折腾，股价总是在成本价附近，则一下跌就被套，被套了就做鸵鸟，假装看不见而对于亏损无动于衷，最终造成深度被套、全程参与熊市，直到下一个牛市中期，才从僵尸账户

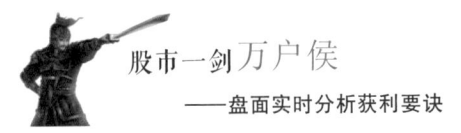

中艰难解冻，之后又开始一轮新的解套之旅。

在未来的熊市中，我们需要做的是扎实自己的基本功，耐心等待市场机会的到来，正所谓"君子藏器于身，待时而动"。不过，随着市场交易品种的完善，做空渠道的通畅，投资者可以在熊市中参与做空品种，如股指期货、股票期权等。所以，证券市场既像山岳一样古老，又像互联网一样日新月异，需要不断学习，才能踩上市场的节拍而长久地存活下去。

"先大后小"的另一层含义是，不同的市场环境下要操作不同类型的个股。随着市场品种的丰富，个股与大盘的背离度在提升，但绝大多数个股走势与大盘密切相关，这一点是不容置疑的，因此，在股指的不同走势状况下，选择不同类型的个股进行操作，至关重要。

如股指处于强势上涨时，我们就要做市场中最强的股票，就要敢于追涨停股。此时，如果怯生生地总是买涨得最少的，价格最低的，把风险放在第一位，那您就会深刻理解"撑死胆大的，饿死胆小的"、"朱门酒肉臭，路有冻死骨"的含义。

阿荣讲的"疯牛出栏"，就是此思路的集中体现。每天追击强势股，后期表现活跃，涨停不断，而那些所谓的低价、低位、安全的股，却像霜打的茄子一样，打不起精神。让人不得不感叹，涨停大阳，宁有种乎？

如果您在股指处于中长期下跌过程中，去操作"疯牛出栏"，每天去追击涨停板，那么恭喜您，您终于找到了资产缩水的最快捷方法，您也很有可能找到真正的疯牛——您自己！您不会涨到精神崩溃，而是跌到精神崩溃。

如市场处于短线调整，将要开始上攻时，最佳的操作品种，就是洗盘结束，刚刚经历了洗盘后的个股，往往会出现凌厉的上攻。抓住了这一段，就实现了股市中的资金的最快速增长。这一段，就像女孩的十七八，男人

的三四十一样，是最丰硕的部分。如果市场在狂涨中，您去做这种形态，就不太讨巧。因为大盘没调，却调整的个股，要么有问题，要么不主流。

如在市场下跌后见，到阶段性底部或大底时，"海底捞月"则发挥了巨大作用。一旦抄到，就是市场的大底。再如"一剑封喉"，就是专门在股指出现低开高走或剧烈洗盘时抄底的绝佳武器。总而言之，投资者首先要在您的武器库中，储存几种适合不同阶段操作的股票类型，然后配合不同的大盘走势，方便地取出您想要的那种。

幸运的是，阿荣已经把大盘所有阶段最适合炒作的股票类型，全部总结完毕，完善成一个个成熟的交易系统，并早已成书出版。它们的战果，经受住了市场各种行情的考验，是值得信赖的。您们所需要做的，就是相信、听懂、明白、学会、执行、赚钱。

2. 先长后短

先长后短理念的来源，是道氏理论。它告诉我们，股市运动周期分为三种。

第一种是主要趋势。上涨时间在一年以上、上涨幅度在一倍以上的，称为牛市。它是可以让绝大多数的投资者赚钱的，所以投资者对它的态度是主抓。抓牛市，是中国证券市场投资的最重要、最本质的规律，因为只有它才可以让绝大多数的投资者赚钱。

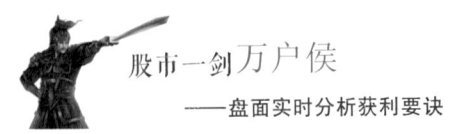

第二种是次级趋势。与主要趋势方向相反，时间在三周到几个月间的运动，称为次级趋势。如牛市中的次级调整，熊市中的次级反弹。它只能让少数职业投资者获利，比例大约为10%。所以，投资者对它的态度应该是参与，可参与也可不参与。

第三种运动形式是上涨下跌时间都在10天以下的，称为日常波动。日常波动最没有规律可循，投资者如果沉迷于日常波动，尤其是日内分时图行情，则股市炮灰的命运是注定的。天天在日内波动中参与短线交易者，长期来看，几乎很难有盈利的机会。

阿荣给大家总结了一首诗：

想赔钱，看动态，心态逐渐会变坏。

一年一次大行情，短线就是死得快。

它告诉我们，分析市场时，要遵循先看长期趋势，再看短期趋势的原则。当长期趋势与短期趋势冲突时，要优先参考长期趋势。所谓"看大趋势者赚大钱"，先看长期趋势来把握方向，再通过短期的分析来把握股价的进出点。看下图（图7-1）的大周期趋势分析。

年K线的秘密：

年K线，看大趋势者赚大钱。看什么样的周期，决定了一个人的格局和眼界。天天把眼睛盯在分时图里的，几分钟不涨就大喊大叫的，大多是股市的炮灰。牛市赚小钱，熊市赔大钱。命中注定，绝无变化。学会看大周期，学会淡定，学会先长后短，先看大周期，再看小周期。

鼠标右键点分析周期，选中年线，出现年K线。

以998及2245为初始箱体，向上翻一个箱体，则为2245-998+2245=

第 7 章
股市"封侯"有章法：操盘高手之"铁血军规"

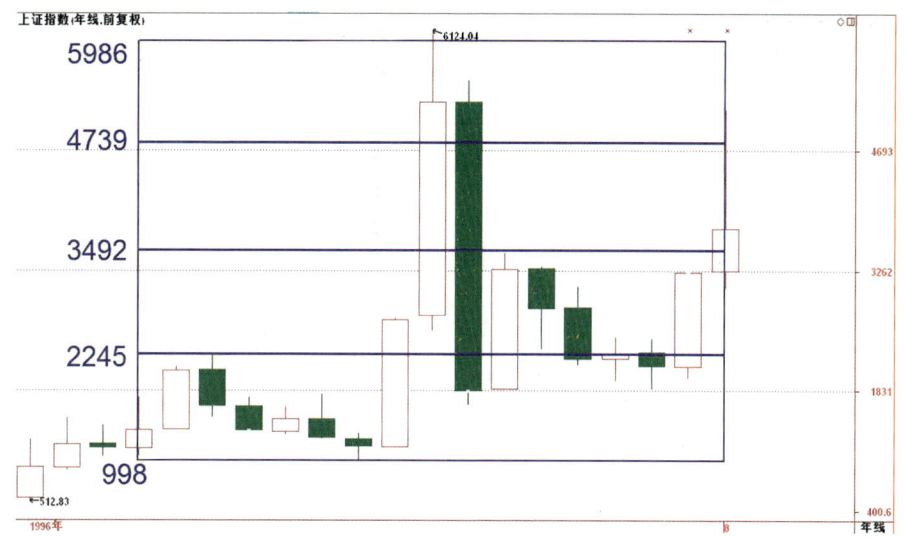

图 7-1　1996 年至 2015 年沪指年 K 线

3492，这个点位，曾经构成了 3478 这个历史性高点。

再向上翻一个箱体，则为 2245-998+3492=4739，此点将成为一个阶段性的高点，上涨中要密切留意。

再向上翻一个箱体，则为 2245-998+4739=5986，此点曾构成了 6124 的历史高点。这一点位，同样会成为这轮行情的重要压力。

当前 4739 的压力位，已经安然通过。周四长下影线跌破，收盘站上，周五再次确认。则其下一目标位为 5986 点，这个点位距离现在还有点远。那我们可以先测出这个箱体中的一半位置，作为我们近期的压力位。5986-（5986-4739）/2=5362 点。所以，5362 点，为近期一个值得关注的压力位。

再来看股指季 K 线分析。

季 K 线是指三个月一根 K 线（见图 7-2）。

251

图 7-2 1990 年至 2015 年季 K 线

从历史看，第二轮、第三轮牛市，都是出现了季线六连阳，并且后面还继续创新高。最次的也是第一轮牛市的季线五连阳，而本轮行情，是季线第五根阳线，首先，本月的季 K 线肯定是收阳的，这是不用想的。其次，下一个季度收阳线，也是大概率事件——是不是有点小激动？您忘了阿荣多次跟大家讲的 5000 点以下没有风险，理论依据就在这里（见图 7-3）。

再以季线 1990 年 12 月 31 日至 1993 年 3 月 31 日为基础，向上作"平地高楼"。C 处 2245 为泰山压顶，D 处 1849 为深入虎穴，E 处 3049 为深入虎穴。F 处 6124 为泰山压顶。

当前股指突破了 61.8% 的 4817，面临的下一个压力位分别是，80.9% 的 5374 与 100% 处的 5931，这也是近期最重要的点位。回头去看一下阿荣在年线分析中的 5362 与 5986，是不是点位很接近啊。这就是技术分析中的共震，不同周期，不同分析方法，得到的结论相近似。

第 7 章

股市"封侯"有章法：操盘高手之"铁血军规"

图 7-3　1990 年至 2015 年季 K 线平地高楼

3. 做熟不做生

朋友老的好，股票还是熟悉的好。

做熟不做生，也是很重要的投资理念。关注自己经常看的股票，在您需要选股票的时候，只要很快地看一眼，就知道哪只股票出买点了。

很小的时候，刚买手表的时候，看到别人只要瞄一眼手表，就可以很快告诉您几点钟了，总是很羡慕，因为自己总是要看半天才知道几点，后来才知道，也就是因为看得多了，熟了。阿荣每次在盘中分享股票的时候，也不需要很长时间，一打开股票池，大概看一下，就知道哪只股票是最佳

买点,往往选中后很快就有表现。这其实也没有什么,就是因为天天看,熟了。江恩也告诉我们,首先要框定几只或部分股票,天天跟踪,以此来推断市场的走势。因为所有股票都跟,您跟不过来。二是天天看这几只股票,会越来越熟。做股票跟交朋友一样,朋友还是老的好。做股票的时候,不要经常换来换去,越换越不熟,越换越别扭。三是天天看自己股票的总体表现,就可以反过来推断市场接下来的走势,如阿荣可以根据股票池中涨停的数量,来推断市场的未来走势。

做熟不做生,还有另一层意思,做自己熟悉的股票模型。阿荣在平台几个月中,最主要操作的类型,就是"疯牛出栏",有时会讲些洗盘结束,最近又分享了"猛龙回首"、"快马加鞭",就是这几种模型反反复复做,越做越有感觉,越做越得心应手。

4. 投资者常犯错误之频繁换股

投资者在上升趋势中常犯的错误,还包括频繁换股,追涨杀跌,最终导致出现群体性的赚了指数不赚钱现象。上升趋势中出现赚了指数不赚钱的最重要原因,是持不住股,之所以出现如此大面积的投资者不能很好地持股,最主要的是由投资者的思想决定的。

思想决定行为,有什么样的想法,就会有什么样的操作。投资者的第一个思想,就是想赚最快的钱。在上升趋势中的一个显著特征,就是频繁

第 7 章
股市"封侯"有章法：操盘高手之"铁血军规"

出现涨停板的股票。有过投资经历的投资者都能明白，看到别的股票呼呼涨停，而自己手中的个股却不涨，那是什么感受。如果是一天没涨也就算了，要命的是一连数周或数月都不涨。

我相信，绝大多数的投资者，都会无法忍受这种痛苦的煎熬，想快点赚钱的心态，促使他们终于咬着牙卖掉滞涨的股票，转而买入正在快速上涨的个股。令人郁闷和不可思议的是，在您刚刚买入时还是大阳线的个股，收盘后就变成了上影线，您发现您又光荣地买在了上影线上，之后股价进入了调整期，您再一次陷入滞涨境地。

更要命的是，那个让您在心里咒骂了无数遍的横着的股票，却开始竖起来走，真是左右挨打。您实在无法理解，为什么自己不卖的就不涨，一卖就涨，难道就差我手中的1000股吗？这是因为，虽然您身为千千万万散户中的一员，但您是他们中的典型代表，在您到了忍无可忍、无须再忍的时候，和您一样的散户朋友们也正咬着牙准备行动呢。

所以，不是因为主力就差您那1000股，而是千千万万的像您这样的散户朋友，都把他们手中的1000股给卖掉了，所以股价才会上涨。这就犹如婚姻一般，当您第一眼看到您的女朋友时，往往会被她的惊艳与美貌所折服（股价不涨，不会吸引您的注意）在您的眼中，她是完美的，没有任何缺点；但是当真正地结了婚之后，您发现她身上的缺点一点点地暴露，如爱唠叨、小心眼等，您心里嘀咕，真没想到她是这样的人，您试图忍受，但终于无法忍受。您忍痛甩手，但甩手之后，您又开始发现她的好……但若她真的又和您在一起，您又会发现她其实不如您想象中的那么好。这么几次折腾下来，投资者的投资心态，通常都会遭到重创，怎么做都不顺，怎么做都是错。这就表明您的操作"拧"了，必须重新顺回来，才有可能扭亏为盈。

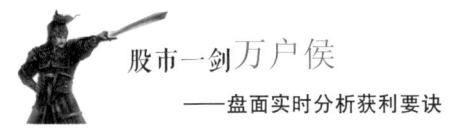

如何才能解决投资者的这种投资顽疾呢？首先要确立在不同市场环境下的不同投资战略。在此，笔者总结了在不同趋势环境下投资者的投资战略。在中长期上升趋势中，投资者的投资战略应为：逢低吸纳、持有为主。在中长期下降趋势中，投资者的投资战略应为：逢高卖出、短线为主；而在横盘震荡走势中，投资者的投资战略应为：高抛低吸、破位出局。

如果投资者没有获得理想的投资收益，就一定是在某一方面违背了投资战略。以上升趋势为例，前述笔者所说的因嫌股票涨得太慢，而去追高买入正加速上涨的股票，就属于逢高买入。正因为逢高买入，成本高，所以股价稍一调整，就会出现亏损；而在上升趋势中，出现亏损后，投资者卖出的概率较高。所以，逢高买入的投资者抵抗，调整的能力就弱，稍一调整，就被洗出局，也就无法做到长期持股。

如果是逢低吸纳，买入后马上获利，股价远离成本位后，投资者的心态就会很平静。面对调整，他会在心里对自己说：怕什么，大不了少赚点。正因为有了这种心态，所以能忍受上升中的调整，从而能长期持股。越长期持股，获利就越丰厚，心态就越稳定，这就是越做越顺了。

有的投资者可能会满腹冤屈地说："我也耐心地持住股了，但是一连三个月了，它就是不涨，我到底还要不要再继续持下去啊。"确实，这也是市场中客观存在的现象，而这就需要更深入一步，持股为主，该持什么呢？

很显然，应该持有主流板块中的龙头个股。主流板块与龙头个股的寻找，是一门很深的学问，在后文中将详细探讨。在市场还未上涨，或者刚刚开始上涨时，主流板块还不清晰，但当市场上涨到一定高度后，主流板块就会渐渐地清晰，投资者可视情况将筹码置换到主流板块中来。如果能找到主流板块中的龙头个股当然最好，如果实在找不到龙头个股，哪怕蒙

第 7 章
股市"封侯"有章法：操盘高手之"铁血军规"

上眼睛用飞镖随便扎一只也可以。

在持有主流板块时，主流板块并不是每天都处于涨幅榜的前列，因为不同的板块是轮动的，主流板块也会在某一天或几天，甚至数十天，处于滞涨状态，这就需要投资者要有足够的耐心。如果是看到哪个板块涨，就追哪个板块，最后一定是捡了芝麻，丢了西瓜，秋后算账肯定是凶多吉少。

所以，在中期上升趋势中，实现利润最大化的方法，是耐心持有主流板块中的龙头个股，直到行情结束。有了这种更加明确的战略思想后，在实际操作中，找到主流板块中的龙头个股，只要该股的中期上升趋势没有结束，就一直耐心持有，尽量减少中间的无谓折腾，越不折腾，就会获得越高的收益。

5. 投资者常犯错误之过于关注日常波动

您的钱在哪里，您的心就在哪里。如果您在市场中投入了大量的资金，股市的任何一个波动，都能在您的心里产生很大的涟漪，让您不看盘，确实是一件很难做到的事情。不得不承认，盯盘，有时候并不是一门好差使。它往往与贪婪、恐惧、欣喜、失落、懊恼、悔恨、无奈等结伴而行。投资者都会有这样的经历：本来在开盘前并没有买股票或卖股票的想法，但看着看着，您不由自主地产生了买卖的冲动。收盘以后，冷静下来一分析，才发现自己做错了。

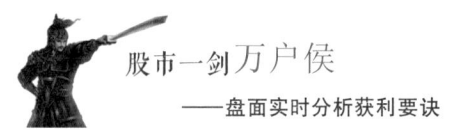

这就如同某人逛超市，本来没有购物的计划，但逛完以后，发现自己买了一堆东西。而其中很多东西是买完后就再也没有用过。如果仔细地回想一下，大部分的人就会发现，自己在盘中所做的操作决策，大部分都是错的。

首先，盯盘时，人的智商极低。平时所学的知识、方法很少能用得上。只要您建有足够高的仓位，您就不可避免地受到动态行情的影响。哪怕您是伟人、圣贤也一样，会被市场的日常波动，折磨得痛苦不堪。就连号称世界上最伟大的发明家的牛顿，不是也成为股票市场中最大的笨蛋（在最高点买入股票）吗？他说，我能准确地预测天体的运行，但我却无法预测人们的狂热。相信牛顿在成为股市中的最大笨蛋时，也是受到了市场狂热情绪的感染。

在您盯盘时，您的脑子中除了祈祷大盘上涨，祈祷个股涨停外，几乎很少能做出科学而理智的分析判断。唯有在收盘以后，在冷静的状态下做出的判断，才是理智与客观的。

其次，因为盯盘，离得市场太近，就更有可能看到更多的市场机会，以及更多的市场风险。它最直接的衍生品，就是频繁操作，而这是江恩所认为的，投资者亏损的最主要的三条原因之一。

最后，过于靠近市场，就会导致心态的紊乱，尤其是经过一两次的不利操作后，心态就会更加慌乱，涨也害怕，跌也害怕。对此，阿荣的建议是，尽量养成远离动态行情的习惯。

以事先的详细的操作计划，来应对未来的不可确定性。头天晚上，事先做好明日的操作计划，并以文字的方式记录下来。交易当日，不看动态行情，只在收盘后观察市场走势状况，看它有没有触及操作计划中所涉及的价位。如果有，则第二天在盘中实现买卖，如果没有，则继续参照原计

第 7 章
股市"封侯"有章法：操盘高手之"铁血军规"

划操作。这种习惯的养成，需要极大的毅力，但是一旦养成这种习惯的投资者，一定会从中获得巨大的回报和收益。

6. 守住自己的精彩

强势行情中，每次回调都是机会，不要老是胆小得跟过街老鼠一样。牛市中真正的大顶只有一个，您不会那么倒霉吧！现在，这个大顶远远没有到来，不要草木皆兵。您可以关电脑出去玩了，带着阿荣的指导就可以了。

这里阿荣要跟大家说一下，阿荣每天分享的一些股票，其实真的都挺不错的，但是有些人天天跟着我的牛股跑，反而没有赚到钱，实在是太冤屈了。不要天天动来动去，阿荣一直是这么跟大家讲的。截断亏损，让利润奔跑。只要没跌破止损位的，您就继续持有。其实，现在这种行情，没什么热点不热点的。只要是个股票，都能赚钱，您折腾什么呢？

如果实在是看阿荣的牛股太多没办法，您可以拿出两成的资金，参与这些短线股，大部分的资金用来做长线，这样既赚了钱又过了手瘾，岂不更爽！

阿荣说的后面的一些牛股，自己都没有参与了。一是手中有仓位了。钱是有限的，股票是无限的，守住自己的一份精彩，就可以了。二是实在没有时间折腾。有些人老让我个别帮着看股票，我实在勉为其难：不夸张地讲，每天气都来不及喘，天天都是高潮，不要说您的股票，就我自己的

股票都没有时间看!

所以,阿荣收费区的学员,千万不要跟着阿荣无限制地跑,守住一份属于自己的精彩,就可以了。美女天天有,属于您的只能有一个。张曼玉老了,还有章子怡,后面还有刘亦菲,美女无穷尽,咱只能守着自己那一个,这就是命!

7. 牛市中的小散

春宵一刻值千金,牛市一刻值万金。

阿荣急急忙忙地下了火车,通过嘀哒拼车叫了个车,风驰电掣般地回到公司。路上没事了,跟司机聊天。

人对工具的选择,代表了一个人的文明程度。对老师的选择,也代表了人的睿智程度。

司机是敦厚的山东小伙,当然也炒股票。聊了一会儿后,他被我说得头上直冒汗,坐不住了。为什么呢?

这位小伙今天把股票卖掉了。因为听人家说明天有什么抽血,后面没有什么钱再能推动股市上涨了。

我说:"股市必将上涨,5000点很快成为历史。"他强烈表示:"不可能,哪里来那么多钱?这个股市太不可思议了,太疯狂了"。

他问牛市会涨到什么时候?我说:"您不用想太久,今年没有问题。"

第 7 章
股市"封侯"有章法：操盘高手之"铁血军规"

他说："不可能，今年没问题，绝不可能。"我说："中国股市第一轮牛市 15.9 倍，第二轮 5.9 倍，第三轮 5.3 倍，现在 2 倍多。任何一轮牛市，都必将创出前期新高。"他说："这么说，是的。"

他说："如果我一直持股，我都可以买套房子了。现在连阁楼都买不起。"我说："散户最大的问题是拿不住股，总是折腾换股。一赚点钱，就跑得比兔子还快，一赔钱，就跑得比乌龟还慢。"他说："是的，是的，我就是这样。一赚钱就想跑，赔了钱就认为还会涨，就会补仓。"

我说："没错，这样做的结果就是，牛市里赚小钱，成本巨高，然后下跌一开始，被套，不跑了。于是开始浅套，补仓，深套，没钱，不管了；而被套的根本原因，是因为成本高，而成本高的原因，是不停折腾。我从 2300 点起，几乎告诉粉丝们一路持股，所以他们赚得很嗨；耐心持股主流板块中的龙头个股，直到行情结束。您把它做好了，您就发大财。您做不到其中一点或几点，就不赚钱。"

他说："您说的就是我啊。我被您说得汗都出来了，看样子，我明天还要再买进去。"他问："明天买什么？"我说："现在我还没选好，您回家第一件事，到网上百度搜祝利荣，然后下载某某，我晚上会讲，而且晚上您就能看到您自己的故事了，哈哈。最近几个月，身边的朋友沾上阿荣的都大发其财。"他如获至宝，说："今天这趟车太有价值了。"

他说："您第一次见我，怎么知道我是这样的情况呢。"我说："我压根不认识您，更不了解您，但是您是散户，散户身上的弱点是共同的。我只是说出了散户的共同特征，而您是散户，所以您就觉得是在说您了。"

我说："我在北大讲一次这样的课要收好多钱哟，您今天赚大了。"他哈哈大笑："是赚大了。"

8. "生命代价"给出的启示

2015年夏天,大家应该已经看到了,长沙一名32岁的男子,因配资炒中国中车,爆仓跳楼。看看他离开之前说的话吧,"离开这世界之前,我只是想说,愿赌服输,本金170万加融资四倍,全仓中车,没有埋怨谁,都怪我自己贪心,本想给家人一个安逸的生活,谁想输掉了所有,别了,家人,我爱您们,我爱这个世界。"

一条鲜活的逝去的生命,让我们不得不直面股市存在的巨大风险。中国股市这头疯牛,到底会冲向何处,没人能知道。但可以肯定的是,紧随牛市而来的,一定是惨烈的摧毁一切的熊市。股市老手们,高比例配资者,股市小白们,卖房炒股者,借钱炒股者,您们做好充分的思想准备了吗?您们有足够的风险防范措施吗?

这才哪到哪,才两个跌停板,就爆仓了,就跳楼了。这不过是轻轻一阵微风而已。当真正的龙卷风来的时候,有多少人要跳楼。您经历过6124到998的惨无人道的10个月80%的暴跌吗?阿荣见多了那些愁眉苦脸的股民,他们一生中最大的悔恨就是认识了股票,您能理解那种心情吗?不要以为您很聪明,您跟别人不一样,又有谁会觉得自己笨呢?那时候没有融资融券,要赔,也就是自己的本金赔。了不起就死扛,到现在也解套了。

现在不一样了,配了资了。170万本金,四倍配资,也就是680万,

第 7 章
股市"封侯"有章法：操盘高手之"铁血军规"

加本金 850 万，两个跌停，亏损 170 万，本金亏光，还欠利息没还上。如果没有配资，不过是赔了 34 万，只要死扛，一两个月就解套了。因为野蛮配资，被迫爆仓，失去了死扛的机会。股价过两天起来了，他却再也起不来了。

对于这种三倍以上加杠杆的配资，纯粹就是赌博。阿荣是一百万个反对的，绝对不能这么干的。如果有三倍以上配资的人，我劝您退掉巨额配资，如果您不愿退，请退掉阿荣的收费区，包括课程，阿荣不愿意背上如此沉重的包袱。阿荣的能力，还不足以支持如此高额配资的操作。

牛市还在进行当中，但是一定要有风险防范措施。

结合上文提到的"生命代价"，阿荣给出个人的一点建议：

第一， 退掉民间的高倍数配资，不管什么原因。

第二， 证券公司的融资融券，在当前行情下，有一定水平的，还是可以适当操作的。给一个参考吧，股指跌破 30 天，均线就结束证券公司的融资融券。

第三，任何股票，任何操作状态下，一定要设置好止损位，坚决执行。不设置止损位，被深套，只是时间问题。

第四， 贷款炒股，借钱炒股，卖房炒股，一定要根据自己的水平，水平一般想借鸡生蛋，大发横财的，死路一条。

第五， 只要因为股票睡不着觉了，一定是超过仓位了，一定要减轻仓位。

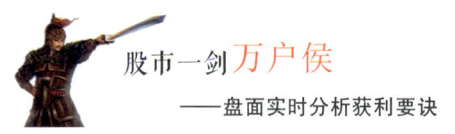

股市一剑万户侯
——盘面实时分析获利要诀

9. 听消息的人醒醒吧，回头是岸

2015年6月底这两天，这篇文章传得神乎其神，相信大家看得也津津有味。有人还热情地帮助转发，似乎自己也成了国家金融保卫战的战士，打击国际黑恶势力，充满了自豪感与使命感。

阿荣想说的是，真的有用吗？最近几天，消息满天飞，一会儿双降，一会儿说融资盘爆仓，亚投行签字，肖钢下课……

投资者通过这些来买卖股票，好使不？答案是：不好使，一点也不好使！不但不好使，还有极大的负作用！看，还远远不如不看！

第一，这些消息，是真的假的，您无法确定；

第二，就算这些消息是真的，您知道的时候，已经从新闻变成历史了。哪怕作为谈资，别人也嫌落伍。以您的渠道所获知时，它已经起过作用了。除非您有真正靠谱的消息，这样的消息少之又少！

如下跌的原因查出来的时候，已经跌完了，传闻肖钢下课的时候，行情已经起来了。所以，消息才是真正的马后炮，技术分析是可以提前预测的！听消息，是真正的如假包换的马后炮。

第三，就算您是提前知道的，绝对内幕（其实不太可能）消息，您也无法判断，它是会带来上涨还是下跌。如降息，是会涨还是跌，涨跌各半。牛市上涨，涨多少点，未知数，概率，而且影响市场的因素，绝不是只有降息一个，有无数个信息。您光看一个降息绝对是盲人摸象。周末的降息，所有

第 7 章
股市"封侯"有章法：操盘高手之"铁血军规"

人知道，都认为能暴涨，结果您看到了，而技术分析，却能提前告诉您，是对4274的回抽，提前告诉您3969必有反弹，提前告诉您会到3850，而不用去关心任何消息。技术分析可以未卜先知，看消息炒股是真正的马后炮！

如果您还在每天忙于打听小道消息，醒醒吧，回头是岸，那是一条不归路。努力学习技术分析，是您的唯一选择。

让炒股回归正途，用脑子炒股，而不是用耳朵炒股。

10. 止损，乃立身之本

先讲一个故事。

话说盛夏，一位男股民打牌回家后就分析股票，到了凌晨5点多钟还在分析。这时感觉到有点饿了，家里翻了半天也没有发现吃的。这时他想，送牛奶面包的应该已经送过来了。一瞅，发现果然是放在楼道里。因为家里除了老婆没有外人，冲完澡后他就没穿衣服。他想，"这深更半夜的，没什么人，离得又那么近，我就不穿衣服了，直接过去"。他稍微把门拉了一下，就飞也似地冲过去拿面包。

就在他拿到的时候，忽然吹来一阵风，把门给吹上了。他那个急啊，光着身子，喊了半天，老婆也没听见。他不敢喊大声，怕邻居听见。喊得轻了，老婆又听不见。就在这时，他听到边上传来隐隐的脚步声，可能是隔壁的王大姐起来晨练了。躲无可躲，情急之中，他一按电梯，冲了进去。

265

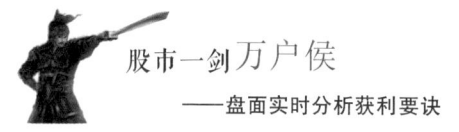

下意识地按了一楼,电梯到了一楼,门一打开,门口站着一群人……

这个故事给了我们什么启发呢?同学们奇思妙想,有的说在家里最好要穿衣服,有的说应该拿东西遮一下,哈哈!阿荣想跟大家说的是,止损!此人因为心存侥幸,没有采取防范措施,所以导致了重大事故发生,事故发生后,采取了无奈之下的选择,导致了更重大的事故发生。

止损,就是在事故发生之前先设想好,万一出现了什么情况就该采取什么样的措施。这是一个投资者入市时,必须首先学会的第一课。不论您用多少篇幅来谈论它,都不会过分。止损,就好比您开车时的刹车,炒股不设止损,就好比一个人开着没有刹车的汽车上高速公路。路况正常的时候,还显不出它的重要性来,一旦出现什么风吹草动,灾难就发生了,而且它的结局是注定的。

牛市时,还不大看得出刹车的重要性,一旦出现下跌,止损的重要性便显现出来。为什么每次牛市过后,绝大多数的投资者,都会把赚到的钱悉数奉还,并付出高昂的利息,就是因为他们不懂得止损。所以,大家一定要养成一个必须养成的习惯,买入一只股票后,第一步要做的就是设好止损位,也就是今天收盘价跌破多少钱(某指标)要卖出,而一旦出现跌破,就要坚决执行卖出指令。

所以,您就会发现,有时候,您上午刚刚买入一只个股,但是下午就跌破了止损位,那没有办法,只能执行卖出指令。不专业的人会认为自相矛盾,上午让买进,下午又让卖出(当天卖不出)。但是实际上,这恰恰是专业的表现。因为他是严格按照交易计划来执行的。如果刚买进就卖出,损失通常都是很小的,如果一开始不舍得卖,到最后套深了,就没法从技术上来分析了。

即便是再厉害的投资者,也不可能每买一只股票都快涨,大涨。这种

人只存在于神话或骗局里,而且也不需要。我们所需要做的是,买入每一只股票的时候,设置好止损位,跌破止损位的小赔出局。上涨的,继续持有,直到出现卖出信号为止。

牛市中,以买进持有为主,卖出为辅,所以止损位可以设得宽一些。熊市中,以卖出空仓为主,买入为辅,止损位可以设得严一些。但不管怎样,一定要设置止损位,否则,早晚有一天您会出现"光着身子面对众人"的尴尬!

11. 修炼的最佳时机到了

2015年7月里,市场如期出现暴跌,阿荣前天跟大家讲了,市场暴跌在即。

周线已经盖棺定论,是反弹两连阳后的阴线,是典型的中期下跌形态,所谓涨跌时间满一月,反向三周趋势成,有二没三还得跑。后市看淡。

周线看淡的情况下,我们的操作战略就很清晰,就是以持币及等待为主,风险第一,利润第二。保命是第一重要的。炒股投资最重要的两节课,是空仓与止损,而现在就是实践我们空仓的最好时机。但是空仓太难了,很多人都有"手痒综合症":只要一息尚存,我就要操作,我就要有仓位,我就要满仓,憋不住啊!上海人说"屏不牢"啊!资金就是您的士兵,您一定要让他有休息的时候,要休养生息,等待出现机会的时候,他们个个生龙活虎的,而不是持续作战,疲惫不堪,被俘(被套)只是时间问题。

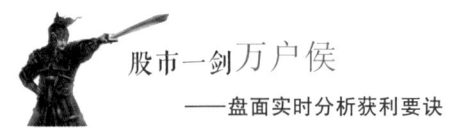

有人说,"我现在一部分士兵已经被俘了,我要不要去救"。救是肯定要救的,但要把握机会,掌握方法,否则只会有更多的人被俘——哪天您的士兵牺牲得差不多了,您这个"骠骑大将军",也就可以回家种地了。

前天,我跟大家讲的点位是3798点,股指数次无力突破后盘中大幅突破,之后,尾盘又被打回原形。盘中据此买入的人又一次被俘。昨天一开始讲的也是3798点,但是这个点位,多头就是架着梯子,踮起脚尖,穿着高跟鞋也够不着。所以,阿荣又给了另一个四段五点的位置3689点,这个点位,又是盘中数次无力突破,下午,猛的一下子窜上去,据此买入的人,又一次受伤被俘。

两次盘中买入的人受伤了,您是否总结出一些经验呢?如果只是抱怨股市坑爹,那您算是白套了,下次还会有"好运"降临到您头上的。所谓十年如一日,说的就是这个吧!炒了十年股,还和第一天时一模一样,因为不会总结,不知道学习。有些投资者的大脑,就像电灯泡,不仅里面是真空,外面的思想还进不去,您说怎么整?

首先,先长后短,周线看淡的情况下,战略就以卖出为主,买入就是次要的。绝不能因为盘中的一点异动,就贸然杀入,否则您就犯了战略上的错误。这是致命的。

其次,盘中都是浮云,收盘才是王道。日内分时图是欺骗的高发地,您要是信了它,年都会过错的。所以,尤其是弱势行情中,一定要以收盘价为判断标准,不要心随股动,把大量的精力都放到分时的研究中,就像让林志玲去扔铅球一样,完全不对路。要在盘中做决策,也要遵守原则,个股盘中突破重要压力或支撑位3%、大盘1%才算突破有效,而绝不是一突破就行动,否则,您会死得比袁崇焕还要悲惨。

最后,下手要狠。该出手时就出手,风风火火闯九州啊。周四晚上,

第 7 章

股市"封侯"有章法：操盘高手之"铁血军规"

阿荣讲得很清楚，航空板块要调整，中航动控、际华集团要卖出。我身边的一位朋友看了我的视频，周五也坐在我的身边，我让他卖，他居然都没卖。一直纠结，要不要卖，痛苦得不得了。最后双双跌停，他居然说，终于跌停了，不用再纠结了，反正也卖不掉。这种心理以我的智商实在是难以想通，估计只有单细胞的草履虫才能理解得了吧。判断不行的时候，不计成本，不计价格，手起刀落，不要老是想着，看看盘中还有没有机会，还有没有奇迹，您就是奇迹！

股指昨天最低点是跌到了 3620 点，大家还记得前几天刚下跌时，阿荣给大家讲的股指的两个支撑位吗？一个是 3619.76，约等于 3620，怎么样，一个点都没有差吧。此处是受到支撑，但是力度不敢保证，且需要收盘价站稳两天才算有效，也就是至少还要下周一站稳了，才能算是支撑有效。如果有效，也不要进场，而是逢高出局的机会。因为战略早就告诉您了，风险防范为主。

3619 撑不住的话，下一个位置是 3549、3518 点，这是一周前阿荣就告诉大家的。它必将来考验此位置，此处也必将出现较有规模的反弹（可以是盘中，也可以是日线），那时是否抄底，到时再说。

周四阿荣就跟大家说了，航空、船舶要调整了。周五如期出现大调。今天看到继优衣库之后的机场暗室偷拍的扔行李视频，看那架势，那行李绝对不是自己家的，而是敌人的，那恶狠狠的扔劲，得带着多大的仇恨啊——这一扔，扔掉了中国所谓知名企业的社会责任感，丢掉了中国百姓对于企业的信任。难以想象，一个有社会责任感的企业会做出这样的事情，完全漠视客户的利益，完全不在乎客户的感受。企业领导还在台上一本正经地大谈社会责任感，顿时让我大倒胃口，就像听到妓女"卖艺不卖身"一样的鄙视，深深地鄙视。一个小草根无法改变社会现状，只能以后坐飞

机的时候,把电脑拿出来自己拿,电脑运了那么多次居然没坏,真是个奇迹。所以,您就不难理解昨天航空板块为何跌幅第一,中航动控什么的全都跌停了。但是当您作为一个小股民,知道这个消息的时候,股票已经跌停了。但技术分析派不需要知道这些消息,就可以在周四告诉大家航空板块要调整了,中航动控、中国卫星该卖出了。技术分析与消息分析,孰优孰劣,您该有自己的判断吧。

12. 祝氏操作"三大纪律八项注意"

小胜靠智,大胜靠德。生意的成功,是做人的成功。

小赚靠术,大赚靠道。炒股的成功,是理念的成功。投资理念是统率,是指导一个人操作的出发点,是战略问题,事关全局。

炒股的一些招数,都属于战术层面。而投资理念属于战略层面,是统率所有战术的,是更高级的思想,是保证投资者立于不败之地,稳定获利的法宝。

针对股市操作,阿荣提出了"三大纪律八项注意":

🔍 三大纪律

先看大盘,再操作个股;

止损时时记心上;

长期趋势,牢记心中。

后 记
EPILOGUE

有剑必成万户侯——论"跟着阿荣走"的必要性

股市犹如战场,千军万马争夺制高点,小散犹如普通士兵,想在枪林弹雨中保存自身、战胜对手、建立战功,必须有趁手的武器,这个武器就是"剑",别名"盘面实时分析获利要诀"。这个武器从哪里来?又该如何用?这些都靠阿荣告诉您,有剑必成万户侯,这就是跟着阿荣走的必要性。

首先,阿荣对于股指的判断,提前且准确,绝对是对多错少。本人自2015年1月13日正式在平台上交流,其间经过几个重要的股指转折点,这几个重要的转折点,阿荣全部提前对时间与点位做出过判断。对于创业板指的每一个买点卖点,也精准到了极致!这几个重要的转折点,几乎都提前预测到了。相对于2015年2月5日降准这一天,没有测到它的高开低走这样的小失误,几乎都可以忽略不计了(见图13——承接引言图序)。

第 7 章
股市"封侯"有章法：操盘高手之"铁血军规"

🔍 **八项注意**

只做强势股；

不频繁操作；

与市场保持距离；

不在盘中做决策；

不在亏损头寸上加仓，只在赢利头寸上加仓；

不轻易卖掉正在上涨的股票；

计划您的操作，操作您的计划；

建立一套或数套适合自己的交易方法并严格执行。

后 记

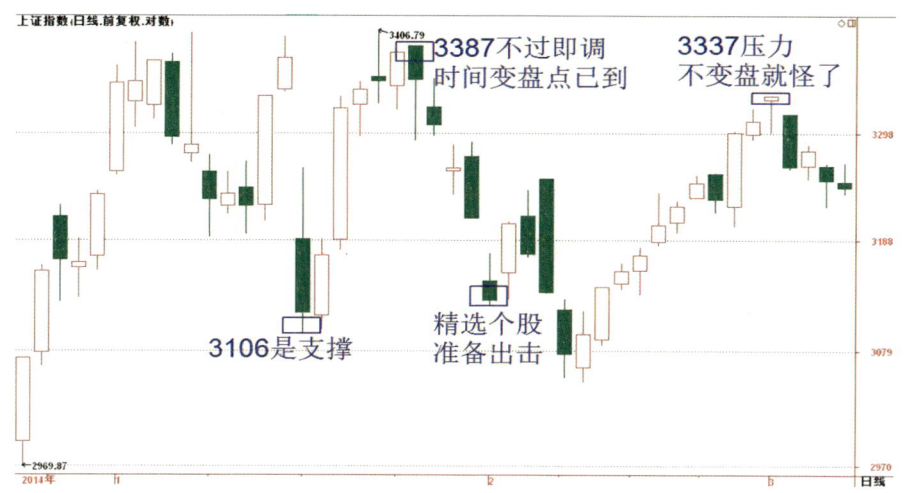

图 13　2014 年 12 月 25 日至 2015 年 3 月 6 日沪指日线

其次，阿荣分享的个股走势凶悍，涨停不断，攻击性极强。自阿荣的收费区开通以来，分享出了一系列的牛股，如佳讯飞鸿，30 天涨 48%；三星电气，19 天涨 42%；安硕信息，10 天涨 44%；生意宝，9 天涨 63%；同花顺，11 天涨 63%；赢时胜，6 天涨 35%，其中，更有连续九天每天分享两只疯牛，连续 9 天都有涨停的壮举！更有一天七传涨停喜讯的记录。今天一天，更是传出了一天十二个涨停板的奇迹！这些不能称为奇迹也可以称得上是壮举！任何人想要达到或超越这一壮举，都是需要牺牲无数脑细胞的。您不可能每只都跟得上，也有可能买到不涨的股，但是一年中只要有一次蒙到了，您也就不白瞎了吧！

第三，阿荣的指导，及时、果断、体贴、周到。阿荣生性耿直，言行果决，痛恨"也许、可能、差不多、或许、大概、不见得"，能涨就说涨，跌就说跌，买就是买，卖就是卖，对就是对，错就是错，绝不为了所谓的"贞节牌坊"而模棱两可，大玩文字游戏。错了，诚恳致歉，并尽力补救，对了，

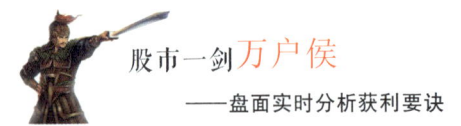

接受膜拜，享受内心的满足。对于市场重要拐点，阿荣总是第一时间作出指示，除非病倒了，爬不起来，肯定会与大家患难与共！至尊区个股追踪服务栏目，将逐步实现"管买管卖，管生管养，管杀管埋"的服务宗旨。"授人以鱼，更授人以渔"的服务理念不但满足了对品种的需求，也满足了更多爱好学习的投资者更深层次的学习需求。

第四，阿荣的指导，风趣幽默，生动活泼，不但可以学到知识赚到钱，还可以赚到更多的开心、快乐！阿荣天生乐天派，语言生动，表达一针见血，入木三分，鞭辟入里。

多看阿荣的文字一定会笑口常开，不知不觉会发现生活中的真善美，对于抑郁症、脑血栓后遗症等具有很好的康复效果，彩旗为之飘飘，掌声为之响起，山河为之落泪，天地为之动容！

综上所述，在当前的政治、经济形势下，坚决跟着阿荣走是一个利国、利民、利己、利他的大好事，它代表了中国股市最先进的生产力，代表了广大股民最根本的利益，代表了散户发展的正确方向！值得大多数股民衷心拥护！

有剑必成万户侯，用好盘面实时分析获利要诀，让我们一起收获成功的喜悦！

想获得阿荣更多的实时指导，请扫描以下二维码并下载"财富指南"，让阿荣成为您贴身的"财富管家"！